明理人生:高职学生优质成才方法论

吴德银　张鹏超 等 著

浙江工商大学出版社 | 杭州
ZHEJIANG GONGSHANG UNIVERSITY PRESS

图书在版编目(CIP)数据

明理人生：高职学生优质成才方法论 / 吴德银等著.

—杭州：浙江工商大学出版社，2018.12

ISBN 978-7-5178-2738-2

Ⅰ.①明… Ⅱ.①吴… Ⅲ.①高等职业教育—素质教育—研究—浙江 Ⅳ.①G718.5

中国版本图书馆 CIP 数据核字(2018)第 088882 号

明理人生：高职学生优质成才方法论
MINGLI RENSHENG：GAOZHI XUESHENG YOUZHI CHENGCAI FANGFALUN

吴德银　张鹏超 等 著

责任编辑	沈敏丽　刘　韵
封面设计	许寅华
责任印制	包建辉
出版发行	浙江工商大学出版社
	（杭州市教工路 198 号　邮政编码 310012）
	（E-mail：zjgsupress@163.com）
	（网址：http://www.zjgsupress.com）
	电话：0571-88904980,88831806（传真）
排　版	杭州朝曦图文设计有限公司
印　刷	虎彩印艺股份有限公司
开　本	710mm×1000mm　1/16
印　张	12
字　数	228 千
版 印 次	2018 年 12 月第 1 版　2018 年 12 月第 1 次印刷
书　号	ISBN 978-7-5178-2738-2
定　价	36.00 元

成长的心情

走进大学的校门，意味着我们在人生的旅途中又迈向了另一个站点。当我们试着以年少的心情去寻觅那段逝去的时光，却发现已经没有了当初的感觉，也许真的是往事如歌，我们能够回想起歌的旋律，却无法再拥有歌时的心情。

儿时的我们常盼望着快快长大，那时的未来对我们而言，是一片神奇的天空，充满无尽的诱惑。而如今，真的已经长大了，却时常怀想起儿时的生活，无忧无虑、单纯快乐。也许人们就是这样，总是在失去以后才想再拥有……

或许成长也就是这样的吧：在得与失之间，放逐希望。

有人说，人的生活有两种方式。第一种方式是像草一样活着，尽管每天活着并在成长，但是毕竟是一棵草，你吸收阳光雨露，却长不大。人们可以踩你，但是人们不会因为你的痛苦而产生痛苦，人们也不会因为你被踩了而来怜悯你，因为人们本就没有看到你，所以我们每个人都应该像树一样成长。这就是人的生活的第二种方式。即使我们现在什么都不是，但是只要你是树的种子，即使被人踩到泥土中间，你依然能够吸收泥土的养分，自己成长起来。当你长成参天大树以后，即便是遥远的地方，人们也能看到你，走近你，你能给人一片绿色，活着是美丽的风景，死了依然是栋梁之材，这就是我们每一个人做人的标准和成长的标准。

无数次地跌倒，无数次地爬起，如沙漠中的旅人，跌跌撞撞寻找自己的路。在一次次生活的磨砺中，我们应该懂得：生活中有风也有雨，但只要我们存有坚定的信念，每一次的站立就是生活中一道绚丽的彩虹。

每一条河流都有自己不同的生命曲线，但是每一条河流都有相同的梦想，那就是奔向大海。我们的生命，有的时候会是泥沙，你可能慢慢地就会像泥沙一样沉淀下去了，一旦沉淀下去，也许你就不再为了前进而努力，但是你也永远见不到阳光了。所以，不管你现在的生命是怎么样的，一定要有水的精神，像水一样不断地积蓄自己的力量，不断地冲破障碍，当你发现时机不到的时候，把自己的厚度给积累起来，当有一天时机来临的时候，你就能够奔腾入海，成就自己。

当然，快乐成长、优质成才并非说说就能做到，需要正确的方法论指导。浙江树人大学刘斌、金劲彪老师在其《成才的阶梯：幸福成功方法论》中提到："读书、高考、选专业、选好大学、选好对象、选好工作单位是人生的关键几步。要走对这几步，需要以良好的人生规划为前提，有严格的时间管理做保障，还要有较高的智商、较好的情商、较高的爱商、财商、逆商以及良好的人际关系等。"①笔者认为，这些都非常重要，但对于一名青年学子而言，要快乐成长，优质成才，前提是要明白为人处世的道理，要"守法纪、懂做人、能做事、爱学习、会感恩"，还要具备良好的职业形象。

正是基于上述考虑，笔者在多年的学生素质教育与育人工作中，积累了一些心得与体会。现将其系统整理出来，以期为青年学子提供一个成长与成才的指南和参考，从而点亮学生的理想之灯，照明学生学业及人生的前行之路。不当之处，还请读者批评指正！

笔　者

2018 年 1 月于杭州学源街 118 号

---

① 刘斌、金劲彪：《成才的阶梯：幸福成功方法论》，浙江大学出版社 2017 年版。

目 录
CONTENTS

导　论
快乐人生需要明白的五个道理

　　快乐的人生是快意的人生，是充满活力的人生。在快乐中成长的人，眼睛是明亮的，心灵是清澈的。因为快乐让我们拥有了自信，学会了自主，学会了独立。诚然，人生若快乐，前提是得明白五个道理：明法理让我们守法纪，明德理让我们会做人，明事理让我们能做事，明学理让我们爱学习，明情理让我们懂感恩。在人生成长的历程中，"守法纪、会做人、能做事、爱学习、懂感恩"带给我们的就是遵循法则、学会理解、懂得欣赏、拥有善良、学会坚强，这些均为人生发展注入了快乐的要素。

第一节　"明法理"会守法

　　所谓"明法理"，是指将法律规范、法律意识、法律精神和法治理念，最大限度地内化于心、外化于行，成为自觉遵循的信念与行为规范，形成较强的权利义务意识，社会责任感与法律信仰理念。

一、敬畏法律与规则意识

　　现代社会中，法是由国家制定和认可，以权利义务为内容，由国家强制力保证实施、调整人们行为的规则。古希腊先哲苏格拉底用死向后世诠释何为守法，亚里士多德在反思中指出法治的要义在于良法得到普遍服从。一切人，不论种族性别、职位身份、贫富贵贱，都是法律的臣民，法的底线不可逾越，只有内心敬畏法律，才能在行为上坚守法律。

　　对法律怀有敬畏之心的人通常具备较强的规则意识，无论是校纪校规、竞技规则，还是社会公德、宪法法律，他都会发自内心地以此为行为准绳。而规则意识有三个层次，首先要掌握关于规则的知识；但仅有知识是不够的，还要有遵守规则的愿望和习惯；当遵守规则成为人的内在需求，外在规则演化为内在素质，对个人而言，规则不再是一种外在的强制，某种意义上，它使人获得了真正的自由。

二、权利意识与公民意识

权利意识，通俗地说，就是知道自己有哪些权利，当权利受到侵害时，敢于维护并知道如何维护。人出生时即享有法律赋予的权利，比如生命权、健康权、身体权、肖像权、姓名权、名誉权、荣誉权和财产权等，但行使权利的能力并非天生。要培养权利意识，就要在思想上对依法享有的权利和义务产生认同；还要掌握有效行使与捍卫自身权利的方法，以权利义务的内容为参照，进行正确的法律判断与行为选择；在维护自身权利的同时，也应承认与尊重他人的合法权利，只有各种利益共存、互相制衡，社会才能和谐发展。

公民意识是公民对自身在国家中地位的认知，是指公民自觉地以宪法和法律规定的基本权利义务为核心，以自己在国家政治和社会生活中的主体地位为思想来源，把国家主人的责任感、使命感和权利义务观融为一体的自我认识。具体表现为积极维护自身权利与自由；对社会中其他个体、群体自由与权利的关注、尊重；对公共社会的自觉监督，认同、信仰社会公正、社会正义；强烈的社会责任感，对社会公共责任的主动担当；追求真相、真理的主动性和积极性；正视历史、关注未来，自觉的批判精神；努力推进人与自然的和谐；重视、融入良好的社会合作关系等。明法理，我们也要培养自身的公民意识。

三、证据意识与理性维权

人们在社会生活中应充分认识证据的作用和价值，在面对纠纷和处理争议时应重视证据并自觉运用证据。而实践中，学生的证据意识较为淡薄，主要体现在：一是缺少收集证据的意识。在相互交往中，重视人情关系，不重视证据，对可能发生的纠纷缺乏证据准备。如同学之间相互借钱，碍于情面不收借条，一旦发生纠纷，便束手无策，后悔莫及。二是缺少保存证据的意识。在生活中，对一些书面资料重视不够，不注意保管，一旦丢失，出现纠纷，便难以说明原委。如消费后索要的小票、经济来往的信函，一旦丢失或损坏，便丧失了证据。打官司靠证据，没有证据就要承担败诉的风险。在社会转型期，每个人都要强化证据意识，证据会带来公正。

在个人权利遭受侵害时，应当积极采取维权行动。权利只有在持续不断地与否认、侵害它的力量进行斗争中，方能彰显其存在。但法治社会，维权要理性、文明而智慧，若游走在野蛮和暴力的边缘，不但无法维权成功，还会损害他人的合法权益。此外，我们还应摒弃避讼、厌讼、惧讼的心理，以主动积极的态度参与诉讼，树立正义观念，主动追求正当的法律程序，保障权利的正确实现。具体而言，发生纠纷时，可以通过调解协商，向相关执法部门举报、投诉，向法院起诉，向仲裁机构申请仲裁等多种途径解决。

第二节　"明德理"会做人

所谓"明德理"，就是要明白做人的道理，明白道德修养对自我安身立命的重要性，明确加强自身道德修养的方法。作为一名当代大学生，理应是"国民表率，社会栋梁"，首先就要做到"明德理"，做社会和谐的道德楷模。具体而言，要从以下两个方面做到"明德理"。

一、明私德

做到"明德理"，首先要明私德，私德是私人生活中的道德规范，指个人品德、修养、作风、习惯以及个人生活中处理爱情、婚姻、家庭问题，朋友关系的道德规范。我国素有"礼仪之邦"的美誉，梁启超先生亦说中国私德发达。

明私德，首先是要做一个对父母长辈讲孝敬的人。《论语》中说："孝弟也者，其为仁之本与！"一个人要学会和懂得感恩，首先要孝顺父母，尊师敬教。父母含辛茹苦将我们养育成人，他们用无限的期望和关爱将我们送入大学的校门，因而我们要始终感激父母的养育之恩；教师是人生的引路人和知识的传播者，所以要尊师敬教；要始终感念家人、老师和他人的关爱之心，学会接纳爱和付出爱，而后推己及人，发扬中国儒家文化中的"仁民爱物"的精神。

明私德，其次是要做一个对同学讲爱心的人。当同学需要帮助时，请不要吝啬和犹豫，伸出你的手，爱心就在身边传递；当同学遇到挫折或伤害时，请不要迟疑，做他或她的倾诉对象和知心朋友，给予安慰；当同学对自己有误解或伤害时，要学会沟通，学会宽容，而不是做一个斤斤计较、睚眦必报的人。同学是我们的朋友，古时朋友间要讲义，如今我们要说，同学之间要讲真诚坦荡、言行一致，而非酒肉义气、江湖义气。懂得关心他人和付出爱心，是你成熟和有素养的体现。

明私德，再次是要做一个对自己和他人负责的人。我们要培养自己的同情心和爱心，关怀弱者，因为这是一个人文明和素养的体现；我们要在短暂而美好的大学时光中，在恋爱、交友、待人接物之际，讲仁、讲义、讲礼、讲理，做一个有道德、有素养、有情、有义的当代大学生；做一个真正有道德底线的人，拒绝低俗和庸俗，追求高雅和情趣，努力践行社会主义荣辱观。

二、明公德

"明德理"还要求我们做到明公德。大学阶段是我们即将走向社会的关键阶段。我们要成为社会中的一个高素质群体，成为国民表率和社会栋梁，还要具有较好的社会公德意识，展现当代大学生的良好形象。所谓社会公德，指在社会交往和公共生活中公民应该遵守的道德准则。当代大学生已成为我国传播社会公德意识和践行社会公德规范的重要力量。如积极参加无偿献血、保护环境、送知识下乡等诸多公益活动，都是大学生具有较强的社会公德意识和社会责任感的体现。

明公德，首先是要做到遵守公共秩序。遵纪守法是对我们大学生的基本要求。当我们在食堂吃饭的时候，要自觉排队，饭后要自觉收拾餐具，因为这些是公德素养的要求和体现；当我们乘用电梯、上晚自修时，要遵守文明规范和纪律，因为公共场所秩序的维护有利于你我他；当我们走出校园时，更要注意自己的言谈举止，公交车上要主动为弱者让座，遵守交通规则，不破坏公共环境，不大声喧哗干扰他人，自觉遵守公共场所的规章制度，这些都是"明德理"的重要体现。

明公德，其次是要做到文明礼貌、助人为乐。当我们待人接物时，要使用礼貌用语，要做一个文质彬彬、礼貌有加的当代大学生；我们要继承古人"君子成人之美""为善最乐""博施济众"的古训，把帮助别人视为自己应做的事，看作是自己的快乐。我们要养成助人为乐的美德和习惯，这将是一生取之不尽、用之不竭的精神财富，正所谓"赠人玫瑰，手有余香"。正如《呻吟语》所言"肯替别人想，是第一等学问"。

明公德，再次是要做到爱护公物、保护环境。我们要爱护校园的一草一木，他们都是校工精心养护的自然生命，是校园美好环境的缔造者。我们要小心使用学校的教室、教学设备和实验器材，要爱校如家，因为这里就是我们共同的家园。我们还要懂得保护环境的重要性，热爱自然、保护环境从根本上说，是对全人类的生存发展利益的维护，也是对后代应尽的责任。我们要尽量减少一次性物品的使用，节约每一滴水，从小事做起，从身边做起，从自己做起，自觉宣传和践行环境道德要求。

第三节　"明事理"会做事

"明事理"，从字面上讲就是指明晓事物发展变化的规律。所谓"事理"，指的是事物蕴含的道理，也就是事物发展的规律性。"明事理"就是让我们了解和学会做事的基本原理和基本方法,逐步培养适应未来职业发展变化的能力和习惯,在面对任何工作和事物的时候,能够有坚定的原则和目标,能够临危不乱、有条不紊地将事情梳理清楚、顺利解决。

一、明确目标

目标就是方向,就是指南针,制订明确可行的目标,才能有奋斗的动力。我们制订的目标要明确,且在自己能力的范围以内。目标太大,将只会是一句空话而已;目标太多,反而很难实现。目标还需要有一个期限,这样才能让我们的工作有条不紊。我们不妨确定一下核心目标,让这个核心成为迈向成功的发展主线。

目标设定的关键是在纸上进行思考。成功的人士大都手握笔杆进行思考,不成功的则不然,他们空想或根本不想。当你把事情写下来时,它们就在你眼前变得明确切实和具体,明确的书面目标会激发你积极的情绪,并赋予你旺盛的精力。书面目标释放你内在的能量,如果没有它们,这些能量将可能保持沉睡。把目标写下来这一行动极大地增加了你达成自己目标的可能性。

二、独立思考

成功人士不一定都是动手能力强的人,但一定都是善于思考的人。作为知识经济时代的新青年,我们一定要培养积极思考的习惯!不要急匆匆地去做事,先系统地思考事情的始终、环节、条件、对象、正反、效应、障碍等要素,对可能发生的变数要先有通盘的计划和准备,避免手忙脚乱、徒劳返工的现象。思考能够让我们认清事物的本质,并弄清事物形成的历史,真正掌握事物变化的规律,从而更好地运用到我们的实践中去。一个不善于思考难题的人,会遇到许多取舍不定的问题;相反,正确的思考能发挥巨大作用,可以决定一个人应该采取什么样的行动。

《时代杂志》分析:在资讯超载的时代,学生必须具备分析资料的品质,懂得如何解释这些资料的意义,最重要的是"培养学生如何解决问题的能力"。而这个能力培养的前提是学生要学会独立思考!

三、积极行动

有想法没行动,等于没有想法;有了想法能投入行动,即使错了,也会给你带来宝贵的经验。事情往往是这样:你越是拖延,事情的不确定性和阻碍因素会越多,完成事件所要付出的精力、物力及牵涉的人力也会越多。当机会或需要出现,要迅速行动。行动越迅速,你就具有越旺盛的精力,你就能获得越多的经验;经验获得越多，你就学得越快，提升越快。提升越快，你的自尊、自重和自豪感就越强；你在周围的人中就越受到尊重和敬佩。无论做什么事情，一旦决定要做，就必须改掉拖延的习惯，想方设法将其从你的个性中除掉。如果不下决心现在就采取行动，那事情永远不会完成。当然了，如果你不打算成功、不打算超越他人和自己、不打算改变现状的话，那你可以放任自己的拖延陋习。

四、团队合作

21 世纪的成功基于团队，而非个人成就。团队合作和双赢理念在各个行业都占据了领先的地位。国际 21 世纪教育委员会提交的《雅克·德洛尔报告》中指出，学会共同生活是现代教育的四大支柱之一。作为新世纪的大学生，务必培养良好的团队合作精神。

团队合作精神是基于大局意识、奉献意识、共享意识的，要将整个团队的核心目标置于首位，始终坚持不背离；对团队伙伴要欣赏、接纳、取长补短、相互帮助；对于团队任务要认真负责、注重细节，善于与伙伴沟通协调。团队是我们的领航，也是我们的坚实靠山！

团队合作能力可以在大学的各个阶段和各个领域得到培养，关键是我们首先要有这种意识和愿望。团队的力量是无穷的，它可以帮助我们形成一个良好的习惯，增强我们交往沟通的能力，也为我们锤炼发散性思维的能力提供了有效平台！

五、执着坚持

很多人都"知道"坚持很重要，也学习了很多相关知识，但仍然有很多人在实现目标的过程中难以坚持。有时候，成功与失败的区别仅仅在那坚持不懈的最后一步。

面对世俗的不解和无助的孤独，执着坚持是一件非常痛苦的事情，但是对于目标的达成又是必需的。坚持不懈需要我们有明确清晰的目标、乐观积极的心态、善于交流和积极寻求协助的能力。

六、总结提炼

生活当中，有很多人常会犯类似的错误，常常遇到同样的挫折；很多事情明明会做，却发现结果总是不尽如人意，这是怎么回事？这是由于我们很多人都没有反思总结的习惯，更不用说提炼经验了。但是这两个习惯恰恰又是极其重要的。

反思是向后看，是在检视、评价过去的过程中，总结得失、利弊，寻找更好的方法，从而校正前进的坐标和方向。但是我们发现，光有反思还不够，还是会经常犯类似的错误或者进步不大,因此,还需要我们对类似的事件经验进行提炼,将它上升到理论高度,用简短的文字来概括这些将作为你人生座右铭的"原则"!

第四节　"明学理"会学习

知识经济时代,人的一生所接受的学校教育时间是有限的,而我们面对的社会是广博的,知识的更新更是神速的,持续不断地学习不仅是获得工作的先决条件,而且是一种主要的生活方式。拥有新知识就意味着走进一个充满机遇的世界,没有新知识就意味着随时可能被人替代,终身学习已成为每一个人求生存、求发展的现实状态。大学的学习主要是在老师指导下学生进行自主学习,就是除了课堂学习之外,学生在课后大量自由时间里,寻找适合自我的自主学习方式,要充分利用学校的图书馆和实训楼等公共资源,以最大限度来发展课堂学习成果。这种课外自由时间内的自主学习应该表现为科学有效的学习、事半功倍的学习、快乐轻松的学习。

一、科学有效的学习

知识经济时代,老师传授的知识量和知识范围是有限的,今天我们所接受的新知识,明天很可能就会过时。所以,我们必须进行科学有效的学习。具体表现在以下几个方面:

在学习态度上,从过去被动的"要我学"逐步转变为"我要学"。如今知识经济时代,学习是为了生存、发展,是为了实现人生的价值和意义,过去为父母、老师而学的负担观念应该摒弃。

在学习时间上,从过去阶段性的学校学习转变为贯穿一生的终身学习。活到老,学到老。如今的"学习"不再只局限于学校,而是变成随时随地获取知识,学习是为了适应快速剧变的社会变化,在时间上具有终身性。

在学习内容上,从过去以学科学技术为主逐步转变为以人文科学学习为主。进入知识经济时代,物质从短缺到相对过剩,人们的学习内容逐步转向了关于人本身的学问(即人文科学),这是一种软科学,它是指个人和群体对于自我认识和自我反思最贴切、最直接的学问。

在学习重点和方法上,从过去以"学"为重点转变为以"习"为重点。过去的学习,偏重学知识,重点在"学"、在"记";进入知识经济时代,学习则偏重于知识的运用,偏重于能力的培养和人的全面素质的提高,重点在"习"、在"用"。

在学习对象上,从个体学习为主转变为团队学习为主。过去学习似乎是个人的事，与别人关系不大，学习以个人为主；进入知识经济时代，强调的是团队学习，只有集思广益、相濡以沫、配合默契的团队才能战胜对手，取得成功。

在学习形式上，从单一的正规学习形式为主转变为多种学习形式。如今，人们的学习已从学校阶段性的学习转变成终身学习。除了在学校的正规学习以外，更多的是兴趣、爱好这些非正规学习，这些兴趣学习往往贴近于人的个性，有利于个人潜能的自由发挥，培养出各种专门人才。

在学习的评估上，从以分数为主转变为以绩效为主。过去评估学习的优劣，只注重分数，而忽视能力；知识经济时代，评估学习既要看分数，更要看学习效果。学习效果，主要是看对知识的综合运用能力、创新能力所产生的成果，即绩效。

二、事半功倍的学习

知识经济时代，知识爆炸，更新迅速，用传统的求学方法，已无法解决学习时间的有限与急剧增加的知识之间的矛盾，学习不仅要科学，更要注重效率。所谓效率是指对时间的利用率。学习效率高的人不是抓紧每一分钟学习，而是抓紧学习的每一分钟，他们绝不会让每一分钟闲过。因此，有效地提高学习效率是取得成功的重要因素。

保持最佳的学习状态。大学生学习，要保持良好的心理状态，做到轻松、自如、乐观和自信，不管遇到什么麻烦，应当依靠毅力尽快使心理达到平衡状态。

开动全部的学习器官。人的认知能力是多个感官综合协同作用的结果。如果学会利用全部感官，学习效率就会成倍地增长。

学会精读和略读。精读，就是要仔细地阅读，反复地理解和记忆，目的是掌握重点，攻克难点。略读，就是泛读。知识经济时代，信息简直就像浪潮一样向我们袭来，通过略读，了解概况，分清主次，以大大提高学习效率。

学会多思多问。我国明代三大儒家之一的黄宗羲曾告诫说："学贵知疑，小疑则小进，大疑则大进。疑者觉悟之讥，一番觉悟，一番长进。"

学会科学记忆。记忆是有规律的。只要遵循记忆的规律，每个人都会具有良好的记忆力，甚至到老年仍然可以保持旺盛的记忆力。

创造适宜的学习环境。环境对学习效率有一定的影响，如果环境与条件过分不适或安逸，都会降低学习的效率。因此，选择适当的学习氛围有利于提高学习效率。

三、快乐轻松的学习

学习本应是一件充满惊奇与喜悦的事，可惜，在以"应试""升学"为导向的学习模式下，多数人视学习为"苦差事""酷刑"，约五百年前王阳明在《训蒙大意》中说："彼视学舍如囹狱，而不肯入；视师长如寇仇，而不欲见。"不幸言中今日许多学子的心声。即使到现在，与学习有关的一些说法也与"痛苦"有关，如"十年寒窗苦""学海无涯苦作舟""头悬梁，锥刺股"等。因此，我们必须恢复学习的快乐本质。

快乐学习首先要保持轻松、乐观的心态。积极的心态带来积极的结果。如果我们放松心情，调整心态，把学习当作一种乐趣，而不是苦差事，那么就能以积极乐观的态度进行快乐轻松的学习。

快乐轻松的学习的真谛是喜欢学习。两千多年前孔子说过："知之者不如好之者，好之者不如乐之者。""好"和"乐"就是愿意学，喜欢学，这就是兴趣。兴趣是最好的老师，是学习不竭的动力源泉。达尔文在自传中写道："就我在学校时期的性格来说，其中对我后来发生影响的，就是我有强烈而多样的兴趣。沉溺于自己感兴趣的东西，深入了解任何复杂的问题。"

第五节　"明情理"会感恩

"明情理"是一种持续的心理状态，指的是个人对人情的知会通达和良好把握，个人内部环境及外部世界之间达到最高效率及快乐感受的适应情况。

一、滋养关爱情怀

学校既是我们学习知识的地方，同时也是习得生活方式、思考人生价值、养成人生态度的重要场所。我们在学校学习的一项重要任务就是领悟生命的意义，培养积极的情感态度，养成乐观的人生观，实现自我价值认同，学会关怀他人。

关爱他人就是善待自己，对人多一分理解和宽容，其实就是支持和帮助自己。在当今这样一个强调精诚合作的社会中，人与人之间更是一种互帮互助的互动关系。只有我们先去关爱别人，善意地帮助别人，才能与他人愉快地合作，得到他人善意的帮助。

关爱他人不仅仅是当朋友遇到困难时，主动伸出友谊之手，更包括尊重他人，不去探究他人的隐私；不在背后议论他人；乐于和别人沟通、交流；善于和那些与自己兴趣、性格不同的人交往；承认别人的价值，承担自己该负的责任等。

总的说来，善待他人最重要的原则就是"己所不欲，勿施于人"。凡事要从对方的角度来考虑，遵从这个原则，你将获得个人在情感上的超脱，并获得真正的友谊。

二、树立正确的生命观

人的生命由自然生命、精神生命和社会生命三部分组成。从个体生命发展历程看，青年期是自然生命走向高峰，精神生命和社会生命构建的重要阶段。在这个阶段，我们青年人要做的就是细致、深刻地认识外部物质世界及其运动变化规律，比较清晰地认识人类与世界的关系，以及作为主体的自己在世界中的地位以及与世界的关系，对社会及人生的意义进行认识与思考，构建自己的人生理想，寻找通向理想的现实道路，修养个体生命的完美人格，为成年期自然生命由高峰到成熟，精神生命与社会生命的旺盛展开打下基础。因此，作为当代大学生，我们要树立正确的生命观，包括生命生存观、生命的发展观、生命创造观。

生命神圣的第一要义无疑是生命的存在，然后才是有意识的人实现人存在的价值并创造生命的本质而成为真正意义上的人。生命的存在是基础，是前提，没有生命的存在，就谈不上生命的创造、价值和意义，生命的存在是产生其他价值的必要条件。因此，伤害生命是违背人的存在本义的不合理行为。

人的生命的精神形态则是区别于动物和他人生命的根本标志。由于每个人的生活经历和人生经验不同，因此每个人的生命中都具有与他人不同的思想内容，这也构成了一个人独一无二的特征。

人是人类社会存在和发展的重要的、基础性的条件。正是这"有生命的个人"创造了历史，保证了社会的存在，促进了社会的发展。大学生不仅应该认识和理解个体生命存在的唯一性、独特性和不可替代性，还应该认识和理解人类生命作为整体在社会存在和发展中的重要价值和创造性作用。作为大学生，应该通过社会实践活动不断突破生命的限制，实现生命的超越性价值。

三、培育感恩意识

"明情理"还包含了一种自我领悟和自我修炼，以坚定的内心信仰促进个体生命的强旺展现。在这个过程中，我们要养成一种积极面对各种"丧失"的超然和从容淡定，历练一种"从心所欲不逾矩"的人生境界，对他人的帮助和给予心存感激，以感恩之情点燃我们对于生活的每一份热情。

"感恩"是一种认同。这种认同是发自内心的，我们生活在大自然里，大自然给予我们的恩赐太多，没有大自然人类将无法生存，这是最简单的道理。对太阳的"感恩"，是对温暖的领悟；对蓝天的"感恩"，是对纯净的认可；对草原的"感恩"，是对生命力的叹服；对大海的"感恩"，是对包容的理解。

"感恩"是一种回报。我们从母亲的子宫里来到这个世界，母亲用乳汁哺育我们，而且从不希望从我们这里得到什么。就像太阳每天都会把她的温暖给予我们，从不要求回报。但是我们必须懂得"感恩",用实际行动回报自己的父母。

　　"感恩"是一种处世哲学,是生活中的大智慧。感恩可以消解内心所有积怨,感恩可以涤荡世间一切尘埃。人生在世,不可能一帆风顺,种种失败、无奈都需要我们勇敢地面对、豁达地处理。

　　"感恩"是一种善意美德。如果人与人之间缺乏感恩之心,必然会导致人际关系的冷淡,所以,每个人都应该学会"感恩",每个人都在享受着别人的付出带来的快乐生活。学会"感恩"就是要学会尊重他人,对他人的帮助怀有感激之心。

第一章
规划人生

　　纵观人生成长的历程，不难发现，一个人的成功，离不开三个因素：一是国家和学校的培养，二是个人的努力奋斗，三是机遇。人们常说，机会总是青睐有准备的人。如何做好准备，关键是要对自己的人生进行科学的规划。因此，规划人生是个人成功的基础，它不仅可以极大地提高我们就业、创业、立业的能力和素质，也对实现职业理想起到促进作用，更是创造成功人生的重要法宝。

第一节　人生为什么要规划

　　人的一生大部分时间是在职场中度过的，职业生涯能否成功，直接决定了我们的人生质量，决定了我们每一个人一生的发展。

一、人生规划可以帮助我们树立正确的职业观

　　职业观就是择业者对职业的认识、态度、观点，是择业者选择职业的指导思想。正确的人生观决定正确的职业观。人们生活、学习环境不同，客观上如老师、亲友对职业的认识不同，社会择业指导水平的不同等，都影响着择业者特别是刚从学校毕业的大学生形成不同的职业观。如对为什么要选择职业、选择什么职业、什么是理想职业、个人适合从事什么职业等就存在不同看法。正是由于在这些问题上的看法不同，也就产生了不同的择业方向、不同的职业行为。有人择业方向正确，有人进入误区；有人事业中成绩卓著，有人无所作为，甚至屡次在择业竞争中失败。由此可见，职业观对就业者有非常重要的意义。在高职院校开展职业生涯规划教育，可以在一定程度上帮助缺乏社会阅历的学生解决以上问题。

二、人生规划可以帮助我们正确进行自我认知，发掘和发挥自我潜能

一个科学的职业生涯规划可以帮助高职学生正确认识自身的个性特质、现有与潜在的资源优势；帮助学生重新对自己的价值进行定位并使其持续增值；引导学生对自己的综合优势与劣势进行对比分析；帮助学生准确评估个人目标与现实之间的差距；帮助学生树立明确的职业发展目标；引导学生根据人职匹配理论进行职业定位，搜索或发现新的或有潜力的职业机会；使学生学会制订正确的生涯路线和实施方案，并进行科学有效的职业生涯管理，不断增强职业竞争力，实现自己的职业目标和人生价值。

三、人生规划可以增强我们发展的目的性与计划性，提升应对竞争的能力

"凡事预则立，不预则废。"生涯发展要有计划、有目的，不可盲目地"碰运气"。很多时候我们的职业生涯受挫就是由于生涯规划没有做好。好的计划是成功的开始，"机会只垂青有准备的人"。要想在激烈的竞争中脱颖而出并保持立于不败之地，必须做好自己的职业生涯规划。很多高职学生不是在就业、择业前先做好自己的职业生涯规划，而是拿着简历与求职书到处乱跑，将找到理想的工作寄希望于运气。结果是浪费了大量时间、精力与资金，到头来埋怨招聘单位有眼无珠，叹息自己"英雄无用武之地"。这些学生没有充分认识到职业生涯规划的意义与重要性，他们认为找到理想的工作靠的是学识、技能、关系等条件，职业生涯规划纯属纸上谈兵，耽误时间，有那精力还不如多跑两家用人单位。其实先做好职业生涯规划，未雨绸缪，磨刀不误砍柴工，有了清晰的认识与明确的目标之后再付诸实践，这样的效果要好得多，也更经济、更科学、更高效。

四、人生规划可以提高我们与就业市场配置的成功率

在双向选择、自主择业的社会背景下，高职毕业生很看重各种形式的人才交流会，这也是他们走向社会、选择职业的主要渠道之一。多数学生参加人才交流会都有一种"赶集"的感觉，既不分析自己，也不了解分析用人单位，不管什么行业、什么岗位，漫无目的地投递简历，投出去了就算完成任务，不问结果，但求心安，结果是劳民伤财又无效果。而用人单位也需要耗费大量人力和精力去分析选择。目前，我国人才交流会对接成功率很低，出现这种现象的原因之一就是大学生职业规划的缺失，即高职学生职业目标相对模糊，对自我缺乏认知，对现实缺乏了解和分析。由于缺乏指导，没有长远打算，缺乏职业生涯规划的高职学生职业目标模糊，缺乏自我认知，盲目就业和择业，直接的后果是人职不匹配，接踵而至的就是频繁地跳槽。而做过系统职业生涯规划的高职生一般都有明确的职业方向，对第一次择业

往往都很慎重，在真正双选的基础上找到一个相对适合自己的职业，从而降低了因人职不匹配而导致的离职率。一些学生能找着什么工作就干什么工作，随意地更换工作，毕业多年仍没有职业定位。这种无规划地更换工作，一方面难以在一个合适的领域内积累必要的职业经验（而这正是企业所需要的）；另一方面频繁跳槽，会影响自己职业的稳定发展。一个不具备应有的职业技能和经验的求职者，或者频繁跳槽的求职者都难以得到用人单位的青睐。个体的这种行为最终会演变成整个社会对大学生求职者的谨慎选择，导致另一种就业压力，从而使大学生承受就业压力的时间变得更长。

第二节　人生如何规划

近年来，我国高校毕业生的就业形势逐年严峻。青年学生人生规划的好坏将直接影响其一生的职业生涯发展，职业生涯成功的首要保证就是人生规划的成功。为此，学会做好人生规划才能拥有完美的人生。

一、人生规划的理论

（一）帕森斯（Parsons）特质-因素理论

人生规划始于美国的职业辅导运动，早在 1908 年，帕森斯就在波士顿创设了职业局，专门辅导青年去认识自己的能力和志趣，了解工作所需的条件以便寻求合适的工作，使人职匹配，他也因此获得了"辅导之父"的美称。而这一理论对于职业生涯规划影响了近 50 年。

（二）霍兰德类型理论

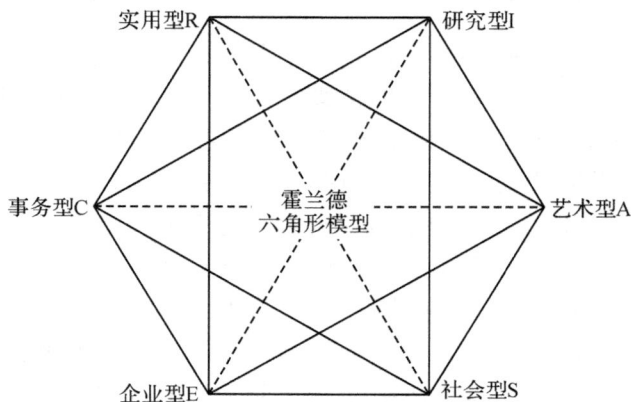

图 1-1　霍兰德职业兴趣六边形

霍兰德是美国著名的职业生涯指导专家,他在帕森斯(Parsons)特质-因素理论的基础上,发展了职业规划理论。在霍兰德类型理论中,他将职业选择看作一个人人格的延伸。他认为,职业选择也是人格的表现。同一职业团体内的人有相似的人格,因此对很多问题会有相似的反应,从而产生类似的人际环境。确切地说,霍兰德类型理论在职业生涯辅导中被应用和研究得最多,影响最深远。

(三)明尼苏达工作适应论

明尼苏达工作适应论也是在帕森斯(Parsons)特质-因素理论基础上发展而来的,强调个人与环境之间存在着互动关系,符合与否是互动过程的产物。所以是目前企业人力资源和调节员工积极性的重要理论依据。

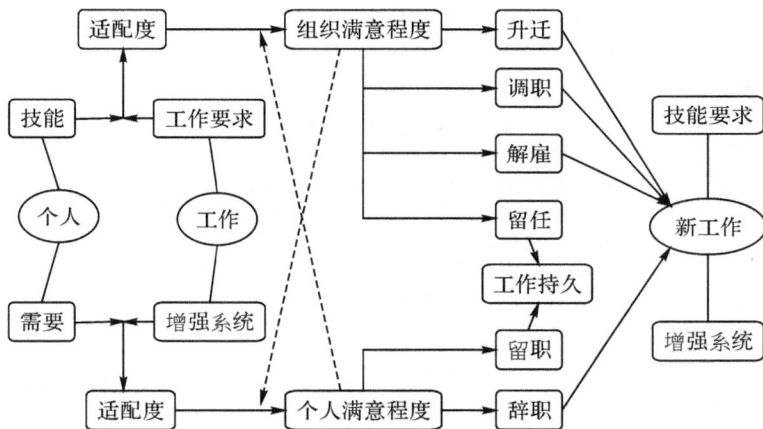

图 1-2　明尼苏达工作适应论

(四)舒伯的生涯发展理论

生涯发展阶段论。美国著名的职业生涯规划大师舒伯根据不同年龄阶段人们的生涯任务与角色差异,将生涯发展划分为五个阶段:成长期(growth)、探索期(exploration)、建立期(establishment)、维持期(maintenance)、衰退期(decline)。舒伯的理论首次提出了自我的概念,同时界定了生涯辅导的重点不在"职业"而是在于协助个人发展的整合,强调了个人全方位的发展。这一理论观点至今仍是生涯辅导的重要理论依据和实践指导。

表 1-1 生涯发展阶段与发展任务

	成长期	探索期	建立期	维持期	衰退期
描述	经过家庭、学校中的重要人物的认同,开始发展自我概念;需要与幻想为此时期最主要的特质;随着年龄的增长,社会参与及现实考验逐渐增加,兴趣与能力逐渐变得重要。	在学校、休闲活动及各种工作经验中进行自我检讨、角色探索及职业探索。	寻求适当的职业领域,逐步建立稳固的地位;职位、工作可能变迁,但职业一般不会改变。	逐渐取得相当地位,重点在于如何维持地位,很少有新意。面对新进人员的挑战。	身心状况衰退,原工作停止,发展新的角色,寻求不同方式以满足需求。
阶段	1.幻想期(4—10岁)。需求为主,幻想中的角色扮演尤其重要;2.兴趣期(11—12岁)。喜好是个体抱负与活动的主要决定因素;3.能力期(13—14岁)。能力逐渐具有重要性,并能考虑工作条件。	1.探索期(15—17岁)。考虑需求、兴趣、能力及机会,做暂时的决定,并在幻想、讨论、课程及工作中加以尝试;2.过渡期(18—21岁)。进入就业市场或专业训练,更重视现实的考虑,并企图实现自我概念;一般性的选择转为特殊性的选择;3.尝试期(22—24岁)。生涯初定并试验其成长为长期职业生活的可能性,若不适应则可能重新确定方向。	1.试验—承诺稳定期(25—30岁)。寻求安定,可能因生活或者工作上多次变动而尚未满足;2.建立期(31—44岁)。致力于工作的稳固;大部分人处于最具有创意时期,资深、表现优秀。	45—64岁。	65岁以上。
任务	发展自我形象,发展对工作世界的正确态度并理解工作的意义。	1.职业偏好逐渐具体化;2.职业偏好特殊化;3.实现职业偏好。	调整、稳定并求上进。	维持既有成就和地位。	减速、解脱、退休。

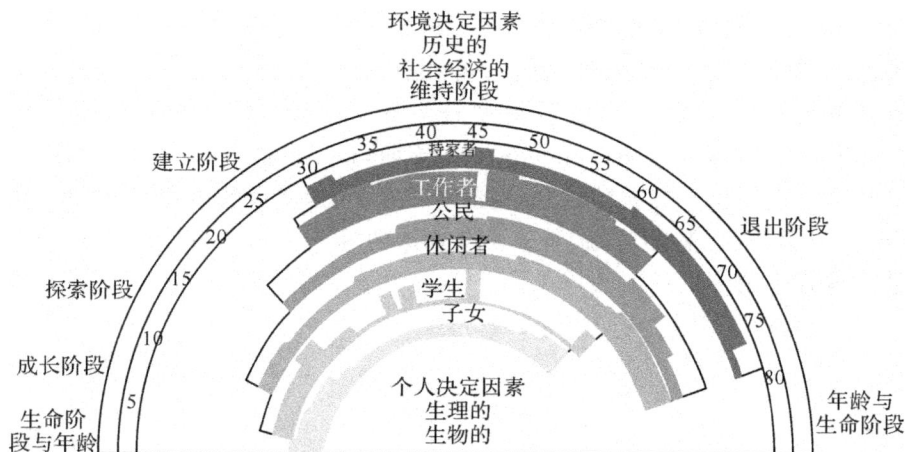

图 1-3 生涯彩虹图

从生涯彩虹图中,我们可以看到生涯规划立体化了。从长度上,它包括了一个人从生到死的全部生命历程;从空间上,它并不局限于对职业角色的关注,同样重视非职业角色对一个人生涯的影响。

二、人生规划的阶段

（一）国外研究者对人生规划的划分

职业生涯发展理论专家金兹伯格将人生规划划分为 3 个阶段,即幻想期（11 岁以前）、尝试期（11—18 岁）和实现期。从金兹伯格的 3 个阶段划分来看,他着重研究的是一个人的早期职业发展。

职业生涯发展专家化普将人生规划划分为 4 个阶段,即试探阶段（25 岁以前）、创立阶段（25—45 岁）、维持阶段（45—65 岁）和衰退阶段（65 岁以上）。在维持阶段又划分为成长与停滞两种状态,有的在此时期继续成长,有的在此时期停滞不前。

职业生涯发展研究领域权威人士萨珀将人生规划划分为 5 个阶段,即成长阶段（0—14 岁）、探索阶段（15—24 岁）、创业阶段（25—44 岁）、维持阶段（45—64 岁）和衰退阶段（65 岁以上）。在探索阶段又分为试探期、转变期、尝试和初步承诺期。在创业阶段分为稳定期和建立期。

美国学者利文森将人生规划分为 6 个阶段,即拔根期（16—22 岁）、成年期（22—29 岁）、过渡期（29—32 岁）、安定期（32—39 岁）、潜伏的中年危机期（39—43 岁）和成熟期（43—59 岁）。

以上关于职业生涯的阶段划分各有特点。对于不同的人有其不同的作用。因为人生发展过程极为复杂,有的是大专毕业,有的是本科毕业,有的是研究生毕业,学历不同,参加的工作的时间就不同,其职业生涯阶段的划分也就不同。即使是同等学力、同年毕业,每个人的发展速度也不一样。

（二）我国研究者对人生规划的划分

我国职业生涯研究者对人生规划进行了阶段划分,提出了适合我国国情的模式,但也只能提供一个粗线条的轮廓,起一个抛砖引玉的作用。因此,人生规划阶段的划分宜粗不宜细。每个人可根据自己的具体情况,划分自己的职业生涯阶段。在我国,一般认为人的职业生涯可以分为 5 个时期:

1. 职业准备期

职业准备期一般从十五六岁开始到面临就业时止。这一时期是指个人在形成了较为明确的职业意向后,从事职业的心理、知识、技能产准备以及等待的就业机会。每个择业者都有从事理想职业的愿望与要求,准备充分的就能够很快地找到理想的职业,顺利地进入职业角色。

2. 职业选择期

职业选择一般集中在 17 岁到 30 岁这一时期。在这一时期人们将根据社会的需要和自己的能力做出职业选择。在这一时期，学生将从学校走向社会，成为企业的员工。该阶段人的主要变化有两点：一是成家，二是立业。这两点对人生都很重要。特别是立业问题，是人生事业发展的一个起点，如何起步，直接关系到今后的成败。以下四点是该时期的主要任务：

第一，选择职业。职业的选择是该时期的一项重要任务，也是人生的一件大事。职业选择成功与否，直接关系到一生的发展。与此同时，我们也要顺利度过职业适应期。人们走上职业岗位从事劳动，这是对人的职业能力的实践检验。在这一时期里，许多人能在一两年时间内顺利适应某一种职业（适应期或长或短）或难以适应重新选择。我们在选择职业的同时，也要完成从择业者到职业工作者的角色转换。要尽快适应新的角色、新的工作环境、工作方式、人际关系等。

第二，确定目标。职业选定后，就要探索设定人生目标。孔夫子曰"三十而立"，就是指人到 30 岁该确立自己目标了，确定自己的志向了。20 多岁时，还很年轻，不仅对一些事物容易产生误解，而且在能力、经验等方面还存在不足，对周围环境也缺乏冷静分析，容易出现失误。经过几年的锻炼，对自己、对环境，特别是对职业世界有了客观的认识。在此基础上，应确定自己的人生目标，制订出自己的人生计划，这一点极为重要。因为人到 30 岁，在组织中已不是新人了，无论对人还是对工作都应相当熟悉了。如果在此阶段不能确定自己的人生目标，你的人生起跑将会延迟，一步错，将会步步错，给你未来的发展带来极大的困难。

第三，树立良好的形象。这一时期，正是年轻人步入职业世界的阶段，在这一阶段表现如何，对一个人未来的发展影响极大。凡事都先入为主，如果一开始就给人一个不好的印象，以后再想扭转过来，你就必须付出加倍的努力。

第四，坚持学习。日本科学家研究发现，人一生工作所需的知识 90％ 是工作后学习的，也就是说，在学校学的知识只占 10％。这个数据足以说明参加工作后学习的重要性。而这一时期是人生发展的起始阶段，这一阶段学习对今后的发展又是至关重要的，故能否坚持学习，对一个人未来的发展有着极其重要的作用及影响。

3. 职业稳定期

职业稳定期一般集中在 30 岁—50 岁，这一时期占据人的职业生活的绝大部分，是人的劳动效果最好的时期，也是成就事业、获得社会地位的关键时期，是职业生涯的主体。这个时期正是一个人风华正茂之时，是充分展示自己的才能、获得晋升、事业得到迅速发展的时期。所以，这也是人生的一个重要阶段。该阶段的主要

任务有以下几点:

第一,调整职业,修订目标。此阶段也是人生目标的调整阶段,人到了30多岁,应当对自己、对环境有了更清楚的了解,看一看自己所选择的职业、所选择的生涯路线、所确定的人生目标是否符合现实,如有不妥之处,请尽快调整。30多岁时调换工作、更换单位还比较容易,等到40多岁再更换,那就难了。俗话说"三十三,弯一弯",就是这个意思。在这个年龄段,无论是否调整职业,人生的目标都应当非常明确了。如果说,以前的决策有误,此时也应该加以纠正了。此时正是人生的大好时光,是一个人大展宏图、建功立业的阶段。若在此阶段还犹豫不决、徘徊不定,就会影响事业发展的速度。

第二,努力提升自己的才能,扩大自己的影响力。30多岁,正是事业发展的起步阶段,特别是那些刚走上领导岗位的年轻人,以后发展如何,这个时期的表现至关重要。如搞设计、研究的,这个年龄段应开始独立承担项目,展现自己的才能。研究发现,人在自然科学方面的创造才能,就多数人来讲,30岁至50岁是最佳年龄。一个设计或研究人员,在此阶段若不能独立承担项目,或不能独立地开展研究或设计工作,拿不出像样的成果来,必然对将来的发展有所影响。当然,在此阶段若发奋努力,很可能会获得事业的成功。再比如搞经营的,应体现出自己的经营才干。30多岁正是身强力壮、精力旺盛、大显身手的时期,正是开拓市场、积累经验,显示自己才能的大好时机。若在此时期业绩平平,在经营中时常交纳学费,那你的发展就有问题了,领导不会重用一个无能之人。

第三,处理好家庭与事业的关系。在这个时期,家庭和事业都非常重要。小宝宝的问世,给家庭带来了欢乐,同时也给家庭带来了压力。如果家庭至上,则工作上不会尽力。不是迟到,就是早退,不是有事,就是请假,几年内不能正常工作。在领导和同事中产生不好的印象。若是只关心事业不顾家庭,那么家庭也会出现问题,严重时会引起家庭危机。如何正确处理家庭与事业的关系呢?正确的做法是把生活分成十分,事业七分,家庭三分。既干事业又顾家庭,这才是人生的正常发展。否则,事业成功了,家庭破裂了,或家庭和睦了,事业又失败了,这都不是人生的成功。

4. 职业后期

职业后期一般是指50岁以后,此时是收获事业成果和享受人生的季节,但由于人的生理条件的变化,人的职业能力会缓慢地,不可避免地减退,其职业生涯处于维持状态。这个时期也是人生的一个重要阶段,要使该阶段的生活充实有意义,须做好以下几点:

第一,胜不骄,败不馁。事业成功者,应克服自满,继续前进;事业未成者,应振作精神,发奋努力。因为,一个人到了50岁,对工作已有了相当的经验,可以较好地胜任工作,正是大干事业的时机。以前成功也好,失败也罢,此时觉悟,还有成功的可能。但要清楚,人到这个年龄,人生道路已经过半,可拼搏、可利用的机会并不多了,没有多少时间可耽搁了。

第二,注意锻炼身体,保持身体健康。身体是一个人事业的载体。事业能否成功,在很大程度上取决于自己的身体状况。如果一个人身体不好,无疑给事业的发展带来困难,往往出现心有余而力不足的状况,甚至有时由于身体状况,不得不放弃自己的事业。人到中年,这个问题就更为突出。

第三,继续充电。在此时期面临的一个重要任务就是知识更新问题。人到这个年龄,知识老化问题已比较突出。特别是近几年来,科学技术的高速发展,使知识更新的周期日趋缩短。如果不及时充电,将不能满足工作所需。即使现在尚能应付工作,那么后劲也会不足,影响事业的发展。所以,充电是必不可少的,工作再忙,也要抽出时间学习。

第四,注意自己的形象。50多岁的人,如果依然衣衫不整、说话粗鲁、格调低俗,那他是很难得到别人认同了。这虽说是生活小事,但也不可忽视。因为它反映出一个人的素质、一个人的修养。

5.职业结束期

60岁以上,由于年老体衰而结束职业生涯,开始适应退休生活。到了这个年龄多数人会告别几十年的工作岗位,准备进入退休生活。这个阶段的主要任务如下:

第一,调整心态,增强活力。人老与不老很大程度上取决于心态:你认为自己老了,自己就真的老了;你认为自己不老,自己就没有老。有人说,人老是自然规律,怎么能抗拒呢?我们说,不是让你抗拒,而是让自己保持年轻的心态,有了这种心态,你就会充满活力,从而为生活增添乐趣,使自己的晚年生活丰富多彩。研究发现,年龄是人产生悲观心态的主要因素之一,悲观心态使人变老。所以,调整心态,增加活力是该年龄的重要任务之一。

第二,总结经验,继续前进。在登山的过程中,当爬到山腰时要想看到整座山难以做到,当接近顶峰时,回首山道,很容易就可俯瞰山林全貌。人生就是这样,当你60多岁时,看一看过去的发展,看一看过去的得失,心里就会一目了然。这是千金难得的经验。对于一个事业有成,希望获得更大成就的人,这些经验会产生积极作用,将使你保持青春的活力,沿着成功大道勇往直前。

第三,规划晚年,再展蓝图。据研究,中国的职工一般应以退休年龄为限提前5年做晚年生涯规划。其内容主要包括以下几个方面:一是制定退休后的生涯规划,即退休后的几十年内计划干点什么事情。要分析哪些事情你想干,哪些事情你能够干,哪些事情你可以干。二是学习退休后工作技能。因为人到这个年龄,也面临着知识更新的问题。三是了解退休后再就业的有关政策。这一点也很重要，因为即使退休了，仍可以继续发挥余热，做些自己力所能及的工作。

三、人生规划的环节

一个完整的人生规划应包括五个环节，即自我分析评估、外部环境分析、目标确立、行动实施及评估反馈。

（一）自我分析评估

俗话说："知人者智，自知者明。"我们每个人都是不同的，都是独一无二的，正如世界上找不到完全相同的两片树叶一样，世界上再也找不到另外一个完全相同的"我"。自我分析是人生规划的第一步。一个有效的人生规划，必须是在充分并正确地认识自我与环境的基础上进行的。对自我的认识越透彻，就越能充分发挥所长，做好人生规划。大学生应开始以个人的前途与发展为中心的自我探索，把职业方向的选择与个人成长相联系，通过清晰地认识自己的个性特征，进而明确个人发展方向，在生活和学习中扬长避短，从思想、学识、技能、信息、心理等方面提前做好充分准备。自我分析的要素主要包括兴趣、气质与性格、能力、价值观等。

（二）外部环境分析

环境对个人人生发展具有极大的影响，是实现人生规划目标的关键。环境有广义与狭义之分，广义的环境是指从业者所选定的职业在社会环境中的发展过程和目前所处的社会地位，以及社会发展趋势对此职业的影响，包括从业者所在行业的政治环境、经济环境、法制环境、科技环境、文化环境 、语言环境、卫生环境等宏观因素；狭义的环境是指组织影响从业者职业发展的各种具体环境因素的总和，包括从业者所在组织的实力与地位、文化与制度、领导能力与发展前景等微观因素。此外，按照功能的不同，外部环境可分为工作环境和学习环境；按照表现形式不同，外部环境可分为职业软环境与职业硬环境。

（三）目标确立

人生目标的确定是制定人生规划的核心和基础。古语云："与求其上上，而得其上；欲求其上，而得其中；欲求其中，而得其下。"大学生在做自己的人生规划时确立的职业目标，应该是大学生追求的一个可能实现的目标。大学生只有有了契合自身实际情况的人生目标，才会产生进取心，奋发图强；只有有了努力实现的人生目标，才会点燃激情，勇敢面对前进道路上的一切障碍和挑战。拥有明确的人生目标是辉煌人生的第一步。乔治·萧伯纳曾说过这样一段名言："征服世界的将是这样一些人：开始的时候，他们试图找到梦想中的乐园，最终，当他们无法找到时，就亲自创造了它。"

确立目标应遵循以下五个原则，即明确性（Specific）、可衡量性（Measurable）、可实现性（Attainable）、相关性（Relevant）、时限性（Time-based）。

（四）行动实施

有了明确的人生定位之后，必须制定一套具体可行的实施方案，这样才有可能一步步走向成功，达到预期的目标。比如：在专业知识方面，大学期间你计划熟练掌握哪些专业课知识，阅读哪些书目，考取哪些有用的证书；在综合素质方面，你计划如何提升自己的语言表达、礼仪素养、交际能力；在专业技能方面，你计划如何提升专业相关技能，去什么单位实习；在潜能开发方面，你准备参加哪些社会实践活动以丰富经历，采取什么措施开发自己的潜能；等等。这些行动步骤的制定是因人而异的，我们必须根据自己的实际情况科学合理地进行决策实施。

行动实施的一个关键要素就是人生规划路线设计。人生规划路线是指一个人选定职业后选择从什么途径去实现自己的职业目标。在职业确定后，向哪一路线发展，此时要做出选择，即：是向行政管理路线发展，还是向专业技术路线发展；是先走技术路线，再转向行政管理路线……不同的发展路线对从业者的素质要求不同，影响到今后的发展阶梯也不同。这就如登山，要实现到达山顶的目标，就要选择最佳的登山路线与方式。因此，在职业确定之后，必须对职业生涯路线进行选择，寻求实现目标的最佳途径，以使今后的学习和工作以及各种行动措施沿着职业生涯路线和预定的方向发展。

（五）评估反馈

俗话说："计划赶不上变化。"虽然在制定人生规划的过程中，我们尽可能把工作做扎实，使规划尽可能做到客观、科学，但是在具体的执行过程中，影响人生规划的因素却很难预测。我们反对那种"见风就是雨"，遇到一点困难和挫折就轻易改变人生规划的做法，但是我们也不能无视各种主客观因素的变化对人生规划的影响，不知道与时俱进。个体发展过程中，能够顺利找到适合自己发展的职业、职位，按部就班地实现目标，固然很好。但路总是曲折的，情况也一定复杂，人生常常要经历长时间的努力、期待，才可能找到适合自己发展的职业，慢慢接近目标。要想使我们的人生规划行之有效，成为我们实现自己人生价值的航向灯，就必须适时、适度地对其进行评估和调整。评估与反馈过程是个人对自己不断认识的过程，也是对社会不断认识的过程，是使人生规划更加有效的手段。大学生进行人生规划时，要考虑实施的复杂性，清楚人生规划设计并非一成不变，而是动态的。对人生规划的评估与反馈主要包括行业选择的调整，职业路线的改变，职业目标的调整以及具体计划和实施措施的变更等。

资料：

"金口子"与"金手指"的银领之旅
（浙江金融职业学院会计学院 2014 届某毕业生的职业生涯规划）

前言

如果说人生是一场旅行，就要用心去享受沿途的风景；如果说人生是一本书，职业生涯规划就是目录，描绘书中最美丽的彩页，就用我手中的笔；回味昨天，把握今天，展望明天，欢迎来到金口子与金手指的银领之旅！

一、金口子与金手指自白书（自我分析）

1.金口子的故事

大家好，我是金口子，爱好演讲与辩论，多次参加校内外组织的各种演讲、辩论比赛。我享受站在舞台上的感觉，它不仅培养了我的自信、语言沟通能力，也为我以后的面试、工作、与人交流提供了很强的优势。

我是"金口子"
①加入金院辩论队，作为预备队员，获浙江省高职高专辩论赛一等奖；
②获院"金院杯辩论赛"亚军；
③获院中华经典诗歌朗诵比赛"最佳台风奖"；
④获院"中国梦 金院梦 我的梦"演讲比赛二等奖；
⑤获院"我学我谈十八大"三等奖；
⑥获系"爱生节"主题演讲比赛一等奖；
⑦获系"我心中的好老师"演讲比赛二等奖；
⑧获系"感恩 青春 演讲"比赛二等奖。

2.金手指的故事

我是系百名"金手指"技能尖子班的一员，在点钞、中文输入、电脑传票三项职业技能方面成绩突出。勤练与巧练是我成为"金手指"的法宝。我一直严格要求自己，勤奋练习。坚信我系一句借贷成语：借苦练技能，贷锦绣前程。曾多次参加院系组织的技能比武大赛，并以三项全优的水平达到了学院的职业技能认证标准。

我是"金手指"
①以三项全优的水平达到学院职业技能认证标准；
②2011—2012 年获国家励志奖学金；

③2012—2013 年获院校内一等奖学金；

④成为系百名"金手指"技能尖子班成员；

⑤获系第十二届第一期技能直通车点钞二等奖；

⑥获系第十二届第一期技能直通车五笔文章一等奖；

⑦获系第十二届第二期技能直通车五笔文章一等奖；

⑧获系第十二届第二期技能直通车传票一等奖；

⑨获院第一届技能擂台赛五笔文章二等奖；

⑩获院第一届技能擂台赛点钞二等奖。

3. 职业人格

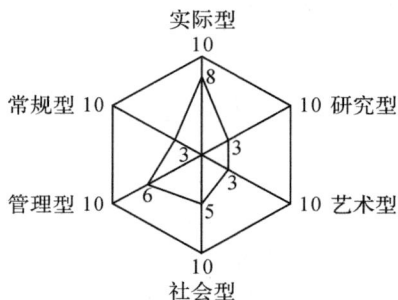

测评结果分析：

类型名称	得分	类型解释
实际型	8分	做事踏实，为人安分，擅长社交
管理型	6分	乐观主动，喜欢发表意见，有管理才能
社会型	5分	为人热情，擅长与人沟通，人际关系佳

分析：从上表中可以看出我的职业人格为实际型和管理型，适合从事管理型和实际型相适应的工作。

4. 职业兴趣

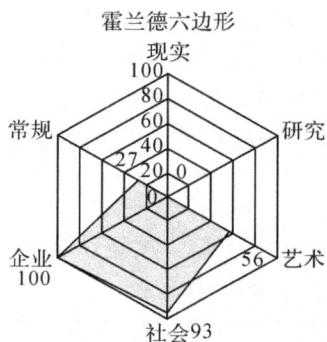

小结：通过测评可以看出我的职业兴趣类型较偏向服务性管理的工作。结合自身实际情况分析，我想从事的职业与这些倾向的对应职业相符。这说明在自己想从事的职业方面具有发展的可行性。

5.个性特征

性格测评分析显示，我的性格偏好为：外向、直觉、情感、知觉。此为公关型，即天下没有不可能的事。

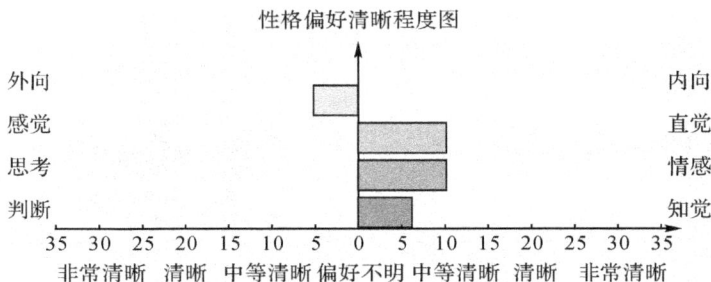

性格偏好清晰程度图

	外向			内向
	感觉			直觉
	思考			情感
	判断			知觉

35 30 25 20 15 10 5 0 5 10 15 20 25 30 35
非常清晰 清晰 中等清晰 偏好不明 中等清晰 清晰 非常清晰

ENFP 的性格类型特点为：
①热情、友好、体贴，渴望他人的肯定，也乐于称赞和帮助他人。
②富有活力，待人宽厚，有同情心，有风度。
③有丰富的想象力，富有灵感，也善于创新和寻找新方法。

6.职业价值观

价值类型	得分	0 1 2 3 4 5 6 7 8 9 10
经营取向	5	
经济取向	1	
支配取向	3	
自尊取向	4	
志愿取向	6	
家庭取向	6	
才能取向	6	
自由取向	1	
自我实现取向	4	

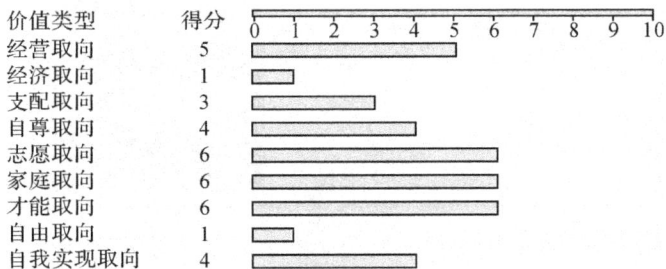

价值取向分析

	才能取向	志愿取向	家庭取向
优势	有专项才能；思维活跃，多有创意；学识广博，乐于助人。	富有同情心、喜欢帮助他人、不计较个人利害得失。	有较高的稳定性和忠诚度；做事勤奋踏实；重视同事个人情感。
劣势	可能表现得较自负；有时不够合群；自我，有时可能不能顾全大局。	比较情绪化、易受他人或环境影响、考虑问题不够全面。	进取心不够；处事比较保守；工作状态易受家庭影响。

7.职业能力

测评结果:擅长技能	银行柜员对应体验
职业技能:点钞、五笔、传票熟练掌握	
口头表达:有效地传达信息	
人员管理:激励、促进他人进步	
协商:遇到分歧,召集他人进行商量,达成共识	
服务他人:想方设法给他人帮助	

职业能力小结:具有一定的实践能力,职业能力属较高水平。在专业学习上,专业实践能力强、学习能力强、吸收力强;在学生会工作上,具有管理、组织、策划、协调、团队协作能力;在社会实践上,敢于实践,不断学习;在与人交往中,交流自如、不拘束。

8.360度评估

评价人	评价结果
父母	好孩子,要更加努力刻苦学习,永远支持你。
姑妈	能够为家庭着想,孝敬父母长辈,希望以后人生的路能一帆风顺。

评价人	评 价 结 果
陈老师	有思想、有上进心的学生,希望找准目标坚持下去。
于老师	你是一个综合素质较高的学生,老师希望你的职业人生会发展得很好。
同学(卢晓雨)	为人正直、待人诚恳、乐于助人。
朋友(刘慧)	你是一个学习成绩优秀、乐于助人、不怕辛苦、不怕困难的人。

小结:成熟、细心、稳重、责任心强、计划周密的人格特质非常有助于金手指选择金融服务行业。

总 结

我的职业兴趣类型为实际型和管理型,具有金口子与金手指的优势,说明适合金融服务管理工作。

个人风格:主要体现为物质的和实际的。物质型与我的技能是相吻合的,也表明我喜欢实际性的东西,拥有金手指的特殊本领,行动上也倾向于从事能够创造出有形物质的工作。

职业兴趣倾向:服务倾向、管理倾向。拥有金口子的特殊本领,说明我在从事服务职业方面具有发展的可行性。

职业适合度:高达 8 分,表明我适合选择服务管理工作。

人格评价:表明我成熟、细心、稳重、责任心强、计划周密,这种人格特质非常有助于金手指选择服务管理工作。

二、银领之旅分析(职业认知)

1. 学校环境分析

(1)综合概况

学院直属于浙江省人民政府,是浙江省教育厅主管的省高等职业技术学院,是以为金融行业培养高素质技能型人才为主要目标的高等职业学院。办学近 40 年来,累计为浙江省乃至全国金融机构输送近 5 万名优秀的经济金融人才。其中大部分已成为行业骨干,38 年培养 5000 多名行长,形成了良好的社会品牌,积聚了丰厚的无形资产。

(2)特色项目

学院坚持"职业素质与职业技能培养并举"的方针,以传承金融文化、精进职业技能为主旨,以提高技能水

平、提升职业素质为己任,以造就金融精英、服务社会大众为目标的发展思路培养金融行业一线技术型人才。以"学生千日成长工程"为抓手,深入实施以"品德优化、专业深化、能力强化、形象美化"为主要内容的学生职业素质提升工程,按照"一年熟练岗位、三年成为骨干、五年成为主管、七年实现发展、九年成就事业"的积极要求推进学生职业生涯规划。

(3)专业优势

会计专业是国家重点专业、省级优势专业、省级特色专业,以高素质技能型财会人才培养为目标,以"千日成长工程"为载体,深化"三双"人才培养模式改革,人才培养成效显著。毕业生双证书获取率100%,订单培养比例在50%左右,平均就业率在98%以上。会计系鲜明的专业特色,先进的教学理念,创新的教学实践,新颖的育人模式在全国财经类高职院校中享有很高的声誉。

(4)相关链接

2013年6月《新华网》《浙江日报》《中国青年报》等国内媒体相继报道学院探索高等职业教育新路纪实,稳扎稳打的专业化人才培训,使毕业生赢得用人单位青睐。学校探索以"订单班"等形式,和行业、企业共同培养人才,不少银行感受合作培养带来的好处后,纷纷和学校签订长期培养协议。

2.社会环境分析

(1)就业环境

目前,我国商业银行对临柜人员的需求也越来越少,就在当下,国有四大银行对外宣称,已出现饱和状态,估计近几年内不再招聘录用。然而值得关注的是,随着利民政策的颁布,越来越多农村合作银行的出现,又给紧张的人才竞争环境带来了新的岗位。

(2)目标城市

①首选城市——杭州

杭州作为浙江省会城市,聚集了较多的金融资源,浙江的金融体现出两个特征:金融机构数量仅次于上海、北京;金融机构信贷投放的风险容忍程度远超过金融更为发达的上海、北京。浙江的经济总量虽然在全国列在广东、山东、江苏之后,位列第四,2011年的数字是31000万亿左右,但是浙江的金融机构家数可能位列全国之首。基本上所有能开设分支机构的金融机构都在浙江开设了分支机构,这也为我的就业提供了机会。

②次选城市——徐州

江苏省的农村金融改革引人瞩目,全省各类银行业金融机构在县域及以下的网点超过 6500 家,在全国率先实现金融机构全覆盖;农信社改制为银行的机构数量不断增加,占比达到 60%;新型农村金融组织蓬勃发展,共成立村镇银行 25 家,农村小额贷款公司 200 多家,徐州虽然是个中等城市,但是农村金融正在蓬勃发展,而且家在徐州,会有更多的保障。

3. 就业环境分析

(1)就业优势

①学校校友资源丰富,提早进入银行订单班

每年五月,各大银行纷纷来我校开展订单招聘,这为我们提供了很好的就业平台,让我们有了就业的目标,有了更好的机会去发展自我。

②农村金融机构数量增加,银行柜员岗位需求量增大

现阶段,由于政府对农村村镇银行的大力发展与支持,在便民的服务政策颁布下,一大批农村金融机构需要一线临柜人才,这为我们提供了更多的就业岗位。

③个人的职业技能水平突出,有望成为技能比赛型选手

我校以技能实干为基础,来培养技能型的有用人才,这是本科学院所不具备的,所以这是我们的特长所在,为我们提供了自我的优势。

(2)就业劣势

①门槛高

现在从 211,985 学院毕业的学生越来越多,研究生、硕士已不在少数。银行为了录取更优秀的员工,无疑会提高招聘的门槛,使得这个门槛越来越高。

②编制难

虽然我们现在有一部分学生成功进入银行订单班,但是目前多以派遣、合同工居多,想要成为编制、正式员工,十分困难。

①争激烈

银行向社会招聘的人才多为本科以上学历,有很多甚至是研究生、硕士,还有的是海归一族,这无疑给我们带来了更强的竞争对手。

三、银领之旅扬帆(职业决策)

(一)目标定位

"长风破浪会有时,直挂云帆济沧海",在对自我进行全面的分析与测评后,相信大家对具有金口子与金手指特质的我越来越了解,也对银行柜员这一岗位有了翔实的认知。那么接下来,我将带大家在银领之旅中扬帆,走进银行柜员职业生涯定位及分析。精彩旅途,即将为您呈现。

经过上述分析,我做出如下几个职业目标:

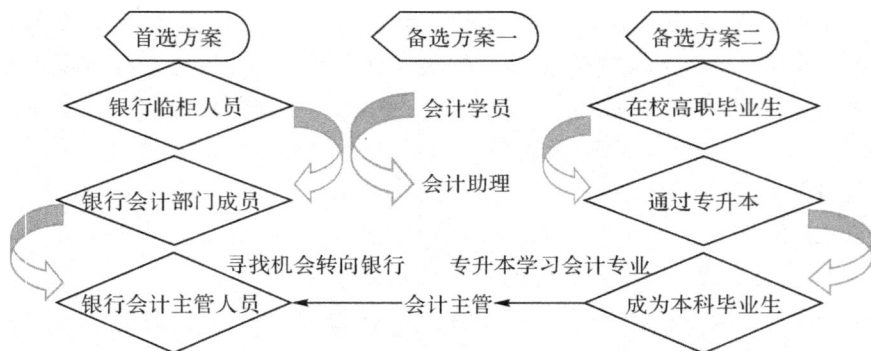

1.决策平衡单

在做决策过程中,考虑涉及的各方面因素,我利用决策平衡单方法对自己的目标职业以及三个有可能从事的职业做了决策分析。

选择项目　考虑项目	权重 1—5	选择一 银行临柜人员		选择二 企业会计人员		选择三 专升本	
		加权分数(＋)	加权分数(一)	加权分数(＋)	加权分数(一)	加权分数(＋)	加权分数(一)
个人物质方面得失							
①经济收入	3	4(12)		3(9)		−2(−6)	
②困难度	3	3(9)		2(6)		2(6)	
③稳定性	4	3(12)		3(12)		4(16)	
④休闲时间	3	2(6)		3(9)		3(9)	
⑤对健康的影响	3	3(9)		3(9)		3(9)	
他人物质方面得失							
①家庭收入	3	4(12)		2(6)		−2(−6)	
②家庭社会地位	2	3(6)		2(4)		1(2)	
③与家人相处时间	2	3(6)		3(6)		3(6)	
个人精神方面得失							
①施展的空间	5	4(20)		3(15)		4(20)	
②长远的生活目标	5	3(15)		2(10)		3(15)	
③自由独立	5	3(15)		2(10)		3(15)	
他人精神方面得失							
①父母	4	3(12)		1(4)		3(12)	

续 表

选择项目 考虑项目	权重 1—5	选择一 银行临柜人员		选择二 企业会计人员		选择三 专升本	
		加权分数（＋）	加权分数（一）	加权分数（＋）	加权分数（一）	加权分数（＋）	加权分数（一）
②朋友	3		−2（−6）	1（3）		1（3）	
③老师	2	1（2）		1（2）		2（4）	
总分		130		98		73	

根据决策平衡单的分析结果，对银行临柜人员、企业会计人员和专升本三个选择机会分别进行了分值计算，相比较而言，银行临柜人员得分最高，与金口子与金手指的职业目标相吻合。

2. SWOT 分析

内部环境因素	优势因素（S）	弱势因素（W）	解决方案
	①勤恳敬业，吃苦耐劳。②较强语言表达能力。③自信、独立、主观能动性强。④做人诚实、正派。⑤动手操作能力强。	①有时过于自信，会忽略他人意见。②考虑问题有时不够全面。③工作经验不足。	①凡事以大局为重。②遇事多与其他人商讨。③改变自己固执的性格。④在校期间，通过实践性学习，积累经验。

外部环境因素	机会因素（O）	威胁因素（T）	解决方案
	①学校校友资源丰富，提早进入银行订单班。②农村金融机构数量增加，银行柜员岗位需求量增大。③个人突出的职业技能水平，有望成为技能比赛型选手。	①银行提高招聘的门槛。②银行目前多为派遣、合同工，想要成为编制、正式员工，十分困难。③银行对社会招聘多要求本科以上学历，甚至是研究生、硕士，这给我们带来了更强的竞争对手。	①参加成人自学高考，提高学历。②不断地学习，除了要专业精，还要把知识面向其他领域扩展。③提高自身优势，苦练技能。

结论	分析结果显示：我的内部优势因素突出，外部机会因素明显；只要采取恰当的解决方案并逐一落实，其弱势因素和威胁因素是能够化解的。因此，选择金融服务行业，对我来说，是一个可行、可靠、可成功的恰当选择。

通过 SWOT 分析，我清楚地意识到自己有一定的金融专业知识背景，具有金手指与金口子的优势，待人正直、真诚；喜欢与人沟通，人际交往能力较强，喜欢接受新事物。相信只要脚踏实地坚实下去，我一定会实现梦想！

3. 全面考究

（1）客观条件：

行业发展:伴随着经济科技迅速发展,我国金融行业发展越来越快,人们的融资理财投资意识越来越强,该行业前景越来越好。

市场需求:近几年,金融行业人才出现饱和状态,供大于需,市场需求门槛越来越高,竞争越来越激烈,农村金融机构的蓬勃发展又带来新的岗位。

学校优势:颇具特色的银领学院,与银行招工直接挂钩,并且学院注重个人职业技能水平培养,为我们提供了自己的优势。

(2)主观具备:

兴趣个性:沉稳、细心、诚实、待人热情友好。

专业知识:所学专业为金融、会计。

技能掌握:在职业水平技能方面,对于点钞、五笔、传票拥有"金手指"的称号,具有自己的优势。

个人能力:曾在工商银行九堡支行进行实习,掌握了实际动手能力;多次组织班级活动。

(3)现实基础:

专业师资:专业老师多为博士以上学历,专业知识丰富。

就业路径:参加学校大规模面试,机会比较公平。

人员交流:拥有无数从事银行业服务的学长学姐,他们提供了宝贵的工作经历与实际工作感受。

(4)最终决策:成为银行柜员

(二)目标分析

1.职业目标:银行柜员

(1)是什么?

①银行柜员:在银行柜台里直接跟顾客接触的银行员工。

②工作:主要是做好各种存取款、转账、查询、对账、结账等业务。

(2)做什么?

①对外办理存取款、计息业务,包括输入电脑记账,打印凭证、存折、存单,收付现金等;

②办理营业用现金的领解、保管,登记柜员现金登记簿;办理营业用存单、存折等重要空白凭证和有价单证的领用与保管,登记重要空白凭证和有价单证登记簿;

③掌管本柜台各种业务用章和个人名章;

④办理柜台轧账,打印轧账单,清理、核对当班库存现金和结存重要空白凭证和有价单证,收检业务用章,在综合柜员的监督下,共同封箱,办理交接班手续、凭证等会计资料。

(3)谁能做?

①专业要求：金融学与会计。关于金融学和会计学的原理与实践，涉及金融市场、银行以及对金融数据进行分析和报告的知识。

②口头表达要求：有效的信息沟通与传达。

③技能要求：熟练掌握职业技能，点钞、传票、五笔的基本技能。

④个性要求：诚信、热情、自制能力强、细微观察、适应能力强。

2.银行柜员的人生生涯人物访谈

访谈记录精选：

时间：2013年8月29日

访谈对象：张某

基本信息：张某，女，学院会计专业毕业生，现就职于中信银行某分行，从事银行柜员岗位，曾在2006年获得中信银行某分行新入行大学生"新秀奖"，"中信银行2006年会计岗位技能比武计算器项目"第一名，获得"某市首席工人""某市技术操作能手""某市女职工技术操作明星"等荣誉称号。

访谈内容：

①学姐，请您给我们分享一下银行柜员的工作心得？

张：首先，要有如钉子般的服务意识。自踏上工作岗位以来，我以踏实的工作态度、良好的服务意识，一步一个脚印地在临柜第一线。

其次，要有如海绵般的学习意识。在一线岗位上，仅仅把微笑献给客户是不够的，优质服务的基础应该是过硬的技术和扎实的能力。"工作学习化和学习工作化"是我的践行理念。

再次，要有如领头雁般的团队意识。比如：经常利用下班的时候，主动和同事们分享我的经验成果；讲解业务操作流程和减少工作差错的规范和要点。为了能帮助其他员工顺利通过技能考试，还去其他支行交流经验，现场示范，指导手法，使一批员工脱颖而出。

最后，要有如雄鹰般的进取意识。积极地参加银行系统举办的各种技能大赛，我并不是天赋异禀的人，笨鸟先飞是我一直以来对自己的鞭策。

②学姐，在工作中，遇到客户不理解、情绪激动时，您如何解决这种困境？

张：从2006年入中信银行宁波分行工作到现在，我时刻坚持"想客户之所想，急客户之所急"的服务理念，真诚地对待每一位客户，同时常常提醒自己"善待别人，便是善待自己"，让每一位客户都能感受到真诚与优质的服务。做到换位思考，耐心解答，理解客户的情绪变动，以微笑面对顾客。

③从事银行柜员这一工作对您职业发展有什么影响？

张：在我看来，还是应该先从最基础的柜员工作做起。现在很多人眼高手低，想着一步登天，其实这种想法是错误的。银行柜员是银行的基础工作，只有熟悉了所有的银行产品、业务，在其他的岗位才能够得心应手。当然，你们也不能安于现状，一定要给自己制定一个合理的职业规划，有了目标，才会有动力！

④谢谢，那您认为从事银行柜员工作之后，还应该在哪些方面提升自我？

张：除了在工作中积极投入之外，作为当代职业女性，我们也要在生活中保持健康向上、积极乐观的态度，做到有张有弛。在紧张的工作之余，培养高雅宜人的兴趣爱好，提升个人品位，注重仪表仪态，努力做一个既有传统修养又有现代意识的成功女性。

四、银领之旅启航（职业规划）

银领之旅启航日程

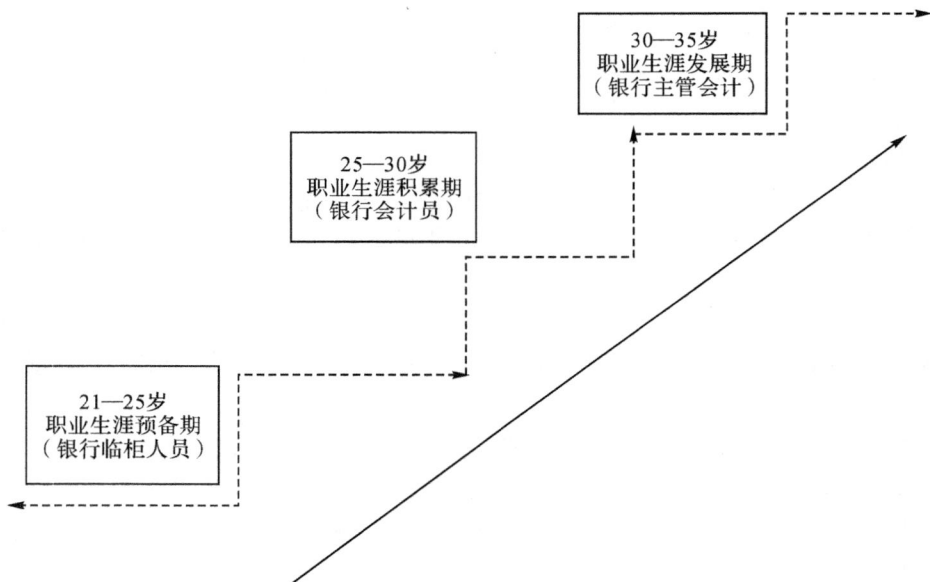

1. 银领之旅目标与实施方案

时间跨度	2014—2019 年	2019—2024 年	2024—2029 年
阶段目标	成为银行临柜人员	晋升银行会计部门	成为银行会计主管
阶段定位	刚大学毕业是不可能直接从事高级管理工作的。因为经验、技术、知识不足，所以我会耐心学习，快速融入集体团队之中，展现才华，获得上级领导的认可。	要进入会计部门，需要具有丰富的知识、较高的技能、较多的经验。会计部门是银行中比较重要的部门。能够胜这个岗位的人，说明他具备了以上的能力，并且得到了领导与同事的认可。	银行会计主管对于个人的发展有着重要的意义。胜任这个岗位需要有更加完备的知识体系，出众的专业技能，丰富的工作经验，出色的组织沟通能力。

续　表

时间跨度	2014—2019 年	2019—2024 年	2024—2029 年
待解决的问题	①如何将所学知识与技能熟练运用到工作中；②如何获得领导的青睐和同事的认可。	①如何进一步发挥个人主观能动性，提出新的工作见解。②如何更进一步提升工作技能。③如何平衡事业与家庭的关系。	①如何在公平正义与金钱关系诱惑之间，坚守银行工作者的职业道德。②如何实现个人价值。③如何使自己更好地适应新的挑战。
主要任务	①接触并了解银行临柜的工作，从师傅那获得宝贵的经验；②运用专业知识出色完成本职工作，得到领导同事认可；③展现良好的职业道德与出众的职业素养，在他人眼里树立良好的职业形象；④积极参加培训课程，不断提升能力。	①参加培训，对新知识新技能进一步提升。②通过召开经验交流会与同事分享工作心得体会。③统筹协调各部门工作，使团队更加团结、和谐。	①在实现个人价值的同时，努力为社会、国家做出更多的贡献。②担负某领导人，并且在同事中树立比较高的威望。③坚守岗位职业道德，不受金钱诱惑。④鼓励刚进入职场的新人，为他们解答疑惑，消除担忧。

习惯形成性格，性格决定命运。所以我要学习林肯培养习惯的方法，慢慢积累，把好习惯逐个养成，具备一名成功人士所需的基本素质。

2. 银领之旅第一个五年计划

时间	工作任务	计划内容
毕业后一年	接触并深入了解银行临柜人员的日常工作，处理好日常业务 在同事中树立良好的职业形象 积极参加在职培训与相关竞赛	向前辈学习，从他们身上获得工作技艺与经验 运用掌握的专业知识，完成本职工作 和同事一起交流工作经验 通过自考使学历提升
第二年	出色完成阶段任务；得到领导和同事的信任 工作步入正轨，熟悉整个工作流程	继续通过自考使学历提高 细心认真对待每一件工作 出色完成领导分配的任务
第三年	积累专业知识，提高专业素养 与银行内部成员保持良好的关系	了解银行每位成员的基本信息，在团队工作中有一定的建树 参加相关培训，不断自我完善
第四年	顺利开展日常性工作 做好三脉积累（知脉、人脉、钱脉） 了解银行各个部门的工作流程	指导新入行的成员开展工作，给予他们力所能及的帮助和鼓励 提高工作水平

时间	工作任务	计划内容
第五年	获得岗位升迁机会 运用专业知识出色地完成各项工作	准备银行临柜人员的升职 细致规划接下来的工作内容 带领团队成员顺利开展工作

　　上面只是我的一个规划时间表，其合理性和可行性要通过实践来检验。当然，在发现问题的时候，我会根据具体情况进行调整，使自己的规划更加合理，更加完美！

　　3.银领之旅的短期行动计划

　　大二：学习专业基础知识；努力考取银行从业证、证券从业证、期货从业证；大学英语六级；苦练技能；通过学生干部工作不断提高自己的组织与沟通能力。

　　大三：继续扎实学习银行专业知识；勤奋练习技能；通过银行模拟操作让自己对银行工作有所了解。

> 　　①大二第二学期
> 　　目标：苦练技能；完成学习任务，有目的地进行实践锻炼；期末考出好成绩，取得班级第一名；获得学业一等奖奖学金；获"三好学生"或"优秀学生干部"称号。
> 　　行动：第10周　每晚在图书馆看书
> 　　第11周　继续学习专业课程，对学习工作情况进行小结
> 　　第12周　备考银行从业证、大学英语六级
> 　　第13周　复习巩固期末课程
> 　　第14周　本学期的课程结束周，准备考场科目的考试
> 　　第15周　期末考试
> 　　②暑期学习计划
> 　　学习金融会计方面知识
> 　　勤奋练习技能
> 　　③大三第一学期计划
> 　　按要求完成本学期学习任务
> 　　继续苦练技能
> 　　期末测试争取班级第一名
> 　　有目的地进行社会实践锻炼，增加工作经验，提升自我
> 　　④寒假计划
> 　　继续苦练技能

> 继续学习金融方面知识
> 继续学习英语
> ⑤大三第二学期
> 完成毕业设计,成绩力争达到优秀
> 有目的地进行实践锻炼,增加工作经验

五、银领之旅掌舵(评估调整)

(一)风险评估及对策调整

1.风险预测

(1)银行柜员自身办理业务具有风险

①风险分析:包括银行卡换卡中的风险点;储蓄存款挂失中的风险点;使用户口簿作为有效证件办理业务中的风险点等。

②风险指数:★★★★★

③应对策略:记住收款时先收款后记账;付款先记账后付款。离柜后所有章收好,机器退出,不要给任何人留机会。柜员一定要仔细仔细再仔细!

(2)产生职业倦怠感

①风险分析:我是一个外向活泼的女孩,长期从事一项工作,可能会产生职业倦怠感,从而影响工作效率。

②风险指数:★★★

③应对策略:让自己时刻保持新鲜感,明确现阶段的目标,鼓励自己不断进取,协调好工作与休闲的关系,用饱满的精神去面对每一天。

(3)工作竞争激烈

①风险分析:现在从211,985学院毕业的学生越来越多,甚至是研究生、硕士,还有的是海归一族,银行录取门槛越来越高。这给我们带来了更强的竞争对手。

②风险指数:★★★

③应对策略:在大学期间积累充足的专业知识和职业技能;在求职中调整自己的心态;多向他人学习请教。

(4)新家庭影响工作计划的开展

①风险分析:作为一名女性,在成家后,尤其是在有一子女后,面对事业上的发展,在一定的传统观念上有了影响,如何平衡家庭与工作成为主要问题。

②风险指数:★★★

③应对策略:做好充分的准备以面对这一切,及时调整心态;灵活调整职业规划;多与家人沟通,得到他们的支持与帮助。

2.评估及调整

在自我管理与规划中,会出现很多风险,要对这些风险进行实时监控,及时拉响风险警报,就能在第一时间规避风险。

①规划评估

评估目的:通过日常学习,根据实际的测评及评价,不断修改完善自我规划,促使自己成为职业达人。

评估时间:半年一次,不断对自己的所想所做进行思考与总结,并得出工作教训,避免以后工作中出现类似的过错。

评估内容:

自我评估:近期工作是否顺利;所做成绩是否肯定;工作待遇是否满意;人际交往是否顺利;

家庭评估:工作满意度;生活满意度;家庭支持程度;

单位评估:成绩是否正常;人际关系是否正常;待遇是否正常;

社会评估:社会是否认可;顾客是否满意;

②方向调整

工作进程调整　　工作重心调整　　人际关系调整

工作岗位调整　　工作心态调整　　学习目标调整

＊职业方向改变

如果毕业之后不能顺利成为银行临柜人员,那么我的职业方向将发生很大的转变,启用目标职业备选方案。

＊职业进度变更

如果不能顺利达到每个阶段发展的目标,那么就要适时地将目标期望值降低,步伐变慢,根据实际情况,制定发展路线图。

(二)备选方案

金口子与金手指之旅不可能一帆风顺,天有不测风云,考虑到海面上的许多不可抗的因素,因此我为自己设计了两套备选方案,想和各位亲爱的观众朋友一同分享。

备选方案一:企业会计

原因:在校期间,我的主学专业为会计,因此拥有一定的会计方面的知识,也考取了会计从业资格证书;

金手指是一个细心、认真、诚实的女生,因此对于会计工作我会严谨认真;拥有金手指的我,对于点钞方面有着特别的喜爱,相信这一特长可以在办理业务时,发挥出自己的作用。

备选方案二:专升本

原因:在当前这个社会环境下,就业形势越来越严峻,不得不说,学历成为很多用人单位的门槛,因此,如果想找到一份理想的工作,学历还是不可忽视的。

我是个爱好学习的女生,对待学习认真、严谨、务实。

相信通过自己不断的努力,一定会考上理想的大学,为以后的就业提供更多的机会。

六、结束语

结束了一场旅行,收获了一个美好的职业规划。时代在发展,社会在进步,我们很难预知未来,但是我们可以把握现在。职业规划是一次海上旅行,我们要在探索中不断修改,在探索中锻炼。

每一粒种子,都是在阳光雨露的滋润中追求丰硕的果实;每一只雄鹰,都是在享受云天万里的辽阔中练就有力的翅膀。我相信在座的每一位都有一颗吞天吐月的雄心,都有一腔鸿鹄飞扬的抱负,都想实现自己的人生价值,我也不例外,只是,在这个世界上,很少有人能一路凯歌,成功不像我们想象的那么容易,难道我们要放弃吗?不,要坚定地对自己说不。你现在混日子,小心将来日子混了你,所以,从此刻开始,要坚实地走好每一步,走得慢且坚持到底的人才是真正走得快的人。

我相信:职业生涯要规划,更要经营。起点是自己,终点也是自己,没有人能够代劳。

由衷地感谢这次职业规划大赛,唤醒了我职业生涯规划的意识,点亮了我人生旅途的明灯,让我掌握现在,展望未来……只要方向对,找到路,就不怕路远。

第三节　合理规划人生的典型案例

案例一:好兄弟的选择

李某和王某是浙江金融职业学院金融系金融专业 2010 级学生,分别来自浙江宁波和江苏南京,二人同住一间寝室。2010 年 9 月新生入学始业教育大会上,学院老师表达了对同学们的殷切希望,鼓励同学们树立人生目标,拼搏向上。会后,两个好兄弟说好了毕业后要一起进入银行,看谁先当上行长。好兄弟俩人性格迥异,开始了不同的人生。

明确毕业后要留在杭州并且进入银行工作后,王某制定了详细的规划并一点一滴开始付诸行动。他认真、冷静、做事有计划,除了勤奋学习专业知识,课后还苦练银行业务操作技能,课余参加学校团学社、系部各项活动,在校期间参加了专升本考试并顺利毕业，提高了自身的学历和综合素质。经过努力，大三进入了银领学院招商银行柜员订单班，实习期间凭借优秀的表现和技能业务被评为优秀员工，毕业后签订劳动合同顺利进入招商银行杭州分行工作。工作期间多次代表单位拿到省银行业务技能比赛奖，在单位里工作勤奋刻苦，与同事上司关系融洽，他苦练三项技能，自学杭州话，潜心研究银行各项业务，不断积累经验。三年后，他业务十分出色，取得了很多荣誉，在岗位调动时，领导们首先想到了他，王某从柜员岗位转为会计主管。王某知道这仅仅是实现了自己职业生涯规划的第一阶段目标，心中下定决心继续努力实现人生梦想。

同寝室上铺的好兄弟李某则不同，他认为自己是浙江省内生源，毕业后随便就能进入银行工作，毫无压力。因此，大学三年经常逃课在寝室睡觉、打电脑游戏，每学期都挂科补考，王某劝说他一起去学习，但是由于缺乏毅力坚持不下来，平时一有空就玩手机，从不好好练习技能，技能成绩不达标，大三也无缘订单班。毕业后找工作期间逐渐感觉到压力，屡次受挫，没能进入银行。最后找到一家证券金融公司做销售，工作三个月觉得太辛苦而辞职。后由家人介绍进入一家外贸公司做采购工作，工作了一段时间，潜心钻研上下级关系，业务水平没有受到重视，沟通和表达技巧上也缺乏锻炼，由于性格急躁、缺乏耐心，经常和客户发生冲突，忙忙碌碌地干了两年，李某才发现自己不适合这份工作，又从该公司辞职。看到同寝室的好兄弟在银行做得风生水起，发现过去的同学都在工作岗位有了很大的进步，他急得像热锅上的蚂蚁，慌忙在网上广撒网投简历……

案例点评：同一个班级、同一个寝室、同样的学习环境、同样的授课老师，为何最后两人的发展格局完全不一样？这是值得我们深思的问题。王某的成功得益于他清楚自己想要什么，想达到什么目标，且制定了详细的规划，并一点一滴付诸行动。而李某则是在浑浑噩噩中度过，他没有清晰的发展目标，也没有系统的学业和职业规划，到最后只能是四处碰壁。

案例二：不同的决策不同的归宿

小伍、小沈、小魏和小张是浙江金融职业学院投资与保险系投资理财专业2009级学生，四个分别来自上海、浙江嘉兴、江苏苏州和安徽黄山的姑娘住在同一间寝室。刚进大学的她们，对大学生活充满了好奇，由于生活习惯、兴趣爱好、家庭背景各不相同，四个姑娘很快便开始了自己的大学生活。

小伍是上海人，性格较内向，朋友不多，不爱参加学校各种活动，也没有进入各种学生组织，一心想着毕业回上海工作。大学期间，两耳不闻窗外事，基本没有结交除了自己寝室以外的朋友。小沈家境比较殷实，是个十分听话的乖乖女，专业成绩较好，每学年都能拿到三等奖学金，大学期间也没有参加各种学生组织和学校活动,大部分时间在谈恋爱,并没有思考过关于未来的职业规划。小魏很喜欢看韩剧,除了上课就是在寝室看韩剧,大一做了班级的组织委员,但组织了几次班级活动并不理想,她放弃了做班委,总觉得自己没有什么特长和优势,一直很自卑。小张性格外向活泼,爱结交朋友,精力充沛,学习成绩在整个年级名列前茅,每年都能拿到一等奖学金,进入了校学生会,班级里担任班长,积极主动参与学校各种活动和比赛,她兴趣十分广泛,进入了学校话剧社协会,业余时间爱看书、运动,寒暑假都会去相关理财公司实习,刚进入大学就有明确的职业目标。

大二下学期,订单班招聘时,班主任建议小张进入银行订单班,但小张告诉老师,她很喜欢自己的专业,有明确的职业目标和规划,想进入证券投资公司,并不是很想进入银行,因此她没有选择订单班;而此时,小魏看到学校很多同学都为进入订单班而努力,感觉到很大的压力,生怕落人后,于是好好准备了一学期,通过努力进入了订单班;小伍没想过留在浙江,没有选择订单班;小沈认为找工作太辛苦,毕业后家人会给自己安排好工作,也没有选择订单班。

一年后,四个小姑娘毕业了,小伍回到了上海,有些迷茫,不知道自己适合什么工作,迟迟没有落实找工作计划,她选择了先相亲结婚;小沈在家人介绍下,进入一家外贸公司做客服,由于专业不对口,工作得很不开心,经常抱怨单位和老板,但听到家人说外贸公司有前景,她也没有动摇了;小魏进入了招商银行订单班柜员岗,但由于实习期间技能不达标,银行从业资格证书迟迟没考出来,最后无缘银行,她看到小沈进入了外贸公司,觉得不错,也应聘进入了一家外贸公司做客服,刚熟悉业务一年后,听朋友说项目管理很挣钱,又辞职进入了一家公司做项目管理;小张毕业后顺利进入了中信证券做了一名客户经理,经过勤奋努力,三年后晋升部门经理。

案例点评:什么样的选择决定什么样的生活,同一间寝室的四个小姑娘今天的生活是三年前自己的选择决定的,而今天同学们的选择也将决定三年后的生活。在确定了职业生涯目标后,行动便成为关键的环节,没有具体的行动计划,目标就难以实现,也就谈不上事业的成功。职业生涯决策是落实职业发展目标的具体行动,它是实现目标的根本保障。比如我们的目标设定好之后,如何实现?采取什么样的措施?这些都将帮助我们实现目标。

案例三:职业路线的抉择

程某,浙江金融职业学院经营管理系市场营销专业 2015 级学生,性格开朗外向,善于沟通,曾有过兼职推销经历并取得过相当不错的成绩。市场营销是他的兴趣所在,刚进入大学,他就立志要成为一名大公司的优秀总裁。为了实现自己的梦想,他将自己的职业目标分为总体目标(成为一名大公司的优秀总裁)和阶段目标(顺利毕业,成为一个有一定经验的营销人员),并制定了一份大学 3 年为期的职业生涯规划。

首先,他将职业目标分解并组合。目标分解:目标分解成两大目标——一个是顺利毕业,一个是成为一个有一定经验的市场营销人员。对于第一个目标,可分解为把专业课学好和把选修课学好,修完足够的学分顺利毕业。接下来,还可以细分为:在专业课程学习中,如何学好每一门课程;在选修课程中,如何学好每一门课程。对于第二个目标,可以分解为接触市场阶段、了解市场阶段、熟悉市场阶段。接下来,还可以细分:在各个阶段,要采取什么办法,和不同的公司保持联系,了解市场行情等。目标组合:顺利毕业的前提是学好专业课程,而专业课程的学习对职业目标有(成为一个有一定经验的市场营销人员)促进作用。

同时,他还意识到,中国是一个政治稳定,经济、文化高速发展的国家,这种状况将持续相当长的一段时间,随着市场经济的发展,市场在经济活动中发挥的作用将越来越大。社会的发展将会对市场营销行业产生重要影响,社会对市场营销的依赖性、需求量将越来越大。他个人比较感兴趣的领域是制药、保险和食品行业,他开始广泛接触这些行业的商业模式和专业知识。

除此之外,要成为一个有一定经验的市场营销人员,需要缩小自己和有一定经验的市场营销人员的差距,这些差距包括:(1)思想观念上的差异。刚从事销售的人一般会认为销售只是卖出东西,但有一定经验的人则会认为销售是"卖出自己"——客户只有相信销售者,才可能购买商品。为了缩小这种差距,需要向资深市场营销人员请教,并在实践中继续体会这一点。(2)知识上的差距。书本知识的欠缺只是一个方面,更重要的应当是时间的差距。为了缩小这种差距,在学习书本知识的同时,还要多参与真正的市场销售,在实践中体会书本知识,学以致用、融会贯通。(3)心理素质的差距。市场销售人员需要百折不挠的精神,而作为"天之骄子"的大学生,缺少的可能恰恰是这一点,往往遇到许多挫折和失败就会退缩,这种差距需要在实践中逐步消除。(4)能力的差距。这一点是最重要的,为了缩小这种差距,除了在实践中逐步学习之外,还要和众多销售高手保持密切的联系,以便随时向他们请教、学习。在向资深市场营销人员请教的过程中,程某发现自己需要学习更多专业知识,特别是外语方面能力有待提高,因此,他决定加强英语的学习,准备课余时间报一个英语口语拓展班,每周上一次课,切实提高英语水平。积极进取且颇有计划的程某在后来的学习生活中表现得十分主动积极,一步步完成自己的职业规划,相信坚持就会有收获。

案例点评:职业目标不可能一蹴而就,从目标的制定到实现,有很长的路要走,有很多的事要做。我们不可能事先将职业生涯的每一步都提前做好安排,但利用"职业生涯路线五步"法对个人的职业生涯路线进行总体规划,可以帮助自己理清思路,明确目标。

第二章
规范形象

　　大学生有着高知识、高智商、高能力,代表着先进的文化观念,是社会的精英群体,对社会的发展进步有推动性的重要作用。大学特定的"产品"是学生,"产品"的形象是组织形象的基础,大学生的形象也是大学形象的基础。大学生的形象是其自身的道德修养折射出的人格魅力的综合表现。随着我国经济和社会的发展,社会组织、生活方式和价值观念日趋多元化,各种社会思潮深刻影响着大学生的思想和行为方式,致使当代大学生社会实践能力和创新能力较弱,协作精神与合作能力不够,世界观、人生观、价值观选择不确定等问题产生,继而影响到其自身的形象。面对现实,强化高职学生形象管理意识势在必行,切实提高学生的综合素质、全面规范学生的新形象,是高职院校人才培养的一项重要任务,是我国高等教育形象的靓丽窗口,是当今社会对高职学生的客观要求,也是学生成才成功的基础条件。

第一节　形象为什么要规范

　　大学生正处于生理和心理的发展期,三观还未成熟,易受外界环境左右,从而影响其健全人格的发展。培养面向生产、管理和服务一线的技术应用型人才是高职教育培养目标。据调查,近年来社会用人单位越来越倾向于招聘文明礼仪和知识能力并重的学生。可见,大学生良好形象的塑造是全社会关心的问题,规范学生的形象有利于其在日趋激烈的社会竞争中有立足之地,有利于高等教育的发展及深化改革。

一、形象的概述及构成要素

（一）形象的概述及内涵

形象,指人们对某人或某事物的总体印象与评价。形象不是个人穿着打扮、外貌美丑、行为举止的单纯组合，而是个人素质的综合表现，是内与外结合的产物，具有传递个人身份信息的作用。个人的衣服搭配、面容修饰、言谈、举止、道德修养、生活方式、知识层次、家庭出身和交际圈等都包含在其中。

大学生形象，指社会大众对大学生的总体印象与评价。这既包括了对大学生"外在形象"即仪容、仪表和行为举止的评价，又包括对其"内在形象"即知识水平、思想素质、心理素质和能力结构等方面的评价。因此，规范大学生的良好形象就是要使其做到内强素质、外塑形貌。

（二）形象构成要素分析

大学生形象是由浅层形象、中层形象、深层形象三个要素构成，其中，每一层面、每一因素彼此间相互联系、相互映衬。一个人可以通过内在的修养达到外在美的视觉效果，而通过外在形式亦可以体现出内在美。鉴于此，当代大学生要从内到外、由表及里不断地完善自我形象，努力成为有气质、有品位、有内涵、朝气蓬勃的年轻人。

1. 浅层形象

大学生浅层形象指大学生外在的、能让人显而易见的外在部分，包括学生的自然形象、外饰形象、动作形象三方面。

（1）自然形象，是随着出生就确定了的客观原本的样子，是个人外在形象的基础。一个有着靓丽自然形象的人不一定是最优秀的人。

（2）外饰形象，即在自然形象基础上经过修饰，穿着打扮得体，以合适的方式面对他人的形象。每个人的外饰形象与个性、爱好、文化、修养等相关，也会受到年龄、职业、体征、环境等因素的限制。作为大学生，外饰形象要穿着得体、青春活力。

（3）动作形象集中反映了一个人的文明程度和教养，是指一个人的言行举止。任何一个细微、稳定的习惯动作都是文化、思想、教养、个性的一面镜子。大学生应对自己的动作形象负责，提高自身修养。

2. 中层形象

先天个性、素质是个体形象构成的基础，中层形象指个人表现出的不同于他人的内在潜质。大学生中层形象是看不见、摸不着但可以让人感觉到的东西，包括角色形象、心理形象、个性形象三方面。

（1）角色形象，也叫行为形象，指每个人在从事各种活动中所担任的角色和角色水平。大学生是高智商、知识密集的群体，他们是文明程度、民族文化的集中体现。大学生的所作所为要与其自身角色形象相匹配。

（2）心理形象，是以个人的心理素质为基础表现出来的行为形象。主要指承受力、意志力和理智力等。市场是现代社会的轴心，竞争是社会的特征，优胜劣汰是永恒不变的规律,大学生远离家长独自面对社会时,必须培养意志力、承受力、毅力,强化心理形象,否则将无法适应激烈的竞争挑战。

(3)个性形象,指个人的个性、脾气、爱好、兴趣等。当代大学生应使自己年轻的生命具有时代光彩,大学生应树立多才多艺、充满活力的形象,这样会更具立体感,更有人格魅力,能够把握更多人生机会。

3. 深层形象

大学生深层形象主要是通过个人后天的勤奋和努力达到的内在形象,是以丰富的内涵来展示的深层人格形象魅力,包括知识形象、智能形象、精神形象三方面。

(1)知识形象,指个人知识容量和水平,包括人生经验和阅历等。孔子在两千多年前就强调了学习过程中的知行统一,他提出"学而时习之,不亦说乎?"的理论,就说明"学"是"习"的基础与前提,"习"是"学"的巩固和深化,知识都是通过"学"和"习"获得的。良好的校园环境、教师的授业解惑、丰富的馆藏图书,都为大学生知识形象的完善提供了得天独厚的条件,大学生因此有可能成为适应市场经济发展的复合型人才。

(2)智能形象,指个人的智力和能力,包括思维能力、创造力、判断力、语言表达能力等。对大学生而言,从学生转为职业人是一个艰难的过程,因此,加强大学生能力的培养与锻炼,在学习专业知识的同时投身第二课堂和第三课堂,积极参加社会实践活动,锻炼各方面综合素质是学生成长成才至关重要的方法。

(3)精神形象是人的最高级形象,指个人的理想、信仰、情操等。随着知识的拓展,阅历的增长,对社会认识的加深,大学生逐渐形成明确的理想和抱负,较稳定的人生观、世界观、价值观,从而会锻炼能力、充实知识、拓展兴趣爱好、完善性格、磨炼意志、找准角色定位,对自己的言行举止及外饰形象加以重视,便形成了自己的气质、风度与人格魅力。

二、影响大学生形象塑造的因素

为了适应社会需求,大学生应不断完善自我,自觉塑造良好形象。然而,由于主客观因素众多,目前部分学生不注重外在美和内在美,有损大学生形象,对自身、学校和社会造成了不良影响。其主要因素有:

(一)社会不良风气

由于受到社会环境不良因素、不良价值观、不良人际交往、大众传媒中的消极信息等影响,大学生易沾染社会上不良习气,过分追求物质享受,导致其道德素质下降,形成错误的价值取向,导致精、神、气被消磨殆尽。

(二)学校环境中的消极因素

大学生的形象塑造与高校的教学理念、教师的师德水平、朋辈的相互影响是不可分割的。目前，部分高校存在重学生能力培养、轻道德教育的现象，忽视了育人的重要性；部分教师的错误行为和不良形象，很有可能导致学生走上歪路；部分高校只注重专业教育，忽视了对学生思想政治教育及形象教育的引导，教师不重视教学质量与教学方法，致使学校开设的形象礼仪课程形同虚设，会导致学生塑造良好形象的意识淡漠，造成部分学生厌学、逃学的现象，给学生的成长带来了消极影响。

（三）中国传统文化及西方文化中的负面因素

中国传统文化宣扬人伦的秩序性和成功的秩序规范，教师与学生之间的关系是权威与服从的关系，过分夸大了等级意识和特权观念。传统文化对个性的压抑，导致大学生创造性缺失，使得部分学生在自身形象塑造的过程中处于迷茫状态。随着全球化进程的加速，部分大学生对西方文化还未深入了解，就被其带来的物质快感所俘获，出现价值取向功利化的现象，过分追求个人利益，以自我为中心，影响了个人形象的塑造。

（四）家庭教育影响

家长是孩子的第一启蒙老师，其品德修养、文化水平、教育方法以及家庭环境等直接影响着学生心理和品德的成长发展。只重视孩子的学习成绩、过分溺爱、严格束缚等教育方法会产生诸多问题，如自私、缺乏独立解决问题的能力，对孩子的健康成长有不良影响。

（五）自身原因

当代大学生常常以自我为中心，其对良好形象有认知偏差，认为形象就是外在形象，往往忽视内在形象的塑造，过分注重容貌、衣着等外在，甚至我行我素、盲目模仿明星等，不利于大学生成长成才成功。

三、规范形象的重要意义

大学生这个特殊群体，历来都受到社会的广泛关注。大学生的群体形象也一直被定位在"年轻有为、高知识、高学历、高素质、天之骄子、国家栋梁"等高端位置上。但是，近些年来，随着大学的普遍扩招，在校大学生人数急剧增加，由于学校管理的相对弱化，又受主客观因素的影响，部分大学生存在素质下降、道德滑坡、文明修养差等问题，严重损害了大学生的群体形象。大学生形象是我国高等教育素质教育的综合体现，直接关系我国社会主义现代化建设的总体要求。因而，致力于大学生整体形象提升成为我国高等教育的重要内容。

（一）大学生形象规范体现了高等教育目的和社会发展的要求

教育法明确规定我国的教育方针是"教育必须为社会主义现代化建设服务，必须与生产劳动相结合，培养德、智、体、美、劳等方面全面发展的社会主义事业建设者和接班人"。随着社会和时代的变迁,大学生形象的本质内涵和外在要求也在不断更迭,特别是当下正处于这样一个科技高速发展、社会竞争日益激烈的时代背景下,经济社会的发展对高素质劳动者和技术技能型人才的依赖程度越来越高。因此,培养具有新形象的高技能学生是知识经济时代发展的要求。良好的形象是学生精神风貌的具体体现,是学生就业能力的外在要求,是学生素质培养的重要指向。高职院校作为高等教育的重要组成部分,必须重新审视人才培养目标定位,以经济社会发展需求为导向,全面规范高职生形象素质,大力提升学生综合素质,以期为社会经济发展输送源源不断的智力和人才支撑。

（二）大学生形象规范是"人的全面发展"的需要

"修身、齐家、治国、平天下"是我国古人教育的追求,蕴含了悠久的历史文化传统。而马克思主义则从人的发展出发,认为只有人的智力、体力、道德品质及个性的充分、自由、和谐的发展,才是人的全面发展。因此,德、智、体、美、劳"五育"便成为新型人才的基本要素,构成了我国教育的目标系统,也成为大学缺一不可的五个要素,也是大学生形象塑造的内在要求。可见,高等学校规范大学生的形象是"人的全面发展"的理念的综合表征。

（三）大学生形象规范是适应全球竞争,提高我国国际竞争力的需要

一个国家公民整体素质的高低反映着这个国家文明程度的高低,将培养符合时代要求的新形象人才纳入国家教育培养目标体系是时代的需求。毋庸置疑,经济全球化给我国发展带来了前所未有的机遇及挑战,越来越多的企业开始走出国门、走向国际,自主参与世界范围内的激烈竞争。而全球化竞争背后的本质便是人才的竞争。因此,高职院校要顺应时代发展需求,重视对学生良好形象的塑造,全面培养国际化创新型人才。

（四）大学生形象规范有利于其自身发展提高

大学生正处于人生发展的起步阶段,也是形象塑造的黄金时期。在这一阶段,大学生生理和心理的变化使其爱美的意识开始萌生,并逐渐形成审美标准,构成了形象塑造最强有力的内在动因。因此,大学生的形象塑造要遵循青年学生身心发展特点和规律,努力使每个学生都具备适应社会和时代发展需要的素质。当前,随着我国产业结构和经济结构的不断调整,社会和企业对劳动者的综合素质提出了较高要求,大学生面临越来越严峻的就业压力和发展挑战。而良好的个人形象由人性中最优秀的部分融合而成,它是个人综合素质的体现,能够帮助大学生赢得工作青睐。因而,我们必须明确,高职院校培养的绝不仅仅是技术精良的专家,更重要的是要有高尚的情操、健全的人格和强烈的社会责任感,且具有良好形象的高技能复合型人才。

第二节　形象如何塑造

形象是大学生极其宝贵的无形资产,体现大学生的竞争实力。高校要提高大学生的竞争力和就业力,需要塑造与传播良好的形象。高校从对人才培养的内在要求出发,发挥学校的育人功能,发挥大学生的自我塑造的主观能动性,把握大学生形象塑造的整体性,从而促使大学生严格要求自己,从外在的塑"形"到内在的塑"质",自觉调整道德观念、价值观念、行为方式,不断拓展自我知识领域,就可以全面完善大学生的形象塑造。现代高校的教育目的是培养德、智、体、美、劳"五育"有机结合的高素质全面人才。在教育活动的各个环节中,五育之间是相互渗透、协调发展的关系。鉴于此,高等教育要全面塑造大学生形象,就必须探索新的工作内容和工作方法。

一、强化大学生良好内在形象的塑造

教育部《关于加强大学生文化素质教育工作的若干意见》指出,大学生的全面素质主要包括政治思想素质、文化素质、业务素质与身心素质。当前,素质教育已成为全国高校和全民族共同关注的重要内容。事实上,大学生的形象塑造与素质教育是一致的,其共同的指向是培养德、智、体、美、劳全面发展的社会主义事业建设者和接班人。显然,大学生良好的内在素质是其形象塑造的支点和着力点。

(一)加强社会主义核心价值观教育

社会主义核心价值观是社会主义核心价值体系的内核,体现社会主义核心价值体系的根本性质和基本特征,反映社会主义核心价值体系的丰富内涵和实践要求,是社会主义核心价值体系的高度凝练和集中表达。引导大学生自觉培育和践行社会主义核心价值观,主要通过以下三方面:

1.强化爱国主义教育

大学生是祖国建设的主要人才储备资源,引导其树立以爱国主义为核心的民族精神至关重要,能保持我们民族的凝聚力和向心力。

2.加强社会主义荣辱观教育

社会主义荣辱观是全面概括我国社会主义发展的行为准则,它有机结合了中华传统道德文化与时代要求,也是大学生日常行为的道德要求。高等教育应积极引导学生树立践行社会主义价值体系,通过环境影响学生,调动学生的自我意识,促使学生在践行的过程中不断学习,不断融合,最终形成良好的道德人格,从而塑造由内到外的良好学生形象。

3.加强大学生自我修养,正确引导大学生发挥主观能动性

高校要保证道德教育的时效性,就必须注重大学生的主体地位,提高大学生自我修养意识,强化其知识学习能力,促使大学生自觉自愿地接受道德教育。学生的形象塑造,不仅要依靠外力的引导和影响,而且还要将落脚点放在激发学生的主动自我修养上。高校可以通过培养大学生的自律意识、榜样力量发挥学生的主观能动性。

(二)发挥思政理论课程及高校全员育人的功能

我国大学生思想政治教育的主渠道是思想政治理论课,有助于引导大学生树立社会主义和共产主义的理想和信念以及正确的世界观、人生观、价值观。高校德育工作的重点就是,将党、政、工、团、教学单位及后勤服务部门全部动员起来,相互配合,构建全方位的道德教育大环境,融学生教育、学生管理、后勤服务和道德教育为一体。

1.依托"两课"丰富大学生形象内涵

高校在大学生形象塑造过程中,要加强大学生理想信念教育、社会主义教育和爱国主义教育,将"两课"课堂教学和丰富多彩的社会实践教育融合,不断完善学生的思想素质和道德素质,使邓小平理论和"三个代表"重要思想成为学生思想行动的重要指南。此外,在教学中,要让学生时刻意识到党和人民对他们的殷切期望,从而树立正确的人生方向,努力塑造全新的形象,以肩负国家发展和民族振兴的历史重任。浙江金融职业学院一贯以提升学生的人文素质为育人宗旨,以"明理学院"为载体,以"明德理、明学理、明情理、明事理、明法理"为宗旨,通过开设"大学生学习生活指导""大学生心理健康指导""大学生职业生涯规划指导"三门明理课程,及各类比赛、实践活动等推进了学生思想素质、道德素质和人文素质的教育,十年的坚持,培养了大批优秀的学子,为学生形象的规范做出了卓越贡献。

2.加强教师的引导作用

高校教师应树立主动为学生服务的意识,将学生摆放在道德教育的主导地位,在教书过程中提高对育人职能的重视,根据大学生实际情况因材施教,做他们的良师益友,为其学习和生活答疑解惑,启发大学生用科学的理论和崇高的信念武装自己的头脑,实现全过程育人、全方位育人,将思想政治教育与专业课程相融合,促进大学生优质成长成才。

3.加强管理部门及服务部门的育人作用

高校管理部门也承担着育人的重任,团委、宣传部门和工会组织等可以组织丰富多样的活动达到育人目的,将学生的理论知识转化为实践成果,引导大学生确立服务社会、自强进取、顽强自律、有责任有担当的价值取向和人生信念,促进学生专业知识和自身素质的全面提高;高校后勤服务部门通过对校园环境、宿舍环境、食

堂环境的大力整改和完善,将积极的道德理念和教育理念融入校园文化中,营造文明校园氛围。在日常工作中,服务部门工作人员要使用文明用语、规范着装、以符合道德要求的行为服务大学生。通过校园环境的美化、人文景观的建设和后勤人员的真诚服务感染高校大学生,无形中帮助大学生矫正自身的不良习惯。

（三）全面提高大学生的文化素质及内在形象

加强大学生的文化素质教育,是大学生形象塑造方面新的教育思想和观念的体现。高校应依托第一课堂教学,培养学生形成良好文化内涵、过硬业务素质的形象,还应培育其善于观察、勤于思考、勇于探索的健全完善人格。

1.培养良好的气质

气质是人的相对稳定的个性特征、心理特征,是高级神经活动在行动上的表现。气质与遗传有关,具有天赋性和高度稳定性,但仍有很大的可塑性,它依赖于人的教育和修养,依赖于人的道德品质和意志,任何类型的气质都可以通过后天的教育、训练培养而成。当代大学生在学知识、受教育的过程中,就会对气质产生一定影响。因此,要扬长避短,突出优点,克服弱点,就要针对不同的气质特点进行训练和培养。

2.提升素质修养

修养是指理论、知识、艺术、思想等方面的一定程度和水平,一个人养成的待人处世的态度。大学生良好形象的塑造离不开良好的修养,好的修养必然烘托好的形象。大学生通过接受学校正规教育,特别是素质教育,通过提高思想品德修养、文化知识修养、美学艺术修养、社交礼仪修养、心理品质修养,在日常学习生活中修身养性,不断提升自身素质修养。

二、注重内在形象的外化效果,全面提升大学生外在形象

形象是一个人内在品质的外在反映,它是反映一个人内在修养的窗口。修养体现于细节,细节展示素质,素质影响形象,形象决定成败。高校教育可以帮助学生养成良好的礼仪形象,好的礼仪形象能够让学生终身受益。世界著名作家契诃夫曾说:"人的一切都应该是美的:面貌、衣裳、心灵、思想。"大学生外在形象主要指大学生的仪表仪态,即相貌、形体、服饰、体态、表情、风度等,外在形象不容忽视。端庄美丽的仪表与整洁得体的服饰,是大学生在应聘和职场中最好的推荐信。大学生应当注重仪容、仪态、仪表,这些不仅能给他人留下良好的第一印象,而且有利于自身良好形象的塑造,有利于增强自信心。

（一）注重良好行为习惯的养成

良好的行为习惯是人一生的根基和资本。新时代,大学生外在形象的塑造应从以下两方面着手:

1.养成主动学习的良好习惯

大学主要依靠学生的自主学习、自我服务、自我管理的能力。培养大学生养成主动学习的良好习惯,提高其自主学习能力,对大学生的发展至关重要。

2.自觉遵守公德

大学生的公德主要体现在对秩序的维护、关心他人、讲究卫生三个方面。大学生应做到遵纪守法、爱护公物、礼让他人、无碍于人;应在力所能及的情况下帮助身边需要帮助的人,同学之间相互关心、相互友爱;应该从我做起,从身边做起,做到主动自觉地保持良好的个人卫生。从而,可以促进大学生身体健康,提高人际交往能力,塑造良好的个人形象。

（二）掌握必要的形象礼仪知识

行为举止文明礼貌是一个人的基本修养,通常表现在形象礼仪方面。只用礼仪要求别人,而不用礼仪要求自己,永远都不可能真正地学好、用好礼仪。"礼仪"一词中"礼"字指制度、规则;"仪"字指表现形式。礼仪,指人们在待人接物时约定俗成的标准化做法。礼仪体现了一个人的教养、风度和魅力;体现了一个人对社会的认知水准、学识修养和文明气质。礼仪的最高境界是,礼由心生,将礼仪内化为自己内心的修养,这是大学生内在形象的最佳外化效果。

1.塑造美的仪容

大学生平时应养成注意修饰自己仪容的习惯,出入公共场所应注重保持良好的仪容。无论是上课、开会、集体活动、大小比赛等,都应显示出端庄、大方、整洁和美丽。容貌虽是先天遗传,但也是可以通过后天的修饰加以改变的,可以借助化妆来修饰自己的容貌,扬长避短,增强自信心。

仪容是指人的容貌、面貌,对女生、男生有不同的标准和不同的要求:

（1）对女大学生的基本要求——美丽、整洁、端庄。建议女生平时学习上课不要化妆,但是参加大型活动,参加表演、比赛等则可以借助于化妆美化面容。化妆是一种尊重自己、尊重他人的表现。化妆反映了对活动的重视,反映了对观众的尊重。女大学生通过适当的化妆,应展现出美丽、整洁、端庄,落落大方的气度和风采。

（2）对男大学生的基本要求——清洁、卫生、庄重。男生应重视面部清洁,注重个人卫生。要经常剃须洁面,保持面部清洁。另外,要注意选择适合自己的发型,大学生一般不宜留长发,要注意梳理好发型。蓬头垢面的形象相信是谁也不愿意看到的。男生应给人留下清洁卫生、干净利落、潇洒但又不失庄重的印象。

2.塑造美的仪态

仪态指人的不同姿态,人的姿态能透露、传递出各种各样的信息。从人的姿态可以看出他的心态、修养、素质、文明水准等,所以,绝不可轻视。大学生应特别注意以良好的姿态出现在公众面前，站有站相，坐有坐相，行为举止端庄、文明，这样才能给他人留下好印象。

3.塑造美的举止

举止往往反映出一个人从小养成的行为习惯。一举手，一抬足，一个不经意的习惯动作，都可看出行为者的素质修养。大学生在公共场合与人交往，一定要讲究举止美。

4.塑造美的表情

表情是人的头部、面部各部位对于人的态度、情绪状态的反映。面部表情，是指从面部的变化上表达内心的思想感情，面部表情可以传情达意。人的面部表情千姿百态、丰富多彩，大学生要了解什么样的表情是美的，要学会塑造自己美的表情。

5.塑造美的服饰

俗话说，"人靠衣装，马靠鞍"。衣着美丽整洁，使人看了有赏心悦目之感，个人的服装常可以衬托出这个人的气质。虽然我们不能以貌取人，然而在现实生活中衣着服饰往往成为评价判断一个人的重要因素之一。大学生也要注重服饰，衣着要端庄得体，又要透出年轻人的朝气。有学者研究分析认为：服饰是历史符号、社会符号、审美符号、情感符号、个性符号等一系列符号的集合。

6.诚实守信

诚实守信是大学生在处理人际关系时最基本的要求。首先，大学生要具备良好的时间观念，尤其要遵守交往双方对时间方面的约定，没有特殊情况发生，不要随意更改时间或迟到、失约。其次，大学生要信守承诺，许诺须谨慎；自己承诺的事情必须做到，否则会影响个人的声誉。

7.做一个同学们真心喜欢的益友

对大学生而言，处理好同学之间的关系，对其今后的发展及人际关系的处理具有极大的帮助。处理同学关系，大学生应做到：第一，和睦相处。大学生要处理好与同学之间的关系，就必须做到以礼待人，真诚友善，理解宽容。第二，团结友爱。大学生应该具有宽广的胸襟，不计较同学之间的小是小非，要主动团结同学，不要制造事端、离间同学间的信任，努力形成相互帮助、共同进步的团体。第三，大学生之间要相互帮助、相互关心、克服困难，这样才能一起达到人生巅峰。

总之，大学生的形象蕴含着内在的气质、性格、修养和外在的体貌、姿态、举止言谈、礼仪知识等。完美的形象是内在美与外在美的结合两者相互协调，融为一体，是大学生内在道德素质与其内在素质外化效果相结合后的综合表现。当代大学生应满怀激情，努力塑造符合时代精神并被社会接纳的良好的形象。

第三节 良好形象礼仪的典型案例

案例一：以好的第一印象，为职业发展开好局、起好步

浙江金融职业学院2017届浙商银行会计精英启航订单班徐孝东同学在行业顶岗实习期间，写下了这样一篇日记："……这周与往常一样，我每天坚持提前半小时到达实习网点，问候已经到场的同事和师傅们，然后开始准备一天的工作。时间久了，大家也都很熟络了，没有一开始的生疏感，我们几个实习生也渐渐地融入这个大集体，一起工作，一起聊天。给我印象最深的就是，在这一星期，我们进行了技能的测试。值得高兴的是，从我们学校出去的学生果然在技能方面占据着绝大的优势。很多营业部的老员工看到我们的表现都大吃一惊。能取得这样的效果，这都得感谢学校这一平台，让我们在某一方面有了独特的优势，在业务操作上能够更快上手，或者还能代表他们网点去参加技能比赛。"

案例点评：若一个人在初次见面时给人留下良好的印象，那么人们就愿意和他接近，彼此也能较快地了解对方，并会影响今后人们对他一系列行为和表现的解释。反之，一个初次见面就引起对方反感的人，即使由于各种原因难以避免与之接触，人们也会对之很冷淡，在极端的情况下，甚至会在心理和实际行为中与之产生对抗。这就是心理学中的首因效应，也叫首次效应、优先效应或第一印象效应，是指交往双方形成的第一次印象对今后交往关系的影响，也就是"先入为主"带来的效果。虽然人第一印象并非总是正确的、真实的，但却是最鲜明、最牢固的，经常深入人心，往往决定着以后双方交往的进程。

即将毕业的大学生刚踏上实习岗位，初次到一个单位工作，第一步就需要给单位领导、同事一个良好的第一印象，以前的勤奋或懒散、积极或消极、进取或颓废，都已成过往，重要的是在新的环境里重新开始塑造优秀的自己，从现在开始、从细节开始做起。如早点到单位、多主动问候、多做打开水搞卫生等公共事务等，并坚持去做，使之成为好的习惯，努力让自己成为积极进取、勤奋踏实、诚实敬业的人。同时，一定要避免迟到早退、过多请假、牢骚抱怨、工作开会时玩手机等不良情况，否则，今后得付出加倍的努力才能弥补第一印象造成的影响。

案例二：礼仪体现心态，礼仪展示心境

浙江金融职业学院2016届邮政订单班蔡俊燕同学在行业顶岗实习期间，写下了这样一篇日记："……昨天，义乌邮政局的所有员工在香江公寓开会，主要的内容

是服务规范，利用神秘人在义乌29家网点进行检查，通报了所存在的各类问题，领导也提出了几点要求，希望我们能够有健康的心态，要把服务质量提升起来。再看看神秘人检查通告的PPT上，有很多问题都是常见的。柜员在做业务的时候没有很好地做好礼仪，没有双手接，双手递单据，没有做到客户来有迎声，走有送声，做业务的时候面无表情，没有良好的精神状态，站姿、坐姿、蹲姿、走姿不到位，微笑服务做得不到位。这些问题都是工作中比较常见的，在日常生活中都应该要注意的。在服务行业，做好服务是非常重要的，工作虽然很累很辛苦，但是我们应该有职业素养，拥有良好的心态，工作的时候心情好，在对待客户的时候也能够很好地服务客户。"

案例点评：职业礼仪是对服务行业员工最基本的从业规范要求，表面上看是脸上露出微笑、双手递接物品、礼貌的问候用语等言行举止的规定，本质上反映的是员工的工作状态、单位的精神面貌。真正感染顾客的礼仪，来自服务工作人员对工作岗位的热爱，微笑、动作、问候都是发自内心的，而不是机械、刻板的做作；真正感动顾客的礼仪，来自服务人员的积极、阳光的生活态度和乐观、进取的人生境界，如春风拂面，所到之处春暖花开。因此，要成为一名真正受顾客喜爱的服务人员，不仅要训练言行举止，而且要培养积极、乐观、充满正能量的心态，修炼宽容、进取、充满爱的心境。服务他人，同时也在修炼自己。

案例三：大堂经理的成就感

浙江金融职业学院2015届宁波银行订单班徐涛同学在行业顶岗实习期间，写下了这样一篇日记："……又是新的一周，这周因为各种原因，主办让我跟着我的师父做大堂经理。大堂经理主要做什么呢？填单子、引导客户去柜台、带客户去ATM取款转账等一大堆细而杂的工作，甚至连扫地也不能落下。一开始觉得做大堂经理很简单，可是第一天我就累得一到家就想躺床上，两条腿就好像不是自己的。而且每天都有一大堆乱七八糟的事情，这边的事情还没处理好，那边的客户又叫我了，有时真的想拥有分身术，这样就能处理好所有事。不过虽然每天的工作都很简单且重复，时而还会有'奇葩'的客户出现，但是觉得每天能为客户解决各种问题心里还是满满的成就感，特别是有些大爷大妈连字都不认识，然后我带着他去ATM，教他们使用后，他们笑着对我说'谢谢你啊，你这个小姑娘服务态度这么好的啊'时，我心里就满满的成就感及存在感，那一刻比中彩票还幸福。"

案例点评：一提到青年，人们就会联想到朝气蓬勃、富有活力等字眼。在任何一个时代，青年都被看作社会上最富有朝气、最富有创造性、最富有生命力的群体。作为朝气蓬勃的银领学院学生，如何充分展现准职业员工的精神风貌，提升订单单位的整体形象，在本职岗位中发挥好主力作用，是同学们应该未雨绸缪的。不论在哪个岗位,大学生都应在工作中少一分懈怠,多一分勤奋;少一分碌碌,多一分追求;少一分索取,多一分奉献,兢兢业业,用心做好每一件事,用满腔热情和良好的职业形象为订单单位的发展添砖加瓦,为共同的事业努力奋斗,为职业生涯规划与发展奠定良好的基础。

案例四:微笑接通每一次电话

浙江金融职业学院 2016 届招商银行订单班章妙春同学在行业顶岗实习期间,写下了这样一篇日记:"……工作时间 8 小时,我每天的总呼出量为 200 条左右,有效呼出总量在 80 条左右,通时在 2.0—2.5 分钟,一个月下来我需要和最少 2400 个不同的客户通电话,我们都需要微笑着用声音说'您好××先生(女士)……'开始新的工作。因为你无法了解电话客户对你的一个态度,不知道他会提出什么样的问题。面对形形色色的人各种不同的态度我都必须接受:有的人接起电话就挂;有的人开口就是骂人;有的人态度很好,会因为电话里我们的声音开始沙哑说'小姑娘多喝点水、休息会,你们这样打电话也很累的……'可是我明白这是我的工作,无论客户的态度怎么样我都要用微笑服务每一位客户,尽量帮助他们解决一些我可以解决的问题,希望他满意我们的服务。其实每个愿意接电话的客户对我们来说都是一次机会,我也相信每个客户都是有感情的,可能第一通电话他们会比较敏感,比较谨慎,但是当我打第二通电话的时候记得他们的需求,做到一个有效的沟通,他们一定愿意接受我的服务与产品。"

案例点评:每天面对不同的客户是作为银行职业员工的工作,能微笑面对客户,就是微笑地面对工作,能有这样乐观而积极的心态是非常难得的。客服工作着实不易,有很多委屈与苦衷,但同时也能锤炼同学们的承受力、抗压力和解决问题的能力。准职业人在工作中能保持积极乐观的态度,能秉持彬彬有礼的尊重原则,能提供周到纯熟的业务信息,就会最大限度地赢得客户的尊重、信赖与诚意。继续加油吧,工作的磨炼将会使你收获更多!

案例五:礼仪职场秀的感悟

来自浙江金融职业学院金融管理学院 2016 级学生李某的日记节选:"……为展示我校学生'青春、活力、自信、健康'的风采,进一步丰富我校学生课余文化生活,为学生提供一个展示自我的舞台,鼓励我校学生充分展现新时代朝气蓬勃的青春职业形象及多才多艺、全方位发展的时代形象,金融管理学院在学校诚信讲学堂举办了以'时代金融·塑我形象'为主题的职业形象大赛。礼仪在我们的工作、生活的文明中扮演了越来越重要的角色,通过这次比赛,我学到了很多关于礼仪的知识,认识到了礼仪的重要性,不仅拓宽了知识面,而且许多礼仪在我的日常生活中已经做到。我国是一个历史悠久的文明古国,也有着'礼仪之邦'的美称,讲'礼'重'仪'是中华民族世代相传的优秀传统。源远流长的礼仪文化是先人留给我们的一笔丰厚遗产,在中国向世界开放的今天,礼仪不仅体现出丰厚的历史优秀传统,更富有鲜明的时代内涵,随着人与人、国与国之间的交往日益频繁,讲究礼仪、礼尚往来,对营造和谐的人际关系显得尤为重要。比赛分为'职业宣言''职业形象展示秀'和'主持人即场问答'等环节,各代表队派一名代表用精练的语言阐述本专业情况以及自己的职业宣言,同时其余选手必须在舞台上穿着适合本专业的工作服装向所有在场的观众展示。看着台上选手们激情洋溢的表现,台下的观众们不时地鼓掌、喝彩,感受着现场热烈的气氛,这次礼仪比赛,让我受益匪浅。如今已经是大二的我,即将面对订单班的激烈竞争,除了对专业知识的熟练掌握,我觉得礼仪也应该是我们需要重视的方面……"

案例点评:随着文明礼仪日益受到重视,人们对礼仪知识的认知也越来越多,对职业的需求也越来越强烈。而社会职场中礼仪也同样重要,礼仪是人在商务交往中的艺术。作为高职学院的大二学生,职场礼仪、职业形象是尤为重要的知识能力,必须掌握并且在日常生活、学习中不断实践,这样才能为今后进入服务行业奠定基础。

案例六:惨遭面试淘汰的超短裙女生

浙江金融职业学院投资与保险学院 2014 级女生王某因穿着非职业装的超短裙参加银行订单行业招聘面试,惨败而归。主考官这样评价她,"如果她有职业水准的话,就不会那样做,虽然在工作的时候不一定要穿得非常正式,但在面试时标准应该提高,不注重自己形象的员工,我们是不会录用的"。

案例点评:大学生在面试中表现出的形象礼仪水平,不仅反映大学生的人品和修养,而且直接影响面试官的最终决定。在面试中,一个仪表出众、懂得礼仪的大学生,更能得心应手,也较其他竞争者有更大的成功机会。

首先,面试时装扮要得体。关于"面试的时候应该穿什么"的问题,负责招聘的人员的答案几乎是一致的,"穿适合该行业的和该职业的服装参加面试"。高职院校学生毕业后大多进入服务行业,得体、优雅、大方、符合行业的职业装配备是进入职场的敲门砖。

其次,面试礼仪要注重。面试礼仪是求职者在求职的过程中所表现出的由内而外、由表及里的一种涵养,外表的礼仪是对招聘单位和招聘人员最起码的尊重,从面试礼仪中可以看出应聘者的工作态度。某家公司的总裁曾经说:"我希望看到对方比较认真付出的努力,因为那是一种针对工作的负责态度。如果有人申请我公司的职位,却不屑于在第一次表现出他们最好的一面,那么他们肯定不会在任职期间做到最好。"如果大学生在有限的面试时间里能把握每一个细微的言行,展现出最好的一面,就能为面试赢得成功的机会。有不少大学生在应对面试时,常常会因为经验不足而丢掉一些重要的求职机会,影响求职效率,这样是得不偿失的,因此,大学生形象规范十分必要。

案例七:细节决定成败

浙江金融职业学院工商管理学院 2012 级一名男生毕业后参加社会招聘面试,遇到了以下情况:当工作人员把所有参加面试的应聘者从前台等待处带到主考官所在的房间前时,该工作人员认真观察了应聘者和前台人员告别时有没有打招呼,进门时有没有轻敲门,进了房间后有没有和考官有目光的交流这三个细节,并一一记录下递给主考官。主考官通过以上三个细节来判断是否录用应聘者,这实际上就是该轮面试的考题。

案例点评:美国职业学家罗尔斯说,"求职成功是一门高深的学问"。心理学家奥里欧文说,"大多数人录用的是有礼节的人,而不是最能干的人"。大学生在求职面试时应注意以下几方面:

1. 眼神交流。在与他人谈话的时候,要正视对方的眼睛和眉毛之间的部位,和对方进行目光接触。通过眼神交流能够反映一个人的真诚、踏实的内心状态,能够让他人第一时间获取更多信息,加深好印象。如果不敢正视对方,会被人认为害羞、害怕,甚至觉得该应聘者"有隐情"。

2. 学会倾听。倾听是一种很重要的礼节,好的交谈是建立在倾听基础上的。在面试过程中,主考官的每一句话都是非常重要的,应聘者要集中精力,认真倾听,记住说话人讲话的内容重点。一个有教养、懂礼仪的人在倾听他人讲话时会自然流露出敬意,使他人感受到关注。大学生在面试时要做到:记住说话者的名字;身体微微倾向说话者,表示对说话者的重视;用目光注视说话者,保持微笑;适当地做出一些反应,如点头、会意地微笑、提出相关的问题。

3. 注意肢体语言。肢体语言是指人的动作和举止,包括姿态、体态、手势和面部表情。它是一个人的修养、教育以及为人处世基本态度的自然流露。面试时要保持自信:身体重心稍微前倾,挺胸收腹,上身保持正直,双手自然前后摆动,脚步要轻而稳,两眼平视前方,步伐要稳健,步履自然。尤其需要注意的是,如果同行的有公司的职员或接待人员,切记不要走在他们前面,应走在他们的斜后方,距离一米左右,离开的时候记得礼貌地打招呼。

当大学生能用无声的,职业化、礼仪化的举止向面试主考官表明"我是最适合的人选"时,那就成功了。面试后,应仔细记录整个面试经过、每个提问、每个细节,从上一次面试中总结分析各种因素,积累经验,下次面试才会表现得更加出色。

第三章
管理时间

有人曾说：时间是衡量事业的标准。一个人成就的大小很大程度上反映的就是他时间管理的有效程度。我们在赞叹成功者的成就大小时，实际上是使用了时间的尺度。成功者在有限的时间内，做出了超越常人的贡献，这是他们的伟大所在，成功的人不会浪费时间，他们把点点滴滴的时间片段都看成是浪费不起的珍贵财富。

第一节　何谓时间管理

时间是我们最宝贵的资源，时间不看一个人的外貌、地位、财富，它对每个人都公平。但是我们每个人对待时间的态度却是不尽相同的。有的人很珍惜时间，视它为珍宝，做任何事情都以它为基准来衡量，然而也有很多人却常常忽略它，无视它的重要性。往往时间充裕的时候，我们并不懂得珍惜，也不懂得生命的意义，只是随波逐流，却未曾追问自己的梦想、自己的信仰，更别提为之奋斗、为之拼搏。更多的我们只是在羡慕、无奈、畏惧、叹息中蹉跎了岁月。直到生命最后的时刻，才发现，自己真正想要做的事情，想要体验的生活从来没有去经历过。曾经有人做了"临终前最遗憾的是什么"的采访，发现排在第一、第二的就是：没有做自己真正想做的事。

一、时间管理的概念

先来测试一下自己的时间管理状况。

下面用最简单的办法测试你是否能掌握时间，你只需回答"是"或"否"。

1.你通常工作很长时间吗？

2.你通常把工作带回家吗？

3.你感到很少花时间去做你想做的事吗？

4.如果你没有完成你所希望做的工作,你是否有负罪感?

5.即使没有出现严重问题或危机,你也经常感到工作有很多压力?

6.你的案头有许多并不重要但长时间未处理的文件?

7.你时常在做重要工作时被打断吗?

8.你在办公室用餐吗?

9.在上个月里,你是否忘记一些重要的约会?

10.你时常把工作拖到最后一分钟,然后很努力地去做完它们?

11.你觉得找借口推延你不喜欢做的事容易吗?

12.你总是感到需要做一些事情而保持繁忙吗?

13.当你长休了一段时间,你是否有负罪感?

14.你常无暇阅读与工作有关的书籍?

15.你是否太忙于解决一些琐碎的事而没有去做与公司目标一致的大事?

16.你是否有沉醉于过去的成功或失败之中而没有着眼于未来?

表 3-1　时间管理测评结果

12—16 个是	救命! 你在时间管理上需改进
8—12 个是	当心! 你需要重新审视你的时间行动指南
4—8 个是	可以! 方向正确,但需要提高冲劲
0—4 个是	恭喜! 坚持并保留你的方法

所谓时间管理,管理的其实并不是"时间"本身。所有的时间管理都是围绕某一件事或者某一个目标来设定的。时间管理是用一些工具、方法、技巧来帮助我们实现目标、完成工作。时间管理并不是要把所有的事情做完,而是结合个人价值观重视的程度对多个事件进行有效的分门别类和排序,更有效地利用时间,将更多的时间投入最有价值、最需要的事情上。所以时间管理不仅是我们决定先做什么,多做什么,还要决定什么事情不用做,要少做。时间管理不是完全的掌控,而是降低变动性,时间管理最重要的功能是通过事先的规划,作为一种指引和持续的提醒。

时间管理是自我管理中一项十分重要的内容,不仅可以帮助我们达到工作目标,还可以很大程度令自己的潜能得到开发,并且能使我们的工作与生活保持一种平衡的状态。一个拥有丰富的时间管理经验的人会在纷至沓来的会议、电话以及大小事件中仍然有条不紊、井然有序;而一个没有时间意识,不懂得时间管理的人会在简单的几件小事中迷失方向、分身乏术。

经典的时间管理理念包含了正确的计划、设定明确的目标、时间管理规划、列出轻重缓急和克服拖延。目前许许多多时间管理方法基本上都围绕着这五个要素来进行整合与运用。

时间具有其独特性：供给毫无弹性。时间的供给量是固定不变的。在任何情况下都不会增加，也不会减少，不会根据不同的人的身份地位而有所变化。所以，我们无法对时间进行开源，但是不同的人对其活用的程度不同；无法取代。任何一件事都有赖时间的堆砌。时间是任何活动不可或缺的资源，因此时间是无法取代的；无法蓄积。时间不像人力、物力、财力和技术那样可以被积累储藏。无论我们是否注意到，时间都在随着它自己的规律一分一秒地过去；无法失而复得。时间不能像物品一样失而复得。它一旦丧失，则会永远丧失；时间与空间拥有密切的关系。时间和空间之间相互影响，时间与空间可以互换，例如钟表上走动的指针来回地运动是空间性的表现，时间和空间可以有机结合，时间和空间都可以进行分割。

知识链接：关于时间的名人名言

世界上最快而又最慢，最长而又最短，最平凡而又最珍贵，最容易被人忽视，而又最令人后悔的就是时间。　　　　　　　　　　　　　　——高尔基

时间，每天得到的都是二十四小时，可是一天的时间给勤勉的人带来智慧和力量，给懒散的人只留下一片悔恨。　　　　　　　　　　　　　——鲁迅

必须记住我们学习的时间是有限的。时间有限，不只由于人生短促，更由于人事纷繁。　　　　　　　　　　　　　　　　　　　　　——斯宾塞

没有人不爱惜他的生命，但很少人珍视他的时间。　　　　——梁实秋

时间能使隐藏的事物显露，也能使灿烂夺目的东西黯然无光。

——意大利谚语

睡眠和休息丧失了时间，却取得了明天工作的精力。　　　——毛泽东

时间是个常数，但也是个变数。勤奋的人无穷多，懒惰的人无穷少。——字严

人们常觉得准备的阶段是在浪费时间，只有当真正机会来临，而自己没有能力把握的时候，才能觉悟自己平时没有准备才是浪费了时间。　　——罗曼·罗兰

消磨时间是一种多么劳累，多么可怕的事情啊，这只肉眼看不见的秒针无时不在地平线下转圈，你一再醉生梦死地消磨时间，到头来你还得明白，它仍在继续转圈，无情地继续转圈。　　　　　　　　　　　　　　　　——伯尔

人的全部本领无非是耐心和时间的混合物。　　　　　——巴尔扎克

在时间的大钟上，只有两个字——现在。　　　　　　——莎士比亚

时间是世界上一切成就的土壤。时间给空想者痛苦，给创造者幸福。

——麦金西

如果说金钱是商品的价值尺度，那么时间就是效率的价值尺度。因此对于一个办事缺乏效率者，必将为此付出高昂代价。　　　　　　　——培根

二、时间管理的杀手

（一）缺乏明确的合理目标

众所周知，如果一个人不清楚自己要去往何方，那么即使到达了目的地，他也茫然不知。对于大多数人来说，目标并不具体明确，而像浓雾一样模糊不清。有的人也会有目标，但是目标太大，让人容易放弃，目标大小，没有动力，目标是别人的，被牵着走。如果我们去看一下航海者的图表，就会发现航程从出发点到终点，其路径并不是一条直线，而是一条弯弯曲曲的连线。船长必须时时掌握船只前进的方向，以免船只因为水流、风向等外力影响而偏离航道。在大海中航行时，唯一不会改变的就是航行的目的地。一个人努力奋斗的过程，仿佛就是大海中的航船，很少有一帆风顺的时候。因此，在工作中我们追求的最佳目标不是最有价值的那个，更不是最辉煌或自己最喜欢的那个，而是对于我们的实力而言最有可能实现的那个。

著名的成功学大师谢利德·文森说过一句很深刻的话："如果没有一丝成功的希望，屡屡试验是愚蠢的、毫无益处的。"因此，目标要适当、合理、正确。你可能在某件事上努力了很久，但突然发现自己处于一个进退两难的境地，你所走的路线也许只是一条死胡同。这时候，最明智的做法就是抽身退出，去开始另一个项目，寻找新的获取财富的机会。任何时候，你都应该做到审慎地运用智慧，做最正确的判断，选择正确的方向，同时也别忘了及时检视目标的方向，适时调整。

（二）缺乏优先顺序，主次不分

一天，时间管理专家为一群商学院学生讲课。他现场做了演示，给学生们留下一生难以磨灭的印象。站在那些高智商高学历的学生前面，他说："我们来做个小测验。"随即拿出一个一加仑的广口瓶放在他面前的桌上。

随后，他取出一堆拳头大小的石块，仔细地一块块放进玻璃瓶里。直到石块高出瓶口，再也放不下了，他问道："瓶子满了吗？"所有学生应道："满了。"时间管理专家反问："真的？"他伸手从桌下拿出一桶砾石，倒了一些进去，并敲击玻璃瓶壁使砾石填满下面石块的间隙。"现在瓶子满了吗？"他第二次问道。

但这一次学生有些明白了，"可能还没有"，一位学生应道。"很好！"专家说。他伸手从桌下拿出一桶沙子，开始慢慢倒进玻璃瓶。沙子填满了石块和砾石的所有间隙。他又一次问学生："瓶子满了吗？""没满！"学生们大声说。他再一次说："很好。"然后他拿过一壶水倒进玻璃瓶直到水面与瓶口平，抬头看着学生，问道："这个例子说明什么？"

一个心急的学生举手发言："它告诉我们：无论你的时间表多么紧凑，如果你确实努力，你可以做更多的事！""不！"时间管理专家说，"那不是它真正的意思。这个例子告诉我们：如果你不是先放大石块，那你就再也不能把它放进瓶子里。大石块代表的是我们生命中最重要的价值观,如果我们没有先把时间分配给这些重要的事情,那么时间就会被那些细沙给吞没了,到最后时间悄然逝去,但我们仍将一事无成。所以进行时间管理时,想要获得成就,那么必须明确我们核心的价值观是什么。我们生命中的大石块是什么,是你的信仰、教育、梦想,或是和我一样,教育指导其他人?切切记得先去处理这些'大石块',否则,一辈子你都不能做到。"

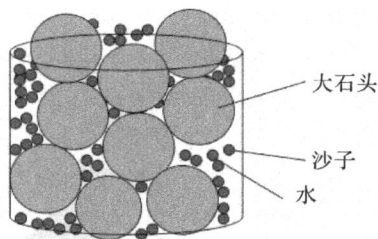

图 3-1　石头沙子实验

很多人一辈子碌碌无为就是因为没有分清事情的重要性与非重要性,常常随性而为,常常被人牵着鼻子走,结果,时间都被沙子和水占据了,等到想要放大石块的时候,却发现已经放不下了。我们总认为一辈子很远,很长,很多事情可以慢慢来,不着急,所以今天就潇洒先,明天就娱乐先,困难的事情先放一放,一放就是几十年。其实,我们每个人的时间都是一样的,如果每天没有先把重要的事情给安排了,那么时间都会被不重要的事情占据,到最后无法积累成成果。

(三)习惯拖延,缺乏完成期限

"拖延"是大多数人有的一种不良习惯,早上起床拖延很久才会爬出被窝;晚上总是拖到很晚才睡觉;工作和生活中的事情能拖则拖。拖延是无声的时间杀手,也是最严重的时间浪费的行为之一。拖延是一种自己骗自己的行为,把一件今天能做完的事情拖到明天,最后导致的结果是要花更多的时间来完成它。拖延的原因可能是从小培养的习惯,也可能是害怕做得不好,也可能是追求完美,要等准备得十分充分之后,才去做。拖延是一个十分严重的问题,你会因为拖延而忽略或延误处理对你而言很重要的事情,你的事业将因此变得困难重重。而我们也发现,其实,对于我们要做的事情,我们拖得越久,它的困难度就会提升地越高,而且我们的心理负担也会更重。时常想到还有一件非常重要的事情,我们还没有去做好,一想到我们就会很沮丧,对自我价值产生怀疑,从而有挫败感,如此反复,次数多了,整个人都会变得颓废。有时候我们定了最后期限,可是哪怕过了最后期限,如果我们依然没有完成,这时我们心里就会产生更大的挫败感,而我们又需要花更多的时间去消化这负面的情况,去疏导这挫败感。我们发现,最终我们并没有花时间去处理事情,而是花了很多时间去消化未做事情带来的情绪。

第二节　如何管理时间

时间是最公平的东西。在许多领域、许多层面上,时间代表的就是效率和价值。而我们想要实现这样最公平的东西的价值最大化,就需要很好地去了解它,并学会管理它。时间的管理离不开目标的明确、各类事件价值的排序,同样我们需要去了解有关时间的一些定律以及个人身心发展的规律,力求顺应天时、地利、人和,不与自然规律对抗,顺应形势,如此才能将时间更加有效地运用。

一、明确目标

目标是一个人前进的方向,是一辆汽车的方向盘,是一艘航行在大海的帆船的标杆。没有目标就会停滞不前,左右拉扯,能量消耗殆尽亦无法取得自己想要的成果。

哈佛大学在1953年做过一个关于目标对人生结果影响的调查。一群智力、学历、环境、条件都相差无几的学生在走出校门之前,哈佛大学对他们进行了一次关于人生目标的调查,发现他们中:

27％的人没有目标;

60％的人目标模糊;

10％的人有清晰但比较短期的目标;

3％的人有清晰且长期的目标。

25年后,哈佛大学再次对这群学生进行了跟踪调查,结果是这样的:

3％有清晰且长远目标的人,一直朝着同一个方向努力,成为社会各界的顶尖成功人士,他们不乏白手创业者、行业领袖、社会精英。

10％有清晰但比较短期的目标的人,他们生活在社会的上层,他们的短期目标不断达成,成为行业专业人士,有很好的工作,比如医生、律师、公司高级管理人员等。

60％目标模糊的人,他们生活在社会的中层或下层,尽管能够安稳地生活,但是没有取得什么成绩。

27％没有目标的人,他们生活在社会底层,生活得十分不如意,不断抱怨社会和他人,经常失业,家庭也不幸福。

这个实验带给我们很多启示,更重要的是让我们看到目标对人的成功很重要。一个明确的目标可以给我们明确的方向,让我们充分了解自己每个行为的目的;让我们清晰地评估自己的行为,进而正面检讨自己的行为;让我们从忙乱中转移到自己的工作重点上；让我们更关注结果，产生持久的动力；能够不断激发出我们的潜能。

那我们如何来科学地设定并支持目标的实现呢？我们可以借助以下的目标设定 7 步骤的方法：

> 先拟出你期望达到的目标

> 列出好处：实现目标有什么好处？

> 列出可能的障碍点：你要达到此目标之障碍，可能是钱不够、能力不够等，一一列举

> 列出所需资讯：思索需要那些知识、协助、训练等

> 列出寻求支持的对象：一般而言，很难靠自己一个人即能达到目标，所以应将寻求支持的对象亦一并列出

> 订定行动计划以及达成目标的期限：一定要有一个切实可行的行动计划；

> 及时奖励自己的行动与进步，及时肯定自己的努力是坚持下去的动力。

以英语单词记忆为例：

先拟出你期望达到的目标：记住 3000 个单词。

列出好处：1. 记住单词能够提高英语成绩。2. 上英语课更听得懂，跟得上老师的节奏。3. 单词量增加能够增加自信。4. 单词量增加后看英文电影更能听懂原声。5. 单词量是英语口语的基础，可以更容易跟外教交流。

列出可能的障碍点：1. 惰性，无法坚持。2. 方法太陈旧，死记硬背的方法不喜欢，也不容易坚持。3. 寝室同学会玩游戏，没有氛围。4. 英语角没有记单词的活动，只有口语交流。

列出所需资讯：1. 找到一种更适合自己的学习方法。2. 找到一个能一起学习的伙伴。3. 找一部喜欢的英文电影，经常反复听。4. 查询手机 APP，体验运用，找一款适合自己的 APP。

列出寻求支持的对象：1. 咨询英语老师，有没有比较轻松愉快的单词记忆方法。2. 咨询高中的学霸同学，看他们是如何记忆的。3. 与隔壁寝室的学霸同学沟通，是否能够跟他一起学习，作为我的学习伙伴，帮助我，督促我，支持我。

订定行动计划以及达成目标的期限：1. 今天打电话给高中同学。2. 晚上跟隔壁同学沟通。3. 明天英语课后找英语老师咨询。4. 今天去图书馆借英语学习相关的书籍，本周内阅读完毕。5. 三天内找到一部喜欢的英文电影。6. 本周内体验几款 APP，同时咨询同学，确定一款 APP。7. 每周设定 200 个单词量。每天 30—40 个。8. 每周看一遍挑选出的英文电影。9. 每月参加一次英语角。10. 本学期内完成 3000 个单词的目标。11. 请同伴监督、提醒、鼓励和支持。

及时奖励自己的行动与进步：1.当天的目标完成后，奖励自己一样好吃的东西。2.每周的目标完成后，奖励自己半天休闲时间。3.每月目标完成后，奖励自己一样大件：衣服或者包包或者运动器材。4.学期目标完成后，给自己一个旅游奖励。

二、分清事情类别

究竟什么占据了人们的时间？这是一个经常令人困惑的问题。许多人总是感叹时间不够用，遗憾自己没有时间做自己想要做的事情。李开复在自传里写道："过去，我总是说，每天都觉得时间就是不够，每周只有7天，总是觉得不够，我有太多的事情要做。现在我发掘出了大量的时间，虽然偶尔还会陷入老习惯，但我的内心却感到轻松安详，因为我了解自己的生活已经稳定和平衡，我能够很快调整，很快适应。虽然仍要匆忙赶路，要应付时不我待的工作危机，但是我获得了回报——我能留出一些时间给自己，而且我知道，确实知道，这与任何客户的紧迫需求或其他大事同样重要。过去我以为我必须对一天中的每个小时都做出计划，现在我明白了，关键不是规划每一个细枝末节而是要贯彻要事第一。"

假如李开复还像以前那样，无论什么事情都往日程里安排，把一个人分成两部分，也是不能圆满。所以，分清主次是高效享受生活和完成工作的前提。只有把事情有主有次地分离出来，才能避免浪费更多的宝贵时间。

著名管理学家科维提出了一个时间管理的理论，把工作按照重要和紧急两个不同的程度进行划分，基本上可以分为四个"象限"：既紧急又重要、重要但不紧急、紧急但不重要、既不紧急也不重要。这就是关于时间管理的"四象限法则"。

表 3-2　时间管理四象限

	紧　急	不紧急
重要	Ⅰ ● 危机 ● 急迫的问题	Ⅱ ● 防患于未然 ● 改进产能 ● 建立人际关系 ● 发掘新机会 ● 规划、休闲
不重要	Ⅲ ● 不速之客 ● 某些电话 ● 某些信件与报告 ● 某些会议 ● 必要而不重要的问题 ● 受欢迎的活动	Ⅳ ● 烦琐的工作 ● 某些信件 ● 某些电话 ● 浪费时间之事 ● 有趣的活动

第一象限和第四象限是相对立的，而且是壁垒分明的，很容易区分。第一象限是紧急而重要的事情，每一个人包括每一个企业都会分析判断那些紧急而重要的事情，并把它优先解决。第四象限是既不紧急，又不重要的事情，有志向而且勤奋的人断然不会去做。

第二象限和第三象限最难以区分，第三象限对人们的欺骗性是最大的，它很紧急的事实造成了它很重要的假象，耗费了人们大量的时间。依据紧急与否是很难区分这两个象限的，要区分它们就必须借助另一标准，看这件事是否重要。也就是按照自己的人生目标和人生规划来衡量这件事的重要性。如果它重要就属于第二象限的内容；如果它不重要，就属于第三象限的内容。

具有假象的第三象限因为它的紧急性往往使人们难以脱身，所以人们经常会跌进第三象限而无法自拔。例如，打麻将的时候三缺一，只要一玩起来就很难脱身，而且要耗费很长的时间才能打出结果。

第一象限的事情必须优先去做，第四象限的事情人们不会去做。第三象限的事情是没有意义的，但是又很难缠，因此，必须想方设法走出第三象限。第一象限的事情重要而且紧急，由于时间原因人们往往不能做得很好。第二象限的事情很重要，而且会有充足的时间去准备，有充足的时间去做好。可见，投资第二象限，它的回报才是最大的。

走出毫无意义的第三象限，把有限的时间投入最具收益的第二象限去，不要再在第三象限做那些紧急但是不重要的无聊事情了。

如果我们每天能够在重要而不紧急的事件上投入70％以上的时间，而花20％以下的时间去处理重要而紧急的事情，尽量不花时间给不重要而紧急的事情，绝不浪费时间在不重要不紧急的事情上，那么我们终有一天能够获得累累硕果。所谓注意力的方向产生成果，哪里投入时间，哪里就会有产出。

三、善用时间管理策略

活动1：参照下图，制作自己的时间表

表3-3　一周时间安排表

一星期（168小时）	
我做的事情（具体）	我花的时间
洗澡、洗脸、刷牙	7小时（每天1小时）
上下班坐车和在路上的时间	10小时（每天2小时）
工作	40小时（每天8小时）

一星期（168 小时）	
我做的事情（具体）	我花的时间
逛超市、商场	5 小时（每星期 1 次）
打扫房间	3.5 小时（每天半小时）
看电视、看电脑（工作以外）	14 小时（每天 2 小时）
流逝的时间 （每周所花时间总计）	
我的空闲时间 （168 小时——流逝的时间）	

活动流程：

1.先将自己具体的时间分配按照实际情况列出来。

2.将同类性质的归类在一起：休闲娱乐、学习、锻炼等。

3.谈谈自己的感想，看看自己的时间花在哪里比较多，哪些本来该花更多时间的，却并没有这样做。

活动 2:看看自己的时间分配是否合理——画时间饼图

表 3-4　时间饼图活动表

目前各种角色的时间分配

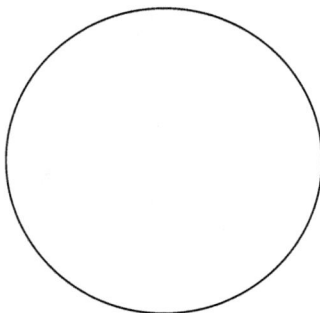

理想的各种角色的时间分配

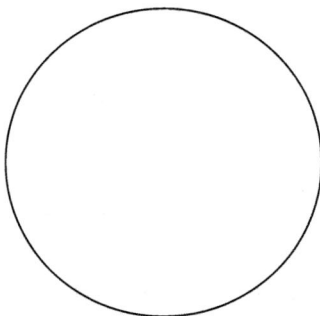

活动感想:

时间调整计划：

（方框）

活动流程：

1.先在第一个时间圆饼中，按照比例将"目前各种角色的时间分配"情况画出来，梳理一下，自己的时间都花到了哪里？有没有将大部分的时间花在重要的事情上？有没有将大部分的时间花在能够促进自己发展的事情上？

2.第一个圆饼画出来后，自己还满意目前的时间分配情况吗？如果满意的话，你觉得哪些是你做得比较好的？如果不满意的话，你觉得哪些需要调整？

3.在第二个时间圆饼中，按照比例将"理想的各种角色的时间分配"情况画出来，然后对比一下，两个圆饼，需要调整的地方并给自己做一个调整行动计划。

4.在方框中写下这个活动的感想。

（一）擅用时间管理定律："墨菲定律"和"崔西定律"

墨菲定律的来源，是一个叫墨菲的空军上尉，他有一个经常会遇到倒霉事的同事。1949年的一天，墨菲开玩笑说："如果一件事情有可能被弄糟，让他去做就一定会弄糟。"举个例子吧，比如你每天出门都带着雨伞，可总也不下雨。当你这一天不想再带伞出门时，则往往会赶上下雨。再比如你去排队买东西，窗口前有几条相同长度的队伍。这时，你所加入的队伍往往是最慢的。

墨菲定律最主要的几条内容是：

凡是可能出错的都会出错；

每次出错的时候，总是在最不可能出错的地方；

不论您估算多少时间，计划的完成都会超出期限；

不论您估算多少开销，计划的花费都会超出预算；

您做任何事情之前，都必须先做一些准备工作。

而这几条在生活中验证较多，其实也是一种心理效应，当我们了解这些可能会产生的状况时，我们就知道，在做时间预算时，需要给自己一个弹性空间，同时给自己准备的时间以及复习总结的时间。这些时间是必要的，而且不可或缺的，不在这里花时间，就有可能花更多的时间去补救。

　　"崔西定律"是指任何工作的困难度与其执行步骤的数目平方成正比。例如完成一件工作有 3 个执行步骤，则此工作的困难度是 9，而完成另一工作有 5 个执行步骤，则此工作的困难度是 25，所以必须要简化工作流程。简化工作是所有成功主管的共同特质，工作愈简化，愈不会出问题。如果工作流程设置很多，环节很多，牵涉的人也会很多，那么出现节外生枝的可能性就更大。所以，要提高执行力和进度，提高成功率，过程越简单越好。

　　（二）遵循生理、心理规律

　　所谓身体是革命的本钱，我们的生理机制有它本身的运作规律与机制。当我们顺应它的规律的时候，我们学习和做事就能够轻而易举，在顺流、顺势状态，当我们违背和反抗它的机制的时候，我们往往可能会事倍功半。所以顺应生理规律，也就是节约了时间，提高了效率。在我们学习和做事的时候，要特别关注机能的变化曲线以及记忆的变化曲线。

　　1.一天内的能量变化曲线

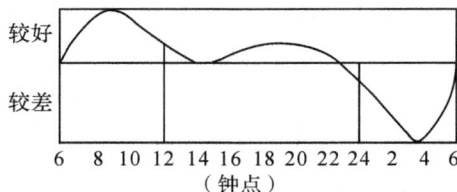

图 3-2　能量变化曲线图

　　我们会发现日常的作息都在遵循白天工作晚上睡觉的大原理下，每个人会有所不同，也就是每个人有自己的生理钟，这是由我们自身的生理机制所决定的。生理钟又称生物钟，它是生物体内的一种无形的时钟，实际上是生物体生命活动的内在节律性，它是由生物体内的时间结构序所决定，通过研究生物钟，目前已产生了时辰生物学、时辰药理学和时辰治疗学等新学科，能够在生命体内控制时间、空间发生发展的质和量叫生物钟。

　　科学家们经过长期研究表明，对人的自我感觉影响最大的三个因素是体力、情绪和智力。体力、情绪和智力的变化是有规律的，一个人从出生之日起，到离开世界为止，这个规律自始至终不会有丝毫变化，不受任何后天影响，这个规律就是人的"生物节律"，又称为"生物三节律"，即体力节律、情绪节律、智力节律。

　　如果我们能够在体力、情绪、智力的高潮时期从事相对重要的，相对有难度的工作和学习，那么就将事半功倍。所以我们要去了解和体验，便于我们根据自己节律周期的状态，合理地安排时间，积极、乐观、灵活、创造性地进行学习、工作和生活。

2.艾宾浩斯记忆遗忘曲线

德国心理学家艾宾浩斯（H. Ebbinghaus）研究发现，遗忘在学习之后立即开始，而且遗忘的进程并不是均匀的。最初遗忘速度很快，以后逐渐缓慢。他认为"保持和遗忘是时间的函数"，他用无意义音节（由若干音节字母组成，能够读出但无内容意义即不是词的音节）作记忆材料，用节省法计算保持和遗忘的数量。根据他的实验结果绘成描述遗忘进程的曲线，即著名的艾宾浩斯记忆遗忘曲线。

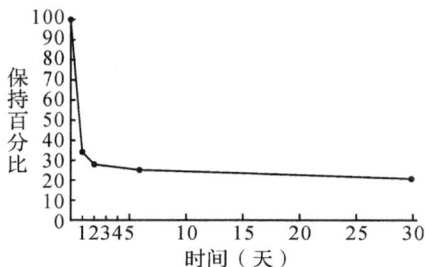

图 3-3　艾宾浩斯记忆遗忘曲线

记忆是一个复杂的心理过程，从"记"到"忆"包括识记、保持、再认或回忆三个基本环节。从信息加工的观点来看，记忆就是对信息的输入、编码、储存和提取的过程。识记是指反复认识某种事物并在脑中留下痕迹的过程。所以，当我们要形成一项技能的时候，在学习的基础上不断地重复、重复、再重复就非常有必要！更重要的是，我们要遵循记忆的规律，不然的话，我们重复的效率就会大打折扣。根据艾宾浩斯记忆遗忘曲线，我们在学习新东西之后的一天，就将遗忘 70% 左右，所以及时复习是让我们轻松学习工作的第一前提。

3.四个黄金记忆时间段

心理学研究发现，一天当中，人通常有 4 个记忆的"黄金时段"，正在求学的青少年朋友们应该知道大脑记忆的这些最佳时段，以便使你在学习上取得事半功倍的效果。

第一黄金时段：6—7 点钟。

这段时间，血压升高，心跳加快，体温上升，肾上腺皮质激素分泌开始增加，此时机体已经苏醒，想睡也睡不安稳了，此时是第一个最佳记忆时段。7 点钟左右，肾上腺皮质激素的分泌进入高潮，体温上升，血液加速流动，免疫功能加强，因为大脑经过了一夜的休息，正处于工作效率的高峰，利用这一段时间学习一些难记但是又必须记住的东西比较适宜。

第二黄金时段：8—10 点钟。

这段时间，人体完全进入兴奋状态，肝脏已将身体内的毒素排尽，大脑记忆力很强，此时是第二个最佳记忆时段。9 点钟时，神经兴奋性提高，记忆仍保持最佳状态，疾病感染率降低，对痛觉最不敏感。此时心脏的功能最好，精力旺盛。

10点钟，人的积极性上升，热情将持续到午饭时段，是人体的第一次最佳状态。此时是内向性格的人创造力最旺盛时刻，任何工作都能胜任，千万不要虚度。

一句话，上午8—10点钟这一时段，肾上腺等激素分泌旺盛，精力充沛，大脑具有严谨而周密的思考能力，识记能力和处理能力较强，是攻克难题的好时机。

第三黄金时段：18—20点钟。

18点钟，可以利用这段时间来回顾、复习当天学过的东西，以加深印象。这也是整理笔记的黄金时机。此时痛感重新下降，人的体力活动和耐力达到一天中的最高峰，运动的愿望上升。运动员此时应更加努力训练，可取得好的运动和训练成绩。

第四黄金时段：21点钟。

这段时间直到临睡前为一天中最佳的记忆时间。研究发现，此时也是记忆力最佳时期，具有很高的效率。利用这段时间来加深记忆印象，特别对一些难以记忆的东西加以复习，最容易记牢，不易遗忘。

4.善用零碎时间

张育是新时代集团的首席技术官，他想方设法利用每一分钟。"我常常出差。一般我要带一定数量的书上飞机或火车。如果是长期出差，我就把书打成邮件，寄到一定的地点。带多少书，根据以往的经验来决定。""在路上看书有什么好处？第一，路途的不便你感觉不到，很容易将就；第二，神经系统的状况比在其他条件下良好。在很多时候，我更愿意坐公交车上班，坐公交车的时候，我看的不是一种书，有两三种书。如果是从起点站坐起，那就可以有位子坐，因而不仅可以看书，还可以写字。如果公交车很挤，有时候只能把着扶手勉强站住，那就需要小册子，而且是比较轻松的。在长时间的大会中，甚至在股东大会中，当讲座的事项无须我全神贯注时，我常常是不声不响地打开手提电脑来回邮件。"

零零星星时间的价值有多大？一天的日子，就如同是一个行李箱，如果你懂得装箱的技巧，一个箱子就可以装两个箱子的东西。因为你绝对不会一开始就把物品放置在行李箱的中央，通常都是先装箱子四周，然后才把物体放在中央部位。时间的使用，也是同样道理，一般都是先使用四周的时间（零碎时间），如果在一天当中的零碎时间你都能善加利用，我相信你的一天时间可以等于他人的两天时间。

零碎时间大致可分成两种类型。一种是不可预见的零碎时间，事前思想并无准备。如与某一人进行约会时，由于对方临时出现意外情况，有事或某种原因不能赴约，使你白白等了一段时间，15分钟或20分钟；又比如你排队买东西时，也要等一段时间；到饭店进餐时，从点菜到菜上桌还要等上一段时间。另一类型则是可以预见的零碎时间，事先思想有准备，知道要有多长时间。比如：常常乘火车和轮船的人，在候车室等候开车或开船的时间，这是可以预见的；当然更应当有效利用的则是在火车上、飞机上、轮船上的时间,这也是可以预见的时间,还有会前等待的时间;等等。零碎时间一般人都是毫不在乎地忽略过去,但若按整体计算,一天、一月、一年以至一生的积累,这些零碎时间的总和将形成一段相当长的时间。有人曾算过这样一笔时间账:每天人的自由时间=日历时间(24 小时)-必要时间(包括上班和交通时间 10 小时)-睡眠时间(8 小时)-吃饭时间(2 小时)=4 小时。

因此,不要说每天利用全部的 4 小时自由时间,就是 2 小时也是可观的,2 小时的业余时间有些人可能会感到不足挂齿,经常白白地消磨过去。但假若你一天利用业余时间学习 2 小时,按 70 年计算,扣除学龄前 7 年,就是 45990 个小时,合5748 个学习日,相当于比 15 年还多的学习时间。即使你每天只抓紧一个小时的业余时间学习,那么一年也有 365 小时,合 45 个学习日,一个半月的时间。试想,在一年中你无形地增加了一个半月的纯时间,将会给你的事业带来多大的价值。因此,绝不能小看零星的业余时间。而且,凡是有成就的人,都是能巧妙而有效地利用闲暇和零碎时间的人。

在有限的时间内,我们也可以用以下的方法来做尽可能多的事情:

(1)以时换时法。计划用于学习的时间不够时,可以从休息娱乐的活动中挤出一些时间来,但此法限于特殊情况,不可常用。

(2)以人替时法。有些事可以请他人代劳,就不必事必躬亲。

(3)以物省时法。运用电话、录音机、复印机、计算机等工具来节省时间。

(4)以钱购时法。出门坐快车、飞机,请人誊稿子等。

(5)集零为整法。在某种活动进行时,穿插些别的事,散步背单词,等车看书等,聚沙成塔,集腋成裘。

(6)统筹合并法。把能够合并起来的事情,尽量合并起来办,一举两得,两全其美。

5. 活用手机 APP

现在是互联网信息化时代,每天我们接触最多的就是手机,其实手机可以帮助我们更好地管理时间,比如说"时间管理小助手",你可以在 APP 上记录你花了多少时间在哪些事情上,然后它就会统计出来,让你直观地看到你哪些地方浪费了时间,只有找到了浪费时间的根源,你才有办法改变。比如"时间管理日记"这个APP 可以随时记录你的灵感、你活动的时间以及参加后的心得,这样你以后搜索起来就会特别方便。再比如公众号"橙子成长联盟",它设置了一个栏目"三件事",让你每天清晨思考写下当天三件最重要的事情,同时给自己一个"小确幸",然后在一天的时间里,会提醒你去完成它。在晚上睡觉前,你可以打开公众号看自己今天的最重要的三件事有没有完成,然后写段心得。日积月累,你会发现你的成长道路越来越宽广。

第三节 时间管理的典型案例

案例一:统筹分配时间,轻松取得佳绩

大学生最重要也最本职的工作就是学习,并且关键是要学会学习。浙江金融职业学院就有这么一位同学很好地诠释了这一点。他叫冯利滨,来自营销13(3)班,担任班长、经营管理系学习部长、学院第十届"十佳大学生"学习之星。他是名副其实的学霸,但绝非书呆子,学习工作样样出色。平时活跃于各级各类课外活动,不断提升自身综合素养。作为班长,在做到自身树立榜样、求学向上的同时,还团结全班同学一起学习,取得了在大一大二上学期全班无一同学挂科的好成绩。同时也开展了"班级无手机课堂辩论赛""推选班级技能之星""我的读书故事主题演讲"等活动,树立了良好的班风学风,所在班级获"学风示范班""优秀团支部""素质拓展奖学金红旗团支部"等荣誉称号。

同时在担任学习部部长期间,努力营造系部浓厚的学习氛围。成功举办"经营管理系第二届新老生交流会"、第五届"集思明辩、巧辩青春辩论赛""首届全系课堂笔记评比"等活动。通过学习部这个平台上,他不仅仅锻炼和提升了自己的能力,同时也很好地引导整个系的学风建设更好发展。

充实忙碌之余,却能做到学习功课门门优秀,班级排名第一。只因对于学习,他有自己的道。第一,通常连续长时间不断地学习会让人感到疲惫,这时可以把所有的功课分成若干部分,每一部分限制一定的时间,如六点前完成英语,八点做完测试,这样不仅有助于提高效率,而且不会产生厌恶感。第二,除了特别重要的内容,课堂上不要忙于记笔记,忙于记笔记只会使自己的听课效率变差。第三,不要整个晚上复习同一门功课,实践证明,这样做非但容易疲劳,而且效果也很差。

案例点评:大学的学习是自由的,是开放的,特别需要学生培养自主能力和时间管理能力。冯利滨非常明确自己的目标,以学习为主导,充分体验自己所感兴趣的、能发挥自己特长的活动,同时,善于利用时间管理策略,以及自身身体机制,有效利用高效率的时间段进行高难度的学习,不仅增加了学习的动力,也提高了学习的效率。

案例二:从专科生到世界四大会计师事务所之一的高级审计员的奇迹

张宏广是浙江金融职业学院2009级的学生,在入校之初,他就明确了自己的

目标:提升自己的学历,考取注册会计师。所以他大学三年的时间分配非常明确,第一学期就报了自考,同时积极准备初级会计师的认证考试。上课期间他总是最认真最积极思考的一个,45 分钟的一节课,对他来说相当于 145 分钟。需要同学分享自己观点的时候,他总是第一个站出来,需要实践体验的时候,他总是最投入的一个,正是这样一次次的锻炼和积累,他的思维越来越成熟、语言表达越来越娴熟。每次课前他都会先做预习,课后及时复习,每次下课,总能看到他与任课教师交流他的疑惑、想法和创意。同时他还积极参加专业的比赛以及英语口语竞赛。如果你觉得他只会读书就错了,他在投入时间精力努力学习的同时,还担任了学校学生会学习部部长一职,组织了"挑战杯""创新创业大赛""辩论赛""演讲赛"等各种活动,在校期间获得了国家奖学金、"浙江省优秀毕业生""院十佳大学生"等荣誉称号,获得全国大学生英语竞赛 D 类三等奖,浙江省第七、第八届大学生财会信息化竞赛三等奖,浙江省第七届高职高专实用英语口语大赛三等奖,外研通杯新概念英语大赛浙江赛区 F 组一等奖,浙江省大学生高等数学(微积分)竞赛三等奖,获得大学英语六级、剑桥商务英语(中级)等证书。

　　他 2012 年 6 月毕业,之前早已全部通过自考科目,同年 12 月取得浙江财经学院管理学学士学位。2014 年 12 月通过注册会计师综合阶段考试,取得注册会计师证书。毕业后如愿成为世界四大会计师事务所之一———德勤华永会计师事务所的高级审计员。

　　案例点评:张宏广的成功首先在于他有非常明确的目标,同时,他很有自己的规划与执行力,而且他能够结合自己的特长,不在自己的短板里浪费时间,不纠结不犹豫,积极果断参与适合自己的竞赛活动,每次学习和竞赛,他总是百分之百投入,全心全意参与。

案例三:合理规划 收获成功

　　毛欢欢是浙江金融职业学院 2007 级的学生,在校期间,他树立了进入银行订单班的目标,勤奋学习,课业成绩优异,注重自身技能练习,特别点钞专项成绩优异,这些为走向工作岗位打下扎实的专业基础。毕业后担任宁波鄞州万达支行综合柜员、客户经理,由于他技能功底扎实,在岗位上勤学苦练,他同时成了宁波分行兼职点钞培训师。现为宁波江东常青藤支行行长,荣获 2013 年度"宁波市首席工人"称号。

　　毛欢欢是个特别有才情,既重视工作又照顾家庭的人。他懂得协调分配自己的时间,首先明确自己在家庭中可以起到的作用,以及在行里能够发挥的作用,并对时间做了一个合理的分配,认真做好自己的分内事,工作期间全身心投入。作为一个管理者,他很清楚哪个时间点需要做哪些事,主次分明,善于分解,及时总结。

刚到网点做行长的时候，由于会见客户和开会时间重叠，务必选择一个！他毅然决然地选择了去客户所在地拜访，因为这个客户是他跟踪维护三四个月的重要客户，之前做了很多工作才约到客户，但又是季度关口，会议比较频繁。他果断决定安排行里的客户经理去参加行务会议，并给支行领导汇报，他请假，由客户经理出席！并说明了这个客户的重要性，营销成功会对支行季度末业绩有个质的飞跃！另外毛欢欢有另一方面的考虑，客户经理平时没有机会参加行务会议，以前都是听行长在传达信息，很多时候行长急他们才急，这一次他选择让客户经理去参加会议，也是让他们知道行领导对季度末业绩的重视。

这一次选择，让毛欢欢成功地营销了客户，成功营销 1.2 亿对公存款，使网点，甚至支行季度末业绩有了大幅度提升！同时，客户经理参加这一次行务会议后，知道了网点存在的问题，学会了主动积极去面对，并且想着解决方案！这件事情让毛欢欢更坚信，合理安排人和时间，会有事半功倍的双赢效果！

正是因为拥有积极勤奋的工作态度、高效解决问题的工作能力以及平和从容的沟通能力，让他从银行综合柜员到客户经理到网点见习行长再到网点行长，正式成为宁波市银监局备案的最年轻的支行行长，他在自己的职业生涯道路中一步一个脚印，不断挑战自我、超越自我。

案例点评：毛欢欢在事业发展过程中，有非常明确的目标，主次特别分明，不注重形式，而注重实际的过程，把行里的利益与员工的发展放在第一位，关键时刻，考虑长远，果断决策，积极行动。正是学会了如何合理地安排人事与时间，所以他常常能够取得事半功倍的双赢效果。

第四章
刻苦学习

　　虽然我们几乎每天都要提到"学习"二字,但对其内涵的理解却是千差万别。对于大多数人而言,"学习"这个词往往会与"学校"或"为了通过某些考试或测试而研读"的活动联系在一起。其实"学习"不仅仅是指学校的应试教育,也不是掌握某项学科知识的过程,而是指通过各种手段,获取新知,并具备实践新的行动的能力。对于我们大部分人来说,在学校中所学到的知识,其实只是很小的一部分而已。

第一节　何谓学习

　　在我国,学习这一词,是把"学"和"习"复合而组成的词。最先把这两个字联在一起讲的是孔子。孔子说:"学而时习之,不亦说乎?"意思是,学了之后及时、经常地进行温习,不是一件很愉快的事情吗?很明显,学习这一复合名词,就是出自孔子的这一名言。按照孔子和其他中国古代教育家的看法,"学"就是闻、见,是获得知识、技能,主要是指接受感性知识与书本知识,有时还包括思的含义在内。"习"是巩固知识、技能,一般有三种含义:温习、实习、练习,有时还包括行的含义在内。所以学习就是获得知识,形成技能,培养聪明才智的过程。实质上就是学、思、习、行的总称。

图 4-1　"学"与"习"的象形字

一、学习的内涵

什么是学习？心理学家对此曾有过争论。

美国心理学家桑代克认为学习即试误。他认为知识、技能的学习是通过尝试—错误—再尝试这样一个反复过程习得的。

美国行为主义学派的华生、斯金纳认为学习即条件作用。华生1913年提出人类和动物的行为全部可以用刺激—反射的理论去解释。他是学习即条件作用理论的奠基人。

德国心理学家柯勒,是格式塔学派代表人物之一,格式塔学派的观点是:学习即顿悟。

学习即信息加工过程,是现代认知心理学的核心观念。

托尔曼、布鲁纳等人的认知理论认为,学习是对环境中的刺激依其关系形成一种新的认知结构的过程,是意义的获得和实现期望的过程。

现在,心理学家们一般认为,学习的概念有广义和狭义之分。从广义上说,学习是人和动物在生活过程中获得个体经验的过程。凡是以个体经验的方式所发生的个体的适应变化都是学习。它是动物和人类生活中的普遍现象。从低等动物(如变形虫)到高等动物(如灵长类的猿猴),从婴儿到成人,都经常以个体经验的改变去适应其不断变化的生活环境。学习的这种广义概念,既包括动物的习得行为,也包括人的行走、言语、知识、技能、习惯和道德品质等学习。从狭义上说,学习是专指学生在学校里的学习,是学习的一种特殊形式。即学习是学生在教师指导下,有目的、有计划、有组织、有步骤地获得知识、形成技能、培养才智的过程。学生的学习在学习内容上以掌握前人经验和行为规范为主;在学习情景上以师生交往为主;在学习形式上是通过课堂教学,以语言为载体,通过他人传递,间接获取知识经验;在发展目标上,要德智体美劳全面和谐地发展;学习过程一般要经历感知、理解、记忆、应用等阶段。所以,学生的学习是一个十分特殊的过程,是个体掌握人类社会历史经验的过程。

二、学习的理论

学习理论是教育学和教育心理学的一门分支学科,描述或说明人类和动物学习的类型、过程和影响学习的各种因素的学说。学习理论是探究人类学习本质及其形成机制的心理学理论。它重点研究学习的性质、过程、动机以及方法和策略等。学习理论的分类主要有以下几种:

（一）联结学习理论

联结学习理论认为,一切学习都是通过条件作用,以刺激和反应之间建立直接联结的过程。强化在刺激—反应联结的建立中起着重要作用。在刺激—反应联结中,个体学到的是习惯,而习惯是反复练习与强化的结果。习惯一旦形成,只要原来的或类似的刺激情境出现,习得的习惯反应就会自动出现。

（二）认知学习理论

认知学习理论认为,学习不是在外部环境的支配下被动地形成刺激—反应联结,而是主动地在头脑内部构造认知结构;学习不是通过练习与强化形成反应习惯,而是通过顿悟与理解获得期待;有机体当前的学习依赖于他原有的认知结构和当前的刺激情境,学习受主体的预期所引导,而不受习惯所支配。

（三）建构主义学习理论

建构主义强调学习者是以自己的经验为基础来建构现实,或者至少说是在解释现实。维特罗克(M. C. Wittrock,1931—　)认为:"学习过程不是先从感觉经验本身开始的,它是从对该感觉经验的选择性注意开始的。任何学科的学习和理解总是涉及学习者原有的认知结构,学习者总是以其自身的经验,包括正规学习前的非正规学习和科学概念学习前的日常概念,来理解和建构新的知识或信息。建构一方面是对新信息的意义的建构,同时又包含对原有经验的改造和重组。"因此,他们更关注如何以原有的经验、心理结构和信念为基础建构知识,更强调学习的主动性、社会性和情境性。

（四）人本主义学习理论

人本主义是 20 世纪 50 年代末 60 年代初在美国出现的一种重要的教育思潮,主要的代表人物是马斯洛(A. Maslow,1908—1970)、罗杰斯(C. R. Rogers,1902—1987)、凯利等。这些心理学家反对把对白鼠、鸽子、猫和猴子的研究结果应用于人类学习,主张采用个案研究方法。人本主义心理学的主要观点是:(1)心理学研究的对象是"健康的人";(2)生长与发展是人的本能;(3)人具有主动地、创造性地做出选择的权利;(4)人的本性中情感体验是非常重要的内容。建立于现代人本主义心理学基础上的人本主义学习理论包括以下观点。

（五）班杜拉的社会学习理论

美国心理学家班杜拉在反思行为主义所强调的刺激—反应的简单学习模式的基础上,接受了认知学习理论的有关成果,提出学习理论必须研究学习者头脑中发生的反应过程的观点,形成了综合行为主义和认知心理学有关理论的认知—行为主义的模式,提出了"人在社会中学习"的基本观点。

三、学习的类型

研究学习的类型是很有必要的,它有利于认识不同类型的学习的特点及其规律性,便于自觉地指导学生的学习,提高学习的效果。许多心理学家从不同角度、不同的目的或需要出发,以不同的标准对学习进行分类,针对不同学历类型做了深入的分析。

(一)我国潘菽对学习类型的分析

潘菽教授主编的《教育心理学》是根据学习的不同内容和结果,把学习划分为四种类型。

1.知识的学习。其中包括学习知识时的感知和理解等。

2.技能和熟练动作的学习。

3.智能的学习。

4.道德品质和行为习惯的学习。

(二)美国布卢姆(B. S. Bloom)对学习类型的分析

教育的目标是根据社会需要确定的。我们在确定教育目标时,不仅要考虑社会的需要,也要考虑人的全面发展和充分发挥每个人的潜力的需要。教育的目标实际上就是学习的结果。布卢姆根据学习的结果,把教育目标分为三类:认知的、情感的和精神运动的。这三类目标的每一类又排成由低到高的若干层级。如认知目标分成六级。

第一级为知识:对知识的简单回忆(主要指记忆)。

第二级为了解:理解的最低阶段。

第三级为应用:在特殊情况下使用概念、原理或原则。

第四级为分析:区别和了解事物的内部联系。

第五级为综合:把一些思想重新综合为一种新的完整的思想,产生新的结构。

第六级为评价:根据内部证据或外部的标准做出判断。

(三)美国加涅(R. M. Gagne)对学习类型的分析

加涅根据产生学习的情境,由简到繁、由低到高,把学习分成八类,顺次排列成一个层级。低级学习向高级学习发展,高级学习要以低级学习为基础。

第一类,信号学习:经典条件反射,包括不随意反应。

第二类,刺激反应学习:操作条件反射。

第三类,连锁学习:一系列刺激反应动作的联合。

第四类,语言的联合:与第三类学习一样,只不过它是语言单位的连接。

第五类,多样辨别学习:认出多种刺激的异同之处。

第六类,概念学习:在对刺激进行分类时,对事物抽象特征的反应。

第七类,原理学习:概念的联合。

第八类,解决问题:在各种条件下使用原理达到最终目的。

(四)美国奥苏伯尔(D. P. Ausubel)对学习类型的分析

奥苏伯尔根据学生进行学习的方式,把学生的学习分为接受学习和发现学习;

根据学习的内容,把学习分为机械学习与有意义的学习。

接受学习,即学习者把以现成的定论的形式呈现给自己的学习材料,与其已形成的认识结构联系起来,以实现对这种学习材料的掌握的学习方式。发现学习,是在教师不加讲述的情况下,学生依靠自己的力量去获得新知识,寻求解决问题方法的一种学习方式。发现学习依靠学习者的独立发现。

机械学习,即不加理解,反复背诵的学习,亦即对学习材料只进行机械识记。有意义的学习需具备两个条件:学生要具有意义学习的心向,即把新知识与认知结构中原有的适当观念关联起来的意向;学习材料对学习具有潜在意义,即学习材料具有逻辑意义,并可以和学生认知结构中的有关观念联系。这两个条件缺一不可,否则会导致机械学习。

接受←→发现,机械←→有意义,这是划分学习的两个维度。这两个维度之间不是互不依赖和彼此独立的。接受学习可以是机械的,也可以是有意义的;同样,发现学习,可以是机械的,也可以是有意义的。在这两个维度之间可以有许多过渡形式。

奥苏伯尔的学习分类,是一种有创见的分类。这种分类指明了意义学习与机械学习、接受学习与发现学习的划分与区别,揭示了学生的学习是以有意义接受学习为主的规律。对发展学生智能,培养创造力,实现"为迁移而教"的目标有重大的理论意义和指导作用。

第二节 如何学习

学习是贯穿人们一生的事情,对部分人而言,学习很轻松愉悦,但对另外一部分人而言,学习却很难。有时你会觉得和别人花费同样的时间甚至比别人更努力,但学习效果却比别人差很多。为什么?主要是方法的问题。学习有其固有的规律和方法。本节着重探讨学习的方法和策略。

一、明确学习目标

高尔基说过:"一个人追求的目标越高,他的才能就发展得越快,对社会就越有益。"目标是激发人的积极性、产生自觉行为的动力。人一旦没有生活目标,就会意志消沉、浑浑噩噩。大学新生正处于富于理想、憧憬未来的青年中期。但大多数学生只把考上大学作为中学学习奋斗的目标,对大学生活缺乏长远的打算。升入大学,中学阶段的目标已经实现,有的人认为,大功告成,可以松口气了。有的甚至把"混文凭""跳龙门""留城市"作为学习目标,满足现状,不思进取,使刚刚开始的大学生活缺乏驱动力。因而，这些学生感到生活茫然、空虚、枯燥、乏味。大学新生中这种现象的出现，主要是没有及时树立新的学习生活目标所致。因此，大学新生需要尽快熟悉大学生活，树立新的奋斗目标。

学习需要明确目标，目标可以指引我们前进的方向。一旦我们有了明确的学习目标，就会充分有效地安排时间，有所依据地选择做什么和不做什么，省却许多因为迷茫导致的犹豫不决的环节，不会陷入繁杂的琐事线圈中去。

学习需要明确目标，目标可以带给我们前进的动力。在荒漠或草原中行走的人往往会寻找远处的一棵小树、一块大石头或一片绿洲作为阶段目标，走到之后再寻找下一个目标，这样坚持不懈地最终走完整个旅程。学习过程中有了这样一个目标，就会带给我们持续不断的动力，一步一步向前，完成一个小目标后带来的兴奋感和成就感又会激发我们产生更强的动力去完成更大的目标，即使遇到了挫折也不会半途而废。

所以，如果你还没有学习目标，那么必须尽快制定一个。学习是一个长期的艰苦的过程，即使有了目标，我们也可能很难实现，但是没有目标，我们一定一事无成。

学习目标的设定可以根据时间来划分：长期目标应该制定得尽可能长远，那将激起你为伟大事业奋斗的雄心，中期目标应该高于你现状，那将使你能够拥有足够的提升空间，短期目标则应该限定在自己力所能及的范围内，通过一个又一个短期目标来获得成就感，而每日目标则具体落实到当下的行动中去，让我们有计划地合理地去安排每天的时间，通过每天的积累实现"聚沙成塔、汇流成河"的效果。长期目标、中期目标、短期目标、每日目标形成一个目标金字塔，如图所示：

图 4-2 目标金字塔

大学的学习既需要广泛地涉猎，又必须有针对性地深入学习。所以，我们要结合自身的特点、未来发展的需要以及专业设置，来设定合理的目标。学习目标的对象具有多样化的特点，我们需要有针对性地挑选一些目标。

目标的选择可以采取"目标筛选法"，步骤如下：

步骤 1：列出目标（写出所有可能的目标）

步骤 2：细化目标（将目标内涵具体化、数据化）

步骤 3：测算上述目标带来的好处（剔除没好处的）

步骤 4：分析存在的主要困难与障碍（剔除困难大的）

步骤 5：明确所需技能及知识（确定获取途径）

步骤 6：罗列必须合作的对象（设计联系的方式）

步骤 7：评估实施规划行动带来的好处

步骤 8：注明目标完成的日期（不能改动）

二、规划大学生涯

青春或许意味很多，但恰恰与享受无关；青春或许不应当做许多事，但最应当做的无疑是规划。与中小学相比，在大学里，学生更需要做自己的主人，开始规划自己的人生和未来，为机会的到来做好充分的准备。英国哲学家罗素这样写道："未经验证过的生活是不值得过的。"没有规划的大学生活，同样是不值得过的。

有些大学生习惯了家人的安排，总是被动地等待，希望别人帮他们做出决定，总是习惯性地认为他们现在的境况是他人和环境造成的，如果别人不指点，环境不改变，自己就只有消极地生活下去。持有这种态度的人，事业还没有开始，自己就已经被击败。大学新生，面对自己的大学生活，应主动制订计划，做好大学学业生涯规划。

大学学业生涯规划是指大学生在对志向、个性、智力、体力、能力、经历以及家庭与社会环境等各种条件进行全面分析与了解的基础上，加以综合分析与权衡，确定人生目标与学习目标，制订行动计划与措施，从而较好地把握自己的大学。

大学学业生涯规划是一个动态的、复杂的系统工程，需要不断优化系统内部各环节、各要素，并积极加以平衡与控制，最终实现个体发展的目标。概而言之：首先，明确人生目标，使学业目标与人生目标保持一致；其次，对自我和社会两方面分别进行评估，收集尽可能准确的信息；然后，根据主客观条件，做出发展道路的选择，制定详细的行动方案，并加以实施；最后，在实践中，不断修正、调整与完善方案，使之优化。

三、掌握学习方法

达尔文说过，最有价值的知识是关于方法的知识。"授之以鱼，不如授之以渔。"要真正成为学习的主人，关键是掌握学习方法和策略，掌握正确的思维方式，培养自主学习的能力。

（一）问题学习法

带着问题去看书，有利于集中注意力，目的明确，这既是有意学习的要求，也是发现学习的必要条件。心理学家把注意分为无意注意与有意注意两种。有意注意要求预先有自觉的目的，必要时需经过意志努力，主动地对一定的事物发生注意。它表明人的心理活动的主体性和积极性。问题学习法就是强调有意注意有关解决问题的信息，使学习有了明确的指向性，从而提高学习效率。

问题学习法要求我们看书前，首先去看一下教材或者书本后的思考题，一边看书一边思考；同时，它还要求我们在预习时去寻找问题，以便在课堂上老师讲解该问题时集中注意力听讲；最后，在练习时努力地去解决一个个问题，不要被问题吓倒，解决问题的过程就是你进步的过程。

（二）矛盾学习法

矛盾的观点是我们采用对比学习法的哲学依据。因为我们要进行对比，首先要看对比双方是否具有相似、相近，或相对的属性，这就是可比性。对比法的最大优点在于：对比记忆可以减轻我们记忆负担，相同的时间内可识记更多的内容；对比学习有利于区别易混淆的概念、原理，加深对知识的理解；对比学习要求我们把知识按不同的特点进行归类，形成容易检索的程序知识，有利于知识的再现与提取，也有利于知识的灵活运用。

如政治内容中，权利与义务、民主与法制、物质与意识、和平与发展等；如语文学习中，复句与单句、设问与反问、比喻与借代、记叙与议论、实词与虚词等；如数学学习中，小数与分数、指数与对数、奇函数与偶函数、平行与垂直等；如化学学习中，金属与非金属、晶体与非晶体、化合与分解、氧化与还原、酸与盐等。对比学习法不仅可以用于同一学科内的学习，还可以进行跨学科比较，如学习政治可用语文中的句子分析法来分析政治概念，如在学习近现代史中的民族解放运动时，又可以利用政治中有关民族的基本观点，学习自然学时，可回忆一下语文课本中有关科学家的传记文章，也可结合唯物辩证法的有关原理进行学习。

（三）联系学习法

唯物辩证法认为世界上任何事物都同周围的事物存在着相互影响、相互制约的关系。科学知识是对客观事物的正确反映，因此，知识之间同样存在着普遍的联系，我们把联系的观点运用到学习当中，会有助于对科学知识的理解，会起到事半功倍的效果。

根据心理学迁移理论，知识的相似性有利于迁移的产生，迁移是一种联系的表现，而联系学习法的实质不能理解为仅仅是一种迁移。迁移从某种意义上说是自发的，而运用联系学习法的学习是自觉的，是发挥主观能动性的充分体现，它以坚信知识点必然存在联系为首要前提，从而有目的地去回忆、检索大脑中的信息，寻找出它们间的内在联系。当然，原来对知识掌握的广度与深度直接影响着建立知识间联系的数量多少，但我们可以通过辩证思维，通过翻书、查阅，甚至是新的学习,去构建新的知识联系,并使之贮存在我们的大脑中,使知识网日益扩大。这一点是迁移所无法做到的。

学习新知识就要想到旧知识,想到自己亲身经历过的事,不能迷信权威,克服定式思维。把抽象的知识具体化,发挥右大脑的作用。如辛亥革命发生在 1911 年,二次革命发生在 1913 年,护国战争发生在 1915 年,护法战争发生在 1917 年,这四个历史事件依次间隔两年,只要记住这四个历史事件的逻辑顺序,知道其中任何一个事件的年代,就可以联想,推算出其他三个事件的年代。这是联想记忆法。

（四）归纳学习法

所谓归纳学习法是通过归纳思维,形成对知识的特点、中心、性质的识记、理解与运用。当然,作为一种学习方法来说,归纳学习法崇尚归纳思维,但它不等同于归纳思维本身,同时它还要以分析为前提。

可见,归纳学习法指的是要善于去归纳事物的特点、性质,把握句子、段落的精神实质,同时,以归纳为基础,搜索相同、相近、相反的知识,把它们放在一起进行识记与理解。其优点就在于能起到更快地记忆、理解作用。

（五）缩记学习法

所谓缩记学习法就是要尽可能地压缩记忆的信息量,同时基本上又能记住应记的内容。比如要点记忆法、归纳记忆法、意义记忆法,都属缩记学习法。每段话有明确要点的自然用要点记忆法,如果没有,就要经过归纳形成要点后进行记忆。而归纳的最主要方法以意义为依据。可见,记忆以要点为基本单位,也可理解为以中心思想为单位。记住了要点并不是要放弃其他内容,而是以对其他内容的理解为前提,它可极大地增加记忆的信息量。

（六）思考学习法

孔子提倡学习知识面要广泛,并且强调要在学习的基础上认真深入进行思考,把学习与思考结合起来。他说:"学而不思则罔,思而不学则殆。"如果只是读书记诵一些知识,而不通过思考加以消化,这只能是抽象的理解,抓不住事物要领,分不清是非。

明朝著名的科学家徐光启从小就有强烈的好奇心,对于自然方面的知识一定要问个清清楚楚,一次徐光启看到一个老人掐掉自己棉田里的棉桃,感到很奇怪,就"刨根问底"学了个清楚,还说服父亲也采用这种科学的种棉方法,获得了丰收。长大后的徐光奇就是凭着这种探索的精神,写出了《农政全书》这样的科学巨著。

《中庸》中提出为学的五个阶段:博学、审问、慎思、明辨、笃行。慎思就是要把外在的知识和事件与自己切身经验结合起来进行认真思考,既用自己的经验来思考知识与事件,又用知识与事件来思考自己的经验,不断地交换位置和方向,达到重新理解知识、事件和经验的目的,促进自己内精神世界的成长。

（七）合作学习法

同水平差不多的人一起学习，就有了一个学习伙伴，更何况每人都有自己的长处；同水平高于你的人一起学习，他就是你的老师，你自然可以学到许多东西；同水平低于你的人一起学习，你是他的老师，我们常说"教学相长"，你同样可以学到许多东西。当然，合作学习并不是几个人的简单相加。

美国明尼苏达大学"合作学习中心"的约翰逊兄弟认为，有5个要素是合作学习不可缺少的。这些要素是：积极互赖，指的是学生们知道他们不仅要为自己的学习负责，而且要为其所在小组的其他同学的学习负责；面对面的促进性相互作用；个人责任，指的是每个学生都必须承担一定的学习任务；社交技能；小组自加工，小组必须定期评价共同活动的情况，保持小组活动的有效性。

合作学习有利于增进人与人之间的相互了解、温情与信任，学会处理人际关系的技能、技巧与策略，学会有效地表达自我。在学习交往中，可以培养、发展真正的责任意识和义务感。

（八）循序渐进法

我们在学习中有一个误区，认为只要肯花时间，多做练习，学习成绩必然进步。其实不尽然。虽然量变的必然结果是质变，但并不能说任何量变都会引起质变。试想，在现实生活中，有的人花的时间不多、练习量不大为何能有明显的进步呢？这就是一个效率问题。在经济学上我们常说企业要发展，必须采用集约型增长方式。学习也是如此，不能盲目地投入精力，要做到循序渐进。

（九）多途径学习法

现在的学习形式，基本上有三种：正规学习、非正规学习、非正式学习。所谓"正规学习"，主要是指在学校的学历教育；所谓"非正规学习"，主要是指岗位学习、文件学习、听报告讲座、项目学习等，这种以单项为主的学习，有的还可以取得相应的学习结业证书；所谓"非正式学习"，主要是指做中学、玩中学、游中学，如股市沙龙、读书活动、聚会、跳舞、唱歌、打球、书法、绘画等的学习。过去的学习，主要是在学校的学历学习，进入知识经济时代，人们的学习已从学校阶段性的学习转变成终身学习。学习除了正规学习以外，更多的是非正规学习、非正式学习。非正规学习和非正式学习，往往是一种爱好学习、兴趣学习。这种爱好学习、兴趣学习往往贴近于人的个性，有利于个人潜能的自由发挥，培养出各种专门人才。

（十）快乐学习法

快乐轻松的学习的真谛是喜欢学习。两千多年前孔子说过："知之者不如好之者，好之者不如乐之者。""好"和"乐"就是愿意学，喜欢学，这就是兴趣。兴趣是最好的老师，有兴趣才能产生爱好，爱好它就要去实践它，使人乐在其中；兴趣是学习不竭的动力源泉，有兴趣才会形成学习的主动性和积极性。达尔文在自传中写道：

"就我在学校时期的性格来说,其中对我后来发生影响的,就是我有强烈而多样的兴趣。沉溺于自己感兴趣的东西,深入了解任何复杂的问题。"日本教育家木村久一说:"天才就是强烈的兴趣和顽强的入迷。"他还说:"制造庸人的方法是极为简单的,那就是不让孩子热衷于某一事物。只这一点就够了,对任何事情都不着迷,都不感兴趣,这就是庸人的特征。"

根据心理学家的研究,人的潜力是无穷的,为着一种兴趣而努力,日后可能成为这方面的专家。

资料:

大学生学习方法

有些学生进入了大学校门,仍采用中学时期的学习方法,虽然花出相当多的时间和精力,但仍事倍功半,成绩不理想,产生自卑感,有的甚至因此对学习产生恐惧感和厌恶感。作为高校教师,要善于在教学过程中让学生尽快适应大学的学习环境。在大学里,学生除了要有刻苦钻研、坚韧不拔的治学精神外,还需掌握科学的学习方法。何谓科学的学习方法?"吾生也有涯,而知也无涯",如何以有限的学习时间,去掌握无限的知识,这是大学里师生共同探究的题目。笔者从有些学习比较得法的学生中间,深感知识学习本身是一种具有自身合理性的活动,总结几点,写成提纲,提出来供探讨。

1.参与意识。主动参与教学活动,而不是过多地依赖教师的帮助。提倡大学生对教师的讲课进行质询与分析。

2.阅读和思考。大学生需要更多阅读和思考,对记忆的要求,则不及高中时期。求理解,重运用,而不是死记硬背。一个记忆力强的人,最多只能称之为"活字典",不能成为科学家或哲学家。

3."博"与"深"。知识是一个庞大而复杂的体系,一般说来,具有某种专长的个人,仅能对一两门学科进行深入研究,而对其他学科仅能做一般性的了解。不"博"就谈不上"深",不"深"往往就失之于"博"。古语说,"操千曲而后晓声,观千剑而后识器",就是这个道理。鲁迅先生也曾说过,必须如蜜蜂一样,采过许多花,这才能酿出蜜来,倘若叮在一处,所得就非常有限,枯燥了。

4.组织的整体联系与整体结构。在大学学习中,必须遵循整体性原则,把各种知识作为相互联系的整体来对待。孤立起来去学知识,是学零件而不是学整机的。零件固然要研究,这样才能深入,但离开整机去研究零件,是研究不清楚的。系统有整体统一的结构,便能发挥整体的强大功能。将需要学习的多种多样的知识,形成良好的知识结构,将多的知识,分层次地组织起来,联系起来,不仅便于记忆,便于应用，而且，通过知识的新的组合，知识的信息量会激增，走向有序，形成新的概念和方法，认识会进一步发展。

5. 辩证思维。大学生看问题的方法，应当是"从个别想到一般，从特殊想到抽象"。抽象思维是运用概念、判断、推理反映现实的过程。抽象思维撇开事物的具体形象，抽取事物的本质属性。大学生要学会运用抽象思维。另一种思维方式是形象思维，也是大学生在学习生活中不可或缺的思维方式。形象思维是以形象作思维的运动形式，以感情做思维运动的动力，并带有想象、联想和幻想的思维活动。大学生们在学习中万万不可被这些定理、概念抽象的外表所蒙蔽，要努力发掘它们内在的、活生生的东西，要从感情上去理解它们。宋人陈善曾说："读书须出入法。始当求所以入，终当求所以出。"这是对读书人的告诫。对大学生来说，这一入一出，都是大学生的主动行为，在这一入一出的反复之间实现学习的目的。只有经过这样的反复才能真正掌握概念。从一般到个别的过程就是概念的运用过程。

6. 假设问题。恩格斯说：只要自然科学在思维着，它的发展形式就是假设。善于从大家以为没有问题的地方做出假设，再用"举反例"的驳斥方法，一层一层地剥去假象，去伪存真。

7. 判断力。判断与逻辑推理及类比推理有联系。大学生要养成正确判断事物的习惯，切不可凭主观臆断，望文生义。歌德曾经说过，有想象力而没有判断力是世界上最可怕的事。这句话是值得我们品味的。

8. 对比。表面形式的相似性会引起错误的联想，消除的方法是对比。

9. 时间管理。当你踏进成人高校的校门，你将面临新的环境和对学习、工作（或生产）、家务的选择，可能使你感到困惑。但必须处理好上述三者的关系，从时间上加以管理是至关重要的。

10. 不是热衷于获得高分数，而是以探求知识为目的去学习。手脑并用，学问思辨行统一。

第三节　关于学习的典型案例

案例一：浙江金融职业学院第八届十佳大学生"学习之星"——李文文

李文文，女，1992年6月出生，浙江温州人，中共党员，原国际商务系国际贸易实务专业101班学生，任国际商务系团总支副书记、班团支书一职。曾连续三年综合成绩专业第一，荣获"国家奖学金"，连续三年获得"校一等奖学金"，校外"中财"

奖学金、校外"摩达奖学金"。连续两年获得"优秀团干部""三好学生"荣誉称号。在学院,她工作认真,恪尽职守,兢兢业业,一丝不苟。步入社会,她勇往直前,绝不停歇。

高三那年,她毅然决然地选择参加2010年自主招生进入了浙江金融职业学院,成为国贸101的一员。小时候,她的梦想每个时刻都在变,每个时刻都在幻想着未来的美好。随着时间流逝,人慢慢地长大,随着阅历的增加,在憧憬未来的道路上,她开始学会选择。回头看看,当初选择参加金院的自主招生,是新的开始,是另一个机会的选择。这个选择,让她认识了这群积极、富有创造力的国贸101的孩子,他们独一无二,他们团结,他们全面发展,他们缺一不可。进入大学,同其他大一新生一样,冲着锻炼,冲着新鲜,冲着不知名的东西加入了学生会组织部,她努力做着,她相信只要自己敢想就可以撑起一片天。在工作上,她总能想同学之想,急同学之急,得到了老师和同学的认可。她非常清楚作为学生的本职工作,学生以学为本,除了在学生会工作上力求更上一层楼,在学习上,她也严格要求自己每个学期综合成绩排名必须在班级前三名,她坚持下来了。

在这条道路上积极奔走的她相信,没有比脚更长的路,掌握自己的命运,只要努力严格要求自己,她的未来不是梦。

我们无法计算人生的路途有多远,但是我们可以把握的是旅途中的每一个站台,每一个人,每一件事,每一道风景。充实自己的头脑,在大学三年生活中,她在各方面严格要求自己,努力使自己成为一名德、智、体各方面全面发展的优秀大学生。在她看来,学习是学生的天职。因此她一直坚持刻苦学习,但并不是一味地死学,在学习上,她有着自己独特的学习方式。她认为在每节课之前,预习是很重要的,因为通过预习才能知道哪个知识点看不懂,然后用笔做出记号,带着问题去听讲,目的很明确且有侧重点。这样不但可以使听课时精力集中,而且能轻松地听懂并理解。她觉得做课堂笔记也很有必要,在期末考试复习时,只要将课堂的重点笔记翻出来看一看,就可以很轻松地完成试前复习了。

三年的大学时间里,因为刻苦而成绩优秀,因为忙碌而生活充实,因为务实而受人赞美。因为她坚信,不管过去取得了怎样的成绩,对于明天的她来说,那都将成为过去,留给她的是一生用之不尽的精神财富,她将带着这沉甸甸的财富去创造自己的未来!

案例点评:从进校那刻开始,李文文就给自己定了一个目标,每学期的学习成绩保持在全班前三名。这不是空头支票,也不是口头戏说,三年过去了,她用包含国家奖学金在内的20多个专业学习类奖项兑现了自己的誓言。在书山学海中,她用信心锁定目标,用意志跨越沟坎,用科学的方法屡克难关,用辛勤的付出收获精彩。一路走来,她用智慧和勤奋打开了成功之门。

案例二：浙江金融职业学院第九届十佳大学生"学习之星"——左欢

左欢，女，1992年9月出生，中共预备党员，原金融系金融12(9)班学生。曾担任班级班长、院学生会学习部干事、环保协会会员、寝室长等职。

2012年9月，她以四川省文科第一名的成绩来到浙江金融职业学院，并且选择了学校最具实力的专业——金融管理与实务专业。进入大学以来，左欢始终把专业学习放在首位，因为她相信牢固的专业知识才是她今后工作的立足之本。她能够端正态度，很好地处理工作与学习的关系，平时注意学习和自我调整，提高自我约束能力。当然面对社会，通常学历越高工作机会越多，发展速度越快，因此在读专科的基础上，她选择了参加浙江工业大学的专升本考试，因为她知道只有自己不断的努力，才能为自己赢得更大的发展空间。在大学期间，在自身努力学习的同时，她还积极地参加过很多关于学习的竞赛，并且在当中不断领悟，不断提高自己的学习能力。在班里，她身为班长，带领其他同学共同进步，提高同学学习积极性，2014年，她们金融12(9)班获得了"学风示范班"的称号。

在学校的时间毕竟是很少的，她也懂得，只是学习课本里的专业知识是不够的，因此她找了很多拓展机会，如向其他本科学校的同学学习经验，每个周末去图书馆看相关专业和其他专业的书籍，积极地考证，不断地拓展知识面，注重全面发展。

作为一名预备党员、一名新生钻石奖获得者、一名贫困生、一名班级领导者，她感受到了学校老师同学对她的关心、重视和期待。她相信付出就会有回报。在学校的时间里，有过受挫的痛苦，有过成功的快乐，但她觉得这些都是人生的财富。面对现代社会激烈的竞争，她不得不从各个方面认识自己，完善自己，提升自己的人格魅力。有人曾经说过：能够登上金字塔的有两种人，一种是鹰，一种是蜗牛，但无论是鹰还是蜗牛都离不开一个字，那就是"苦"。她希望她所得到的或者她所失去的，都能为她的将来创造一个美好的明天。

在整个大学时光里，她充实而无悔。在学业上，她充分利用自己的课堂和业余时间，不断地追求新知识；工作上，认真负责用心，尽职尽责；在生活中，充满热情，积极地关心和帮助他人，她用青春、热情、汗水和心血在美丽的金院铸就了一个全新的她，一个经过不断提高坚强勇敢的她，一个对未来充满希望的她。

案例点评：有一种追求叫孜孜不倦；有一种热情叫废寝忘食；有一种执着叫锲而不舍。也许，不是每次耕耘都有收获，但每一次付出都是在为成功积聚力量，畅游知识海洋，左欢同学用脚踏实地的行动来做榜样。一路走来，她以智慧指引方向，以勤勉编织希望。于她而言，如果没有学习，成就也就失去了光彩和目标。

案例三：浙江金融职业学院第十届十佳大学生"学习之星"——张虚平

张虚平，男，1995年11月出生，共青团员，金融系金融14(1)班学生。

刚进入大学，他就为自己制订了合理的学习计划，并且把"上课不迟到、不旷课"作为自己平时学习中的基本要求。或许是一直以来养成的好习惯，他总能认真地对待每一科的学习。他认真学习每一门课程，即使是考查课也从来不懈怠。在大一的学习中基本每门考试课都取得优秀的成绩。尤其是大一上学期会计基础课程较难，他每天都做一些习题来巩固基础，养成课前预习、课后复习的好习惯，最终会计基础取得优异的好成绩。对于比较难的大学英语课，他总能认真地记好每一节课的笔记，然后认真地复习英语单词，巩固课后知识。对于大一下学期繁重的学习任务，他提前为自己制订了一份合理的学习计划。首先是针对四门考试课，他进行合理分类，把不同类型的科目合理划分。对于财会、高数等比较难的科目，在平时的学习中他总是提前做好预习，课后做好复习，及时做习题加以巩固知识。对于那些比较简单的科目他则在平时课上的学习中争取全部弄明白，为比较难的科目留出较充分的时间学习。他在学习中总是能够做到查漏补缺，针对自己的强项科目英语等加以巩固，每天抽出一定的时间背诵单词、练习口语等，同时也为英语三、四级考试做准备，最终顺利通过了英语三、四级考试。在大一学年的学习中他取得了智育和综测班级第一的优异成绩，并且获得了国家奖学金、校一等奖学金和三好学生等荣誉。在大一大二的学习中他不仅合理安排自己的学习生活，在做好合理的计划之后，他又积极参加各种学术竞赛，积极认真地为竞赛做准备，最终在全国大学生英语竞赛中获得浙江省赛区一等奖和浙江高职高专英语口语比赛一等奖的好成绩。

大一上学期，他凭借自己对学生工作的热心，积极竞选并成为班级的学习委员，他关心班级每一位同学的学习，积极做好自己的本职工作。作为学习委员的他总是主动与班级的同学沟通，在平时的学习中，他认真地了解大家的学习情况，积极帮助那些学习上遇到问题的同学。在寝室里和室友一起交流和讨论，让自己在学习上不落后、不放松、不颓废以及不堕落。他还经常和同学分享学习的经验以及方法，和挂科同学进行学习交流，经过一年的努力，班级同学在学习上取得了不错的成绩。在期末复习阶段，他能够担当重任，带领班级同学一起复习学过的知识重点，为大家讲解习题，关注到每一位同学的复习状态。

学习之余，他总是积极主动地参加每一次有意义的校园活动。虽然大学的生活是烦琐而忙碌的，但他能够将紧张的时间安排得有条不紊。为了提高自己的口语能力，在大一下学期他就积极参加了学院承办的全国大学生英语竞赛。由于刚进入大一，对竞赛的相关知识不了解，但是他并不退缩，经常利用课余时间去图书馆看书学习,上网找相关资料以及进行对英语竞赛的全面了解,最终取得了理想的成绩。

案例点评:因为有计划,他比别人多了一分淡定;因为不懈怠,他比别人多了一分执着;因为肯吃苦,他比别人多了一分收获。在张虚平同学的身上,我们不难发现,学习其实也可以是一件快乐的事情,关键是看自己能否给自己定一个目标、加一点束缚、多一点付出。

第五章

第五章
开发智商(IQ)

  智商,让人类能够在大自然中生存的绝对性因素。每个人的智商高低不同,主要取决于三种因素:一是先天遗传因素,这是人类拥有的一种与生俱来的能力,初出娘胎我们就拥有一定的思维、感知。二是国家学校的培养,国家注重教育,让孩子能够在学校学习书本知识,学习做人交友,从而锻炼开发、提高智商。三是自身的不断努力,有目标、有追求,不怕苦、不怕累,通过社会实践、技能训练、自主创业等方式在实践中不断提高智商。在这个高速发展的社会,高智商人群自然不容易被淘汰,所以我们要勤学习、有目标、能吃苦,不断提高我们的智商。

第一节　何谓智商

  智商,大多数人认为其有一定的稳定性,但在某些情况下也是可变的,如良好的环境和教育条件,可以让人的智商有一定程度的提高。对一个人外在的评价我们总是喜欢从他的行为表现方面予以评述,可对一个人内在的评价,我们则经常把聪明程度作为一项重要标准。而人们总是把一个人聪明与否与他的智商挂钩,可是又有多少人真正了解到底什么才是智商呢?

一、智商的含义

  智力商数,简称智商(英语:IQ),是通过一系列标准测试测量人在其年龄段的认知能力("智力")的得分。由法国的比奈和他的学生发明,他根据这套测验的结果,将一般人的平均智商定为 100,而正常人的智商,根据这套测验,大多在 85 到 115 之间。智力是遗传基因控制的,人为无法改变。由于多种先天因素,人的智力发育会有所不同。通过一系列标准测试测量人在其年龄段的智力发展水平,它必须与灵商(SQ)配合运用才行。它是人们认识客观事物并运用知识解决实际问题的能力。智力表现在多个方面，如观察力、记忆力、想象力、创造力、分析判断能力、思维能力、应变能力、推理能力等，其包括文商（CQ）。目前认为智力由三种能力组成：短期记忆力、推理能力和语言能力。

智商有三种定义：一是智力商数的简称；二是智能；三是认识客观事物，解决问题的能力。前两种比较具体，而第三种定义比较抽象。更具体地说智商有七种能力。

（一）智商就是智力商数

智力通常叫智慧，也叫智能，是人们认识客观事物并运用知识解决实际问题的能力。智力包括多个方面，如观察力、记忆力、想象力、分析判断能力、思维能力、应变能力等。智力的高低通常用智力商数来表示，是用以标示智力发展水平。

（二）智能

从感觉到记忆到思维这一过程，称为"智慧"，智慧的结果就产生了行为和语言，将行为和语言的表达过程称为"能力"，两者合称"智能"，将感觉、记忆、思维、语言、行为的整个过程称为智能过程，它是智力和能力的表现。它们分别又可以用"智商"和"能商"来描述其在个体中发挥智能的程度。"情商"可以调整智商和能商的正确发挥，或控制二者恰到好处地发挥它们的作用。

（三）认识客观事物，解决问题的能力

智力（Intelligence）是指生物一般性的精神能力，指人认识、理解客观事物并运用知识、经验等解决问题的能力，包括记忆、观察、想象、思考、判断等。

二、智商的七种能力

智商的七种能力：智商观察力、智商注意力、智商记忆力、智商思维力、智商想象力、智商分析判断力、智商应变能力。

（一）智商观察力

它是指大脑对事物的观察能力，如通过观察发现新奇的事物等，在观察过程中对声音、气味、温度、表现等有一个新的认识。我们可以在学习训练中增加一些训练内容如观察和想象项目，通过训练来提高学员的观察力和想象力。

智商观察力在平时生活中就能够体现出来，接下来的几个案例都是智商观察力缺乏的体现。蔡某，女，20岁，某大学二年级学生。她说："我入学已一年半了，但和同学关系总是处不好。不知从什么时候起，周围的人好像都不喜欢我，讨厌我。有的人一见到我就掉头走开；有的人还在背后嘀嘀咕咕议论我。为此，我心里很烦，不知道周围的人为什么不喜欢我。"还有一名同学，她说："我是一名女生，今年20岁。上高中的时候我学习很刻苦，除了学习没有其他的爱好，也没什么朋友。因高考成绩不理想，补习了一年。考入大学后，班主任安排我当寝室长，我也想与寝室同学好好相处。但时间一长,我发现自己真的无法和室友们相处,我习惯早睡,她们却喜欢聊到深夜;我比较爱干净,她们却喜欢乱丢乱搭,把寝室搞得乱七八糟。我以寝室长的身份给她们提出一些建议和要求,她们不但不听,反而恶言相骂。就这样我与室友经常因为一些琐事发生争执,我认为自己是对的,但她们并不理睬,几乎没人跟我说话。现在我和室友的关系很糟糕,已经到了孤立无援的地步。"

　　为什么这两位同学会发生上述这样的事情呢? 首先第一位同学的苦恼主要表现在人际关系方面,同学关系处不好,不被别人接纳,认为大家都不喜欢自己,为此心烦。一方面她有与同学处好关系,被他人信任和尊重,让别人喜欢的愿望,但另一方面又缺乏必要的知识。人与人的相处都是相互的,周围的人如果都不喜欢你,那说明你身上一定存在某些问题,这些问题需要你发现并改正。发现这些问题就需要你的观察力,在与人相处的过程中观察他们对自己的哪些行为比较反感,观察自己在哪些地方是做得不妥的。因此,建议她学习和掌握一些人际交往的基本原则和必要知识,同时要冷静地从自己的为人态度、性格特征、思想方法等方面找找原因,也可态度诚恳地主动找几个同学聊聊,请他们帮自己找找原因。第二位同学的问题主要是在与室友相处的过程中,由于性格内向只顾学习而缺乏人际交往的锻炼,来到大学后过上了集体生活,各自生活习惯的不同,导致生活节奏无法与室友保持同拍,产生一定差距,需要大家一起慢慢磨合。而在磨合的过程中,她因为担任寝室长,可能没有较好地遵循人际交往的"平等""尊重"以及"宽容"等原则,致使沟通受阻、误会加深,甚至发生人际冲突,受到孤立,导致人际关系僵化。第二位同学和第一位同学的问题在很多方面是一样的,她们缺乏一定的观察能力。在与同学的相处过程中她们不善于观察,从而导致与同学的关系越来越僵。

　　(二)智商注意力

　　它是指人的心理活动指向和集中于某种事物的能力。如我们好的学员能全神贯注地长时间地看书和研究课题等,而对其他游戏、活动等的兴趣大大降低,这就是注意力强的体现。

　　智商注意力在下面这个案例中很好地体现了这一点。张某,2012 年 6 月毕业于浙江金融职业学院,同年 12 月取得浙江财经学院管理学学士学位。2014 年 12月通过注册会计师综合阶段考试,取得注册会计师证书。在校期间定下的职业目标是成为一名注册会计师。为了实现这一目标,张某在学好专业知识的同时报考本科专业,从初级会计师开始,不断提升自己的专业能力。

　　在校期间曾获得国家奖学金、"浙江省优秀毕业生"、"院十佳大学生"等荣誉称号,获得全国大学生英语竞赛 D 类三等奖、浙江省第七届大学生财会信息化竞赛三等奖、第八届大学生财会信息化竞赛三等奖、浙江省第七届高职高专实用英语口语大赛三等奖、外研通杯新概念英语大赛浙江赛区 F 组一等奖、浙江省大学生高等数学(微积分)竞赛三等奖,获得大学英语六级、剑桥商务英语(中级)等证书。现任于德勤华永会计师事务所的高级审计员一职,德勤会计师事务所(Deloitte & Touche)是世界四大会计师事务所之一。

有时候学习是无比枯燥的,有时候每天反反复复地做同一件事情,而他克服了这些困难。他的成功是合理规划三年在校学习生活的结果,定下职业目标后不断提升专业知识与综合能力,逐步成为一名会计精英人才。这不正好体现了智商注意力。注意力越强正好说明智商越高。

(三)智商思维力

思维力是通过多维立体的思考找出一类事物共同的、本质的属性和事物间内在的、必然的联系方法的能力,属于理性认识。它是人脑对客观事物间接的、概括的反映能力。当人们在学会观察事物之后,他逐渐会把各种不同的物品、事件、经验分类归纳,不同的类型他都能通过思维进行概括。

李朋超,2013 年 6 月毕业于浙江金融职业学院,现为艺术教育公司——品忆琴行创始人。他从小就有创业的梦想,从高中时代开始兼职,在电动车店当销售员,每天观察学习老板的销售技巧和顾客谈判价格的方法,大学时代在琴行兼职,熟悉店的管理和销售模式、宣传模式。李朋超在校期间就利用业余时间进行了多次创业实践,学院笃行创业园启用后,他在创业园创办了品忆琴行。经过几年历练,目前已开设了三家门店,除了乐器销售,还开办了多种培训课程。有数百名学员在他的琴行学习,他还为社会提供了十余个就业岗位。目前我院 2014 届校友,同样来自市场营销专业的黄伟也合伙加盟了琴行,共同追逐创业梦想。

他的成功不是偶然,正是从小到大那一次次实习经历和每次经历过后的感悟和经验成就了他现在的成功。有梦想不难,而实现梦想则需要规划,李朋超有创业的梦想,在实现梦想的过程中不断规划自己的学习、生活和工作,创业同样需要规划,规划的力量无穷大。

(四)智商分析判断力

分析判断能力是指人对事物进行剖析、分辨、单独进行观察和研究的能力。分析判断能力较强的人,往往学术有专攻,技能有专长,在自己擅长的领域里,有着独到的见解,并进入常人所难以达到的境界。找到自己擅长的领域,更能发挥一个人的潜质。比如鲁迅先生如果成为一名医生,很可能只是一位普通医生而已,可作为作家,他确实取得了常人难以企及的成就。

分析判断力在生活中是一个很重要的技能,在高中文理分科时,在填志愿的学校和专业选择时,在工作的选择时都需要分析判断。毛某,男,1989 年出生,2010年毕业于浙江金融职业学院。曾担任宁波鄞州万达支行综合柜员、客户经理、网点见习行长,现为宁波江东常青藤支行行长,荣获 2013 年度"宁波市首席工人"称号。其在校期间,树立了进入银行订单班的目标,勤奋学习,课业成绩优异,注重自身技能练习,特别点钞专项成绩优异,这些为走上工作岗位打下了扎实的专业基础。2010 年经学院推荐,毛某进入中国工商银行宁波分行工作,由于他技能功底扎实,在岗位上勤学苦练,成为宁波分行兼职点钞培训师。他从银行综合柜员到客户经理到网点见习行长再到网点行长,成为宁波市银监局备案的最年轻的支行行长,他在自己的职业生涯道路中一步一个脚印,不断挑战自我、超越自我。

他说:"很多大学生认为'条条大路通罗马',但事实上并非每一条通往罗马的道路都如此顺畅。"

大学生想要获得事业成功,除了要有成熟和清晰的职业目标,还要正确选择职业生涯路线,并且沿着这条路线坚定不移地走下去。正是他在工作中的学习和逐渐地适应才得出了这样的结论。通过对自己经历的分析他选择了一条适合自己的路,相信他会在这条路上越来越好。

(五)智商应变能力

它是指自然环境迅速改变,事件突发时人所做出的反应,可能是本能的,也可能是经过大量思考后,所做出的决策。应变能力这个词第一个让我想到的是遇到突发情况时的应变能力,我第二个想到的是在面试过程中的应变能力和在工作中的应变能力。

在面试过程中,回答问题的技巧非常重要。对有些问题的回答,表面上看来合情合理,无可厚非,却令考官反感。这是因为:考官并不在乎你回答内容的多少,而是通过考察你对问题本身的态度,进而了解你对职业的态度等。在面试过程中,面试者要根据面试官的问题随机应变,当然,你知道这点还不够,还需要知道回答的技巧,思考面试官更想听到哪一种答案。

(六)智商记忆力

它是识记、保持、再认识和重现客观事物所反映的内容和经验的能力。如我们到老时也还记得父亲母亲年轻时的形象,少年时家庭的环境等一些场景,那就是人的记忆在起作用。

(七)智商想象力

它是人在已有形象的基础上,在头脑中创造出新形象的能力。比如当你说起汽车,我马上就想象出各种各样的汽车形象来。因此,想象一般是在掌握一定的知识面的基础上完成的。

三、智商和情商的异同

很多人会问智商和情商有什么关系呢？又有什么不同呢？

首先,智商和情商反映着两种性质不同的心理品质。智商主要反映人的认知能力、思维能力、语言能力、观察能力、计算能力、律动能力等,也就是说,它主要表现人的理性的能力。它发挥的可能是大脑皮层特别主要是主管抽象思维和分析思维的左半球大脑的功能。情商主要反映一个人感受、理解、运用、表达、控制和调节自己情感的能力,以及处理自己与他人之间的情感关系的能力。情商反映的是个体把握与处理情感问题的能力。情感常常走在理智的前面。它是非理性的,其物质基础主要与脑干系统相联系。大脑额叶对情感有控制作用。

其次,智商和情商的形成基础有所不同。情商和智商虽然都与遗传因素、环境因素有关,但是它们与遗传、环境因素的关系是有所区别的。智商与遗传因素的关系远大于社会环境因素。英国《简明不列颠百科全书·智力商数》词条载:"根据调查结果,70%—80%智力差异源于遗传基因,20%—30%的智力差异系受到不同的环境影响所致。"情商的形成和发展,先天的因素也是存在的。例如,"人类的基本表情通见于全人类,具有跨文化的一致性。"美国心理学家艾克曼的研究表明,从未与外界接触过的新几内亚人能够正确地判断其他民族照片上的表情。情感又有很大的文化差异。民俗学研究表明,不同的民族的情感表达方式有显著差异。儿童心理学研究表明,先天盲童由于社会交流的障碍导致的社会化程度的影响,其情感能力相对薄弱。人类学研究表明,原始人类的情感与文明人的情感相比有极大差异。原始人类易怒易喜,喜怒无常,自控能力很差。美国有的人类学研究者认为,人类童年时代的情感控制能力很弱,以今天的眼光看,很像是患有集体精神病。从近代史研究中也可以看到,人的情感容易受到社会环境的影响,人总是有着根深蒂固的从众心理。二战时代德国的社会情感,充分说明了这一点。

最后,智商和情商的作用不同。智商的作用主要在于更好地认识事物。智商高的人,思维品质优良,学习能力强,认识程度深,容易在某个专业领域做出杰出成就,成为某个领域的专家。调查表明,许多高智商的人成为专家、学者、教授、法官、律师、记者等,在自己擅长的领域有较高造诣。情商主要与非理性因素有关,它影响着认识和实践活动的能力。它通过影响人的兴趣、意志、毅力,加强或弱化认识事物的驱动力。智商不高而情商较高的人,学习效率虽然不如高智商者,但是,有时能比高智商者学得更好,成就更大。因为锲而不舍的精神使之勤能补拙。另外,情商是对自我和他人情感把握和调节的一种能力,因此,对人际关系的处理有较大影响。其作用与社会生活、人际关系、健康状况、婚姻状况有密切关联。情商低的人人际关系紧张,婚姻容易破裂,领导水平不高;而情商较高的人,通常有较健康的情绪,有较完美的婚姻和家庭,有良好的人际关系,容易成为某个部门的领导人,具有较高的领导管理能力,情商(EQ)会影响智商(IQ)的发挥。

第二节　如何提高智商

很多人认为智商这种无形的东西就像有形的容貌、身材一般与自己的上辈相像，是遗传的，与生俱来的，不可改变的。其实这种说法不完全正确，智商是有一定的遗传性，但同时受到环境、营养、教育等后天因素的影响。科学家评估，遗传对智商的影响占 50％—60％。那么剩下的 40％—50％ 的智商是会受到后天影响的。本节将从早教教育、学校教育、强化训练、艺术创作、能力培养、饮食、右脑开发等七个方面为大家介绍提高智商的方法。

一、早教教育

近年来的研究显示，人类的智商是可以在两岁之前获得提升的。拉加扁医生说："婴儿最关键性的时刻就是在出生后的头两年。很多家长在这两年内总是让孩子尽量睡觉，甚至每天让他们睡上 17—19 个小时，而且还自豪地到处夸奖自己的孩子很听话、不会吵闹。"这根本就是错误的认知。一味地让孩子睡觉简直就是把孩子当成一盆盆花草植物来养育，对孩子脑细胞的发育并没有多大用处。做父母的应该好好利用时间陪婴儿玩耍、对他们说话，让他们学习辨认各种声音。研究显示，要是父母经常和孩子沟通，孩子长大后将会比较懂得利用言语来表达自己，当然也比较聪明。所以有孩子的夫妇不要白白错失良机啊！

早教教育早在母亲怀孕阶段就可以开始了。孕妇进行亲子阅读，挑选一些故事书念给胎儿听，和胎儿一起听儿歌，听古典乐等可以促进大脑发育，也能使孕妇和胎儿两者之间产生心灵的共鸣，增进母子情。

在幼儿 0—1 岁时选择用绒布或者是结实的材料制成的书籍，便于宝宝耍、抓、闻，方便清洁消毒。

在幼儿 2 岁时挑选配图丰富、有简单故事情节的卡片式书籍，让幼儿根据图片，猜内容。

早教并不复杂，家长只要在幼儿两岁前每日抽 10 到 20 分钟和幼儿一起做一些小游戏，一起互动即可。

二、学校教育

学校教育的每个阶段都有它存在的意义，但最终的目标就是进行人才的培养。

在幼儿园里，孩子要学会遵守纪律、集中注意力、尊敬老师，还要练习写字、计算等，这些都为入学奠定了基础。

在小学、初中、高中里，通过大量的实践和体验，帮助孩子吸取精神上和知识上的食粮。

在大学里，术业有专攻，每个人都会挑选一项或两项自己感兴趣的、擅长的专业进行刻苦钻研，从而成为社会上有用的人才。

在学校教育培养人才的过程中，智商也在不断增长，学校教育至少能使智商一年增加几个点。

三、强化训练

密歇根大学（University of Michigan）的研究人员采用了一种叫"n-back"的方法训练青年人记忆字母顺序。他们将一串字母打在屏幕上，并要求受试者在看到"n"次（比如一次或者两次）之前出现过的相同字母时按下按键。

这样的强化训练十分常见。在我们中国的应试教育中就存在，尤其是高考。相信很多人都经历过高三那段黑暗的日子，每天起早贪黑，做着一份又一份的试卷，暗无天日。高三一年的时间不管是原本智商高的还是平庸的都在做题、校对、重点记忆中轮回。因为他们清楚其中的道理：唯有重复练习、强化练习才能将重点记牢，在考试中才能避免丢分，拿到更高的分数，到更好的大学。

同样的强化训练也存在于浙江金融职业学院。浙江金融职业学院意在培养金融服务行业的人才。学校的前身为浙江银行学校，培养出一批又一批的优秀学生进入银行工作。同时历届优秀的校友为我校带来丰富的资源，在学校创立了银行订单班，为学校学生就业提供更多的机会。想要进入银行订单班的硬性条件就是银行职业技能达到技能水平鉴定标准。银行职业技能鉴定包括传票、五笔、点钞。传票要达到160秒以下，五笔单字要每10分钟达到300个字，五笔文章要每10分钟达到600个字，点钞单指单张每10分钟14把以上，点钞多指多张每10分钟18把以上。为了能够通过技能考试鉴定，金院学子别无他法只能勤学苦练，不断地重复练习，不断地从中摸索练习的技巧，不断提高，从而通过技能水平测试，拥有了通往银行订单班的敲门砖。

强化训练的目的在于不断地熟悉某个事物，在脑海或是感观上留下深刻印象，从而使我们在事物上得心应手，所以强化训练对提高智商是很有必要的，相信通过一定的强化训练，我们的智商在一定程度上会有所提高。

四、艺术创作

艺术包括文学、书法、绘画、雕塑、建筑、音乐、舞蹈、戏剧、电影、曲艺等。进行艺术学习能够锻炼人的思维从而也能在一定程度上影响智商。

就学习音乐而言，多伦多大学密西沙加分校（University of Toronto at Mississauga)心理学教授 E. 格伦·舍伦贝格(E. Glenn Schellenberg)的研究显示,音乐训练对智商的促进是贯穿终生的。《教育心理学期刊》(*Journal of Educational Psychology*)2006 年发表的一项研究称,六年的音乐课程可以使儿童智商得分平均提高 7.5 点;到了上大学的年龄,得分增幅会减为 2 点。在今年的一项研究中,堪萨斯大学(University of Kansas)的研究人员发现,有十年以上乐器演奏史的人在 60 岁之后智商得分仍然较高。

为什么学习音乐可以提高智商呢?我们通过研究贝多芬、莫扎特等高智商音乐家发现,从事艺术工作使他们有以下特点:

1. 不太拘泥于世俗观念,一般有强烈的创新欲望。

2. 对某一些事物,总会产生别于常人的奇怪想法。

3. 在某些情况下,对某些事情有很强的直觉。

4. 有异于常人的联想和想象力,故会让一般人不知所谓。

5. 在处理某一些问题上,能依靠某种直觉深入某些对一般人而言无关紧要问题的核心。

以上音乐人的特点也是高智商人才的部分特点,在某一方面可以说是艺术训练让他们具备了高智商人才的特点。说明学习艺术是提高智商的有效途径,既锻炼了思维又提高了智商。

五、能力培养

七种能力指的是观察力、注意力、记忆力、思维力、想象力、分析判断能力、应变能力。

(一)观察力

观察力是指大脑对事物的观察能力,如通过观察发现新奇的事物等,在观察过程中对声音、气味、温度、表现等有一个新的认识。我们可以在学习训练中增加一些训练内容,如观察和想象项目,通过训练来提高学员的观察力和想象力。

(二)注意力

注意力是指人的心理活动指向和集中于某种事物的能力。如我们好的学员能全神贯注地长时间地看书和研究课题等,而对其他无关游戏、活动等的兴趣大大降低,这就是注意力强的体现。

(三)记忆力

记忆力是识记、保持、再认识和重现客观事物所反映的内容和经验的能力。如我们到老时也还记得父亲母亲年轻时的形象、少年时家庭的环境等一些场景,那就是人的记忆在起作用。

（四）思维力

思维力是人脑对客观事物间接的、概括的反映能力。当人们在学会观察事物之后，他逐渐会把各种不同的物品、事件、经验分类归纳，不同的类型他都能通过思维进行概括。

（五）想象力

想象力是人在已有形象的基础上，在头脑中创造出新形象的能力。比如当你说起汽车，我马上就想象出各种各样的汽车形象来。因此，想象一般是在掌握一定的知识面的基础上完成的。

（六）分析判断能力

分析判断能力是指人对事物进行剖析、分辨、单独进行观察和研究的能力。分析判断能力较强的人，往往学术有专攻，技能有专长，在自己擅长的领域里，有着独到的成就和见解，并进入常人所难以达到的境界。

（七）应变能力

应变能力是指自然人或法人在外界事物发生改变时，所做出的反应，可能是本能的，也可能是经过大量思考后，所做出的决策。

以上七种能力人人都有，但是每个人的能力强弱不一样，从而也就有了智商各异的人。如果想要智商高人一等，就要在原有的基础上不断地提升这七种能力，使自己变得优秀起来。

六、改变饮食

谈到饮食与智力的关系，应该从孕妇妊娠开始说起，因为智能的水平与神经系统的发育有关。胎儿神经系统发育的关键时期是在妊娠第 10—18 周，在这个阶段，胎儿的神经细胞已达到了成年人的数目。如果孕妇在怀孕期间呕吐比较严重或者饮食中营养摄入不足，将会影响胎儿脑的发育。

孩子出生以后头围迅速增大，尤其是出生后的两年内。这说明，他们的脑也在迅速发育。如果这个阶段饮食中营养摄入不足，就会影响脑的发育。有人曾经对营养不良的孩子进行随访观察，在出生后 6 个月内营养不良的孩子，不仅体重不增长或者增长速度缓慢，智能与动作发展也落后于一般孩子。即使以后改善了营养不良，体重上升，但是智能发展上的落后却无法弥补。而 2—3 岁以后患营养不良，即使孩子体重轻、智力落后，但只要纠正了营养不良，两者都可以恢复正常。这说明，在脑迅速发育阶段如果营养供应不足，可能会对智能造成难以恢复的影响。

牛磺酸和脑的发育有密切关系，它在母乳中含量丰富，而在牛乳中含量却较少，所以牛乳喂养的婴儿应注意补充牛磺酸。必需脂肪酸应占热能的 1%—3%，它和脑的发育及神经髓鞘的形成也密切相关。

缺乏微量元素也会对孩子的智力产生影响。缺铁会引起贫血,而在贫血症状出现之前,孩子已经表现出容易发怒、记忆力减退、注意力不集中等症状,并导致学习成绩下降。补充铁剂后这类症状就会消失。膳食中缺锌,可造成孩子血锌下降,不仅影响体格发育,也影响智能的发展。缺碘会影响甲状腺素的合成,而甲状腺素可以促进脑的发育。维生素 B_1、B_6 缺乏可引起抽搐,并影响孩子将来的智力。

本小节将为大家介绍一些能够提高智商的食品。

(一)小米

小米含有较多的蛋白质、脂肪、钙、铁、维生素 B_1 等营养成分,被人们称为健脑主食。小米还有防治神经衰退的作用,平时常吃小米饭、小米粥,有益于脑的健康。

(二)鸡蛋

鸡蛋除含有大脑新陈代谢不可缺少的蛋白质、脂肪、无机盐和维生素等营养物质外,还含有较多的卵磷脂,可提高人的记忆力和接受能力。如果每天早餐能吃1—2个鸡蛋,不仅可以强身健脑,还能使上午的精力旺盛。

(三)大豆

大豆含有丰富的优质蛋白和不饱和脂肪酸,是脑细胞生长和修补的基本成分,大豆中含 1.64% 卵磷脂,它是构成神经组织和脑代谢的重要物质;大豆中的硫胺素、核黄素、钙、铁也较多,对健脑有重要作用。

(四)鱼类

鱼肉中含有各种蛋白质及大量不饱和脂肪酸,还含有丰富的钙、铁、磷及维生素等,适当摄取可增加和改善记忆力。

(五)虾皮

虾皮中钙含量极为丰富,每百克含钙 2000 毫克。钙可以保证大脑处于最佳工作状态,适量吃些虾皮可增强记忆力。

(六)牛奶

牛奶富含蛋白质和钙。钙可以调节神经、肌肉的兴奋性。每天早饭后喝一杯牛奶,有利于改善认识能力,保证大脑正常工作。

(七)葱、蒜

大葱和大蒜中含有前列腺素 A,大蒜中还含有"蒜胺",对大脑的作用比维生素 B_1 强许多倍。平时适量吃些葱、蒜会使脑细胞更为活跃,保持大脑的清晰和灵敏。

(八)肝肾

动物肝脏和肾脏含丰富的优质蛋白、磷脂及多量的胆碱和铁。胆碱能改善大脑的记忆;铁质供应充足,红细胞运输氧的功能就强,大脑就可得到充足的氧气,使脑的思路敏捷,记忆力更强。

（九）核桃

核桃仁含不饱和脂肪酸 40%—50%。在构成人脑细胞的物质中，大约 60% 是不饱和脂肪酸。常吃核桃仁对大脑的健康很有好处。

（十）大枣

大枣每百克含维生素 C 高达 380—600 毫克，被称为活维生素 C 丸。维生素 C 可使大脑的功能敏锐，加强脑细胞蛋白质功能，促使脑细胞兴奋，使大脑更好地发挥作用。

（十一）黄花菜

黄花菜被人们称为"健脑菜"，具有使人安定精神的功效。它所含的蛋白质、脂肪、钙、铁是菠菜的 15 倍，含维生素 B_1 也很多。常食黄花菜对健康很有益。

七、开发右脑

人类的大脑皮层是人体神经系统的最高级部分，曾经历了几百万年漫长的演化过程，发生了由量到质的飞跃。人类大脑皮层分为不同的区域，每个区域具有一定的功能。现代科学研究发现，通常大脑左半球发育较右半球好，这可能与人们通常使用右手做事有关，因为指挥右侧肢体的运动中枢在左侧大脑半球。因此，为了充分挖掘大脑两半球的潜力，要重视开发右脑功能。

生活中，大多数人习惯于用右手写字、吃饭或干活。然而，当家长发现自己的孩子习惯于用左手（俗称"左撇子"）写字、吃饭、干活时即严格纠正，其实这种做法并非完全必要。因为人的大脑左半球在语言、书写、计算、思维和判断方面起主导作用，而右半球则在技艺、美术、音乐、感情、爱慕和审美方面起主导作用。对于习惯右手运动的人，由此产生的大量信息会不断传送到左侧大脑半球的有关神经中枢，促进和加强了左侧大脑半球的功能发展，因此人们常把这半球称为"优势半球"；而把得到信息相对少一些的右侧半球称为"劣势半球"。相反，习惯于用左手运动和工作的人，其右侧大脑半球的功能就会得到进一步的发展。当然，人体所接收到的信息，并非全部通过左手或右手传输，还有很多是通过其他感受器官传入到大脑的。

为了充分发挥和利用人体大脑的潜在功能，在培养逻辑思维能力的同时，更要重视培养技能发展。让自己多参加各种活动，尤其是做一些用肢体操作的精细技能活动，训练自己灵活地使用自己的双手。对于习惯于右手活动的孩子，更要注意不断地锻炼其左手，刺激和振奋其右侧大脑半球功能，促进自己智商的发展。

如果在两岁前就抓住早教机会，智商会有很大的增长空间。学校教育在整个青少年时期对于提高智商而言是非常必要的，甚至说是义务。强化训练是强化巩固智商非常有效的方法。艺术创作能够提升智商，同时也能提高修养、增长见识。

培养好七种能力,更能让你区别于常人,更胜一筹。健康饮食有益身体,更能辅助智商哦。右脑的开发,开发大脑的无限可能性,使你变得更聪明。希望以上七种方法能够帮助你们提高智商。方法固然重要,但任何事情都贵在坚持,最重要的是有坚持下去的恒心。唯有坚持,才能在这一过程中慢慢感受自己智商的提升。智商的提高既是一种体验,更是一种磨炼人意志的挑战。在此,祝大家成功,加油!

第三节　关于智商开发的典型案例

案例一:从一个技能尖子到宁波市首席工人

智商的开发并不是一朝一夕的事,各方面能力的提升也不是靠短时的。从一个普通的金院学子到技能尖子,再到宁波市的首席工人,这就很好地诠释了它是一个循序渐进的过程。那么智育开发既离不开自身原因,也离不开教育。

张玲玲,浙江金融职业学院 2006 届毕业生,其在校期间,曾担任学习委员,曾获得"校内一等奖学金"、"广发育才二等奖学金"、浙江省金融教育基金"银星奖",并获"三好学生""优秀团员"等荣誉称号。特别值得一提的是,她还是我院的技能尖子,在两届"众城杯"技能比赛中都取得优异成绩并破纪录(第四届"众城杯"珠算比赛第二名并破纪录、会计手工做账三等奖)。

2006 年经学院推荐张玲玲进入中信银行宁波分行工作,由于她技能功底扎实,在岗位上勤学苦练,2006 年获得中信银行宁波分行新入行大学生"新秀奖"和"青年岗位能手"等荣誉称号。2006 年获"中信银行总行会计业务技能大比武"计算器单项第一名,2006 年被评为宁波市贸易局"优秀团员"。2006—2007 连续两年获得了中信银行宁波分行"新秀奖",2007 年获宁波市银行业综合业务技能大比武计算机传票输入第一名。2007 年被宁波市总工会、宁波市劳动社会保障局、宁波市银行业协会评为"宁波市职工技术能手""宁波市女职工技术操作明星"。2007年获"宁波市级青年岗位能手"荣誉称号。2006 年、2007 年、2008 年连续三年获"中信银行青年岗位能手"荣誉称号。2006—2009 年连续四年被评为"中信银行宁波分行优秀员工",2008 年被宁波市总工会评为"宁波市首席工人"。2009 年获宁波市银行业综合业务技能大比武计算机传票输入第一名。2009 年荣获浙江省金融教育基金会第四届"金星奖"。2009 年荣获"中信银行建功立业标兵"。

她为人乐观豁达,勤奋踏实,业务适应能力强、工作成绩突出,现已成长为营业工作线上的业务骨干。而她仍怀着"勇于挑战、不断超越自我"的心态,继续努力、争创更加优异的成绩。当问起张玲玲同学如何取得这样的成绩时,她说:"我非常感谢母校的培养，这些荣誉的取得与其说是属于我的，倒不如说是属于学院的，这都是重视我们技能培养和训练的结果。"学院就是通过瞄准行业对高技能员工的需求，在学生培养上狠抓学生的技能培养和训练，培养了一批像张玲玲同学这样的素质高、能力强、业务精、品德优、适应力强的毕业生，学院也因此受到了社会的广泛认可，学生也得到了行业的普遍欢迎。

案例点评：从一个技能尖子到宁波市首席工人，这是一个从学生到业务骨干的完美转型。从外在因素看，学校教育对她智商的开发有着一个积极的推进作用。浙江金融职业学院自办学以来，努力探索和实践，以"教学与实践零距离，教师与学生零间隙，毕业与上岗零过渡"为准则，以就业为导向构建人才培养模式，以职业素质提升为主线提高学生职业能力，特别重视学生实践能力的培养，通过实施一系列行业需要的技能培养和培训工程来促进学生智商的开发，培养学生的工作实践能力，不仅为学生顺利就业，而且为学生更好地适应岗位和发展自己奠定了基础；从内在因素看，这是一种自身潜能的挖掘。张玲玲本身也是一个勤奋上进的人，在学习阶段，认真学习专业理论知识，勤练技能，成了一名技能尖子，这正是她智商开发的一种良好的外在表现，同时也是她提高智商的一种途径。

案例二：技能铸就了她的梦想

智商的开发同时离不开潜能开发，而开发自己的潜能就要通过自己的不断挖掘，不断尝试，不断努力。在大学一年半时间里，她通过技能获得了50多张荣誉证书，多次参加校外赛并获得优异的成绩。正是自己的努力，知道了自己的技能发展潜力，正是更好的认识到自己的技能水平，铸就了她的梦想。

鲁梦琴，浙江金融职业学院2016届毕业生。作为一名三校生，上大学是她一直以来的梦想。浙江金融职业学院，前身直属于中国人民银行总行的浙江银行学校，现在称为浙江省金融界的"黄埔军校""行长摇篮"——她梦想中的大学。她想在一所注重技能的大学里，一步一步向着自己更高的梦想前进。

于是，她抱着"靠技能上大学"的梦想，回到绍兴参加比赛集训，获得了2013年全国职业院校技能大赛会计技能大赛暨绍兴市选拔赛个人一等奖、2013年全国职业院校技能大赛会计技能大赛暨浙江省选拔赛个人一等奖。最终以"2012年全国职业院校技能大赛中职组会计技能比赛个人二等奖"被特招到浙江金融职业学院。那一刻，她真的做到了。技能改变了她一生的命运。

因为技能成了"金手指"

大学刚开始时，她很勇敢地去竞选了"技能委员"一职，在高中时期参加过三届各个级别会计技能比赛的她，在技能方面跟其他同学比，有不少经验，她想帮助更多的同学练技能,更好地服务大家。但由于最终票数不够而落选,但她并没有灰心。

在大一上半学期,她很荣幸地被老师选去参加 2013 年全国职业院校"网中网杯"财务决策大赛,并获得了东区二等奖,因此进入了会计系"卓越人才"培养工程。由于技能成绩突出,她很快成了会计系"金手指"工程和学院"百名尖子培养工程"的成员,对点钞、传票、五笔三项技能也变得更有热情,并且三项技能认证考都达到了"技能尖子"的标准。在大一下半学期,她参加了 2014 年浙江省职业院校会计技能大赛,以团体第一名的成绩冲进国赛,并取得了全国会计技能大赛三等奖。站在领奖台上,看到了她满脸的幸福感。每次参加浙江省、全国性的会计技能大赛训练确确实实是无比辛苦的,没有双休日,更没有所谓的节假日,连寒暑假都只有平常学生的一半,但在她身上,有着一股正能量。在大二上半学期,她参加了全国"三好杯"财务电算化比赛,获得个人一等奖。

练技能确实是无比枯燥的,每天反反复复地做同一件事情。但每当路过机房、经过点钞房时,都能看到她打开技能软件在努力翻打传票、练习五笔打字和点钞。练习技能都成了她一种条件反射。每一次测试时,能多点一张钞、传票少花一秒、五笔多打一个字,都能在她脸上看到甜美的笑容,她很满足。

作为会计系"金手指工程"点钞组队长的她,平时除了很积极地参加会计系、学院的技能擂台赛之外,更多地会帮助别人怎样练好技能,每周都能看到她跟同学一起在练习技能,带动他们一起"爱上"技能。她会帮助同学纠正错误的点钞指法,传票"翻"与"打"的动作衔接,五笔如何快速拆字,解决他们对技能的困惑,当同学遇到"瓶颈期"想放弃练技能时,她会不断地激励他们。当会计系、学院有技能比赛时,她都会在 QQ 群里及时通知大家,鼓励大家积极参加每一次技能比赛,让更多的人成为"技能尖子"。作为浙江金融职业学院"百名尖子培养工程"成员的她,也会带动学院等其他系的同学练习技能、一起交流技能,相互帮助,共同进步。

因为技能铸就了职业梦想

技能是她人生中的一大部分,但学习成绩一直也是名列前茅的。每天技能练得累了,她就会去图书馆安安静静地看会书。大一时,她考出了浙江省计算机一级、金融咨询师、会计从业资格证书,初级会计实务以 91 分的高分考出了初级会计师职称等证书,并参加了浙江工商大学自考本科财务管理专业的专升本并完成了大部分的课程。期末时,以综合测评第一获得了"三好学生"的称号、校内一等奖奖学金以及国家奖学金。在大二上半学期,综合测评也是第一并完成了浙江工商大学自考本科专升本全部课程和毕业论文答辩,现在正在准备银行从业资格证书和保险从业资格证书，并将如何考出初级会计职称的经验传授给同学，与金融系、投资与保险系等不同系的同学相互帮助。

案例点评：虽然学校开设的技能课给她提供了一个学习技能的机会，但成功最大的因素来自鲁梦琴自身的坚持。智商的开发离不开潜能的开发，每个人的学习潜能是巨大的，但这一潜能需要积极开发，才能变成实际的能力。"靠技能上大学"一直是她的梦想，人一旦有了梦想，就会对自己严格要求，就会克服前进路上的任何困难，她的聪明才智就会发挥出来。因此她就会勤练技能，提升自己的技能水平，从而实现自己的职业梦想。手指的伤痕和比赛中的挫折只会将鲁梦琴打磨得更为自信、更为耀眼。

案例三：智商的开发让优秀成为一种习惯

社会教育对于大学生的注意力、观察力、记忆力、思维力及想象能力都能有所提高，是一个全面发展各个结构的完整与和谐的过程。对于大学生自身智商的开发，素质的提高更是一个重要的因素。

陈秀波，女，浙江金融职业学院 2016 届学生，这个性格开朗带着几分豪气的"假小子"自入校以来就成了各方面的榜样和焦点。在学习成绩方面，她连续保持文秘专业综合测评第一，多次获得校一等奖学金、校外浦发奖学金，荣获三好学生等荣誉称号；在社会工作方面，她担任班级班长、系学生会主席、国学诵读协会会长，校园里的每个角落都能看到她忙碌的身影，作为老师得力的小助手和同学信任的好干部，身兼多职的她总是能扮演好每个角色，真正体现了一名学生干部的优良风采和奉献精神，并曾荣获"校优秀学生干部"和"杭州市优秀学生干部"称号。同时，充满活力的她还是校篮球队的主力队员，多次在各类大型篮球比赛中荣获佳绩，用拼搏和汗水抒写着我校女生巾帼不让须眉的豪情。凭着各方面的优异表现，毕业时她已经成为一名中共正式党员，校级和省级优秀毕业生，在一路逐梦的过程中起到了良好的引领示范作用。

案例点评：某一方面智商的开发并不难，难的是各个方面都能够优秀。我们都渴望成为优秀的人，这首先需要怀有对成功执着不懈的追求。陈秀波同学对自己的要求是让优秀成为一种习惯，因此各个方面她都勇于尝试，勇于开拓自己各方面的智商，勇于面对成长路上遇到的各种困难，勇于担当不同角色赋予的责任。大学为我们每一个人的自我成长和施展才华提供了巨大的舞台，关键在于我们能否挖掘自己的潜能，利用好这些宝贵资源成就自我。在社会工作方面，陈秀波同学正是敢于不断尝试，去发掘自己的能力，她才知道自己的潜能有多大。因此当你有着坚定的信念，有了前进的方向，全世界都会为你的梦想让路，你也可以成为校园里那颗闪闪发亮的明星。

案例四:实践启迪人生

实践无小事,可以随时随地,只要你学会实践。但是实践对于智商的开发又有怎样的影响呢? 在我们身边就有一位公益实践达人。阳光、真诚、热爱公益,他就是来自浙江金融职业学院企管14(2)班的汤志鹏。

作为一名系实践部干事,一名普通的青年学生,他做了自己喜欢的事——积极投身社会实践活动。他还是一名省"春泥计划"的志愿者,在他的家乡舟山市嵊泗县东海社区,他承担了假期学生特色培训的系列工作,从课程开发到联系教师,从推广宣传到落实报名,在暑期参与每一次课程与活动的管理,并承担了部分课程的教学任务。在教学中他创新方法,不断增强小学生的学习兴趣,极大地丰富了暑期青少年的学习生活。同时协助社区工作人员处理部分民情事务,比如宠物狗上牌登记、扫盲以及纠纷调解等。在此期间他获得了社区党总支书记、工作人员与志愿服务对象的一致好评,获得了 2014 年浙江省"春泥计划"志愿服务优秀个人荣誉称号。

夏去冬来,大一寒假期间,他积极组建了自己的公益小分队,进行"乐和微公益"实践活动。他带领着他的团队成员在前期做了大量的准备工作,在开展活动的过程中,他们分工明确,认真快速地布置好场地,并很快与窗口单位的志愿者们共同合作,利用新媒体,在微信平台上发布志愿服务信息,向社区广大群众介绍本次志愿服务活动,并向他们赠送由老年大学的学员们创作的春联与剪纸。他们的付出也得到了参与活动的其他志愿者以及接受服务的群众的一致好评。该团队也积极参加了学院 2015 年寒假社会实践优秀团队的评选。

平时,他珍惜在系实践部的每一次宝贵的实践锻炼机会,完成好每一项工作,在实践中提高自己、丰富自己。他主动承担系运动会志愿者队伍的招募、组织、培训与管理工作,获得了"运动会优秀学生会干事"称号。和部门其他干事一起负责策划了"倡导垃圾分类"公益活动,并积极与团队成员配合,参与活动的各个环节。由他亲自策划的公益创意活动,也得到了院团委的孵化举办权。2015 年暑期他又报名参加了学院绍兴支教实践活动,对于公益,他一直在路上……

案例点评:教育是智商开发的主要途径,教育包括学校教育、家庭教育、社会教育。本案例中的社会实践活动则属于社会教育,它的根本目的在于让大学生们增长见识、锻炼才干、服务社会、奉献社会,在实践中践行理论知识,锻炼综合能力从而提高智商。本文的主人公汤志鹏同学就是在实践教育中收获经验,通过社会教育让自己在各个方面都得到锻炼与提升,在实践中绽放自己的光彩,也很好地开发了自己的智商,更深层次提升了自我。

第六章
提升情商（EQ）

　　自上世纪末，应用心理学家提出"情商"这个词以来，社会大众对情商的关注就从未停歇。而大家对情商的持续关注源自它和智商概念之间的比较。从某种意义上讲，情商甚至比智商更重要，随着社会的多元化和融合度日益提高，较高的情商将有助于一个人获得成功。现代心理学研究和大量社会实例也进一步表明，一个人事业的成就遵守 20/80 原则，即 20％取决于智商，80％由其他非智力因素决定，而其中情感智商即情商最为关键。事实上，情商对于人生的影响是一贯的。从少年到青年，再从成年到老年，情商的影响力渗透到了人生的各个阶段，并在各个不同时期发挥着重要的作用。因此，大学生要牢牢把握当下，不断汲取提升情绪智力的养料，提高对情绪的控制和驾驭能力，促进个人素质的全面发展，为在不远的将来，走出校园，迈入社会，夯实基础，做好准备。

第一节　何谓情商

　　简单地讲，情商就是管理情绪的能力。人体就如同一驾马车，马车由马来拉动，人体由情绪推动。控制马的工具叫作缰绳，管理情绪的工具叫作情商。如果马车的马受惊失控，马车就会翻车，车毁人亡。如果人的情绪失控，人就会丧失理智，社会适应功能和身心健康状况也会进一步受到影响。由此可见，情商是多么重要，它是身心健康和谐的保证，也是幸福完美人生的基石。只有具备一定的情绪智力，我们才能够从容拉动人生的马车，去努力追逐职场的顺利、家庭的幸福和人生的成功。

一、情商的内涵

（一）情商的概念

什么是情商？早在 1925 年，教育心理学体系的创始人，美国国家科学院院士爱德华·李·桑代克(Edward Lee Thorndike)教授就提出了社会智力(Social Intelligence)的概念,他认为,拥有社会智力的人"具有了解及管理他人的能力,能在人际关系上采取明智的行动",并把"社会智能"描述为与他人相处的能力。1983年哈佛大学心理学家霍华德·加德纳(Howard Gardner)在《精神状态》一书中认为,人有"多元智慧",开启了情商学说的新智。1991年耶鲁大学心理学家彼得·塞拉维(Peter Salove)和新罕布什尔大学的琼·梅耶(Jean Mayer)在他们有关情绪的研究中首次提出了EQ(Emotional Intelligence Quotient,又称为情绪智力,简称情商)一词。从此情商(EQ)正式进入了心理学的学术研究体系中。

然而,真正将情商(EQ)这个概念推向世界的是《纽约时报》专栏作家哈佛大学心理学博士丹尼尔·戈尔曼(Daniel Goleman)。1995年丹尼尔·戈尔曼出版了《情绪智力(EQ)》一书,将情商从学术研究的象牙塔中推向了普通百姓的视野之中,真正将对于情商(EQ)的关注推向了一个新的高潮,风靡全世界。丹尼尔·戈尔曼认为情商(EQ)就是情绪智力,指的是管理情绪的能力,代表一个人能否适当地处理自己的情绪,它的意义包含了"自制力、热忱、毅力、自我驱策力等"。一个高EQ的人通常是情绪稳定的,不会因小事而产生剧烈的情绪波动。而且,在产生情绪反应时,能够恰当地处理自己的情绪,对事与对人有合理的想法,同时表现出合理的行为。

情商概念的提出是人类智能的第二次革命,其主要观点为:情商是个体重要的生存能力,是一种发掘情感潜能、运用情感能力影响生活各个层面和人生未来的关键品质因素。一个人在社会上要获得成功,起主要作用的不是智力因素,而是情绪智能,也就是情商,前者占20%,后者占80%。

(二)情绪和情感的概念

从情商的概念中可见,情商是一种应对情绪情感的重要能力。那么何谓情绪,何谓情感呢?情绪和情感是人对客观世界的一种特殊的反映形式,是人对客观世界是否符合自己需要的态度体验,与需要和目的满足或实现与否直接相关。一个高情商的人,不仅可以有效地体察自己当下的情绪感体验,并对其进行适当的控制和调试,还可以洞悉他人的情绪情感状态,并做出合理的反应和互动。

虽然情绪和情感都是人对客观事物是否满足自己需要所产生的态度体验,但是,需要的性质不同,两者是有区别的。情绪是与生理需要(安全、饮食、性生活等)是否满足相联系的心理体验,情感是与社会需要(交往、文娱、教育)是否满足相联系的心理体验。情绪比较短暂、多变、不稳定,具有情境性、激动性和短暂性的特点。特别是情绪的情境性非常明显,常常是由某一时刻,某些特定情境所引起。时过境迁,就会意转情移,因而很不稳定。情绪是比较低级、简单的情感,不仅人具有,动物也有。而情感则是高级的复杂的内心体验,是人所特有的,具有深刻性、稳定性和长期性特点，情感的稳定性较强，不因情境的改变而转移，如爱祖国，并不会以国家一时盛衰而改变对她的赤子之心。

情绪和情感虽有区别，但也有联系。一方面，情绪依赖于情感。情绪的各种不同变化一般都受到已经形成的情感及其特点的制约；另一方面，情感也依赖于情绪，人的情感总是在各种不断变动着的情绪中得以体现。离开了具体的情绪过程，人的情感及其特点就不可能现实地存在。因此，在某种意义上可以说，情绪是情感的外在表现，情感是情绪的本质内容。此外，情绪和情感也可以转化，情绪长期积累就会转化为情感，而情感在一定条件下，也会以鲜明的、爆发的形式表现出来，表现为一种情绪。

二、情商的五大组成元素

从 1991 年情商概念的提出到现在也不过 20 余年光景，但是情商已经迅速得到世界范围的关注。因为情商与我们人类的生存息息相关，它代表了一种处理和应对自身和他人情绪情感状态的综合能力，主要包括认识自己的情绪、妥善管理情绪、自我激励、认识他人的情绪、人际关系的管理这五个维度。在生活中通常表现为工作热情、组织管理能力、人际交往能力、解决问题的能力以及面对困难承受挫折的能力等。

（一）认识自己的情绪

认识情绪的本质是情绪智力的基石，当人们出现了某种情绪时，应该承认并认识这些情绪而不是躲避或推脱。同时对产生此种情绪反应的原因进行有效的认识和把握。只有对自己的情绪有足够的认识才能成为生活的主宰，进而良好地引导情绪和自身的状态，进行准确和有效的人际互动和行为反应；反之，不了解自身真实情绪的人，也自然无法对日常生活中的诸多事件做出恰当的反应，社会适应也会在一定程度上受到影响，最终沦为情绪的奴隶。

（二）妥善管理情绪

情绪管理是指能够调控与安抚自己的情绪，使之适时、适地、适度地表达出来。这种能力具体表现在通过自我安慰、注意转移、运动放松等途径，有效地摆脱焦虑、沮丧、激怒、烦恼等因失败或者需要没有得到满足而产生的消极情绪的侵袭，不使自己陷于情绪低潮中。这方面能力较匮乏的人，常需与低落的情绪交战；而这方面能力高的人能够有效地控制负面情绪的根源，可以从人生的挫折和失败中迅速恢复，重整旗鼓，迎头赶上。

（三）自我激励

自我激励也就是自我整顿情绪的能力，它能够帮助我们朝一定的目标不断努力。任何方面的成功都必须有情绪的自我控制——延迟满足、控制冲动、统揽全局。拥有这种能力的人能够集中注意力、自我把握、发挥创造力、积极热情地投入工作,并能取得杰出的成就;缺乏这种能力的人,则比较容易半途而废,较难实现比较长远的目标。

（四）认识他人的情绪

认识他人情绪的能力也就是心理学中经常提到的移情能力,是在自我认知的基础上发展起来的最基本的人际技巧。具有这种能力的人,既能通过细微的社会信号,敏锐感受到他人的需要与欲望,分享他人的情感,对他人的处境感同身受,又能客观地理解与分析他人的情感。认识他人情绪能力较强的人通常能够比较好地适应社会,人际关系也会比较和谐。

（五）人际关系的管理

人际关系的管理也就是理解并回应别人的情绪,维持良好关系的能力。这种能力的培养需要建立在情绪的自我认识、自我调节以及体察他人情绪能力的基础上。大体而言,人际关系的管理就是调控与他人相处的情绪反应的技巧。这种能力包括展示情感、富于表现力与情绪感染力,以及社交能力。人际关系管理可以强化一个人的受欢迎程度、领导权威、人际互动的效能等。

三、情商的重要性

从上述情商五个方面的构成元素可以看到,情商非常重要,它能够直接影响个体对于情绪情感的体察、人际关系的维护、消极事件的应对以及长远目标的追逐。对于当代大学生而言情商重要性主要体现在以下三个方面:

（一）培养情商有利于提高大学生的综合素质

对情商的重视有利于个体的身心健康,有利于提高综合素养。以往普遍存在的现象是,无论家庭、学校还是整个社会,都片面地注重对智力素质的培养,而忽视对非智力心理素质的训练。结果培养出来的"人才"往往个性发展畸形,精神空虚,情感淡漠,适应能力差,不善于处理人际关系。心理学与人才学的追踪研究也一再表明,"卓越成就并非智力本身的结果,非智力因素也起重要作用"。大学阶段是个体生涯发展的重要阶段,人格的塑造、能力的形成、情商的培养等都在这个阶段得到迅速的发展和变化。我们在发展自身智力的同时,要加强情商的培养和提升,努力成为高双商的人生赢家。

（二）发展情商有利于大学生适应 21 世纪的激烈竞争

21 世纪是一个激烈竞争的时代,这种竞争的实质是人才素质的竞争。因此,仅有高智商是不够的,未来人才还必须具有顽强拼搏的竞争意识和能力,要善于与人合作,这就是情商五个能力维度中的自我激励能力和人际关系管理能力。托夫勒在《第三次浪潮》中强调,未来人才要具备合作意识。他说:"他们敢于负责,懂得自己的工作与别人配合，能承担更多任务，能迅速适应变化的情况，以及敏感地与周围的人协同一致。"同时高速增长的知识和飞速发展的社会，还要求21世纪的人才应具备快速的应变能力，能迅速适应新的工作环境、人际环境、生活环境、行为方式等。当然面对激烈竞争的环境和瞬息万变的时代，也要求21世纪的人才要具备高度的心理承受力和调节力，面对挫折与失败，坎坷与打击，痛苦与不幸，能及时调整自己的心态，迎着困难上。

（三）培养情商符合国家对人才发展的综合要求

重视情商的发展，有利于在校大学生自身心理素质与综合素质的提高。党的十八大报告中强调学校要"认真贯彻党的教育方针，重视受教育者素质的提高，培养德智体等全面发展的社会主义事业的建设者和接班人。"加强大学生的素质教育是针对单纯专业教育提出的。这与情商是针对智商提出相一致。重视大学生自身的情商培养符合国家对人才培养的综合诉求。因为心理素质是包括人的兴趣、情绪情感、意志、个性特征在内的一个综合性概念，这与情商概念在内涵上具有一致性。对情商的重视有利于大学生心理素质及综合素质的提高。

第二节　如何提升情商

情商形成于婴幼儿时期，成型于儿童和青少年阶段，它主要是在后天的人际互动中培养起来的。大学时期是一个人的黄金时代，是一个人走向成人的一个重要过渡时期。在这个时期，其学习和发展的任务很重，面临着心理上的急剧变化，还有巨大的就业压力，这些，都会造成心理失衡和情绪问题，产生种种不良后果。

我们要从情商概念中重要的五个方面（认识自己的情绪、妥善管理情绪、自我激励、认识他人的情绪、人际关系的管理或社交能力的培养）出发去进一步探索提升情商的方法。

一、认识情绪

良好的情绪和情感对大学生身心健康有促进作用。大学生良好的情绪和情感是指愉快情绪多于不愉快情绪，情绪反应适时、适度，善于自我调节和控制，情绪和情感的稳定性较好。

现代心理学和医学的研究成果表明，情绪和情感对人的身心健康具有直接的影响，可以说是情绪主宰健康。大学生若能经常保持心情愉快、舒畅、开朗乐观，则人体免疫功能活跃旺盛，可减少疾病感染的机会，有益健康。中国俗语说"人逢喜事精神爽"，"笑一笑、十年少"，就是说愉快乐观的情绪和情感可以延缓衰老、增进健康。良好的情绪和情感不仅可以促进生理健康,更与大学生的心理发展密切相关。情绪和情感发展良好的大学生往往对生活充满热爱,对自己充满自信,好奇心和求知欲浓厚,思维活跃,富于创造性,爱好广泛,行为积极主动,乐于与人交往,并能与人建立相互信任、理解的友好关系,有利于大学生提高学习、工作效率,激发潜能,实现全面发展。

劣性情绪对大学生身心健康有着严重的危害。所谓劣性情绪,是指持续的消极情绪和过度的情绪反应,如因不幸事件引起悲伤、忧郁持续数周、数月甚至数年不能消除,或情绪反应过于激烈,都会对身心造成危害,有时即使是愉快的情绪,因反应不适度,也可能成为劣性情绪,如范进中举后狂喜致疯,就是众所周知的例子。

劣性情绪对人的身心健康危害极大,在压抑、紧张、焦虑和恐惧等消极情绪的长期作用下,人体免疫功能下降,容易罹患各种传染性疾病,同时内脏器官尤其是消化系统和心血管系统受到影响,易导致高血压、冠心病、消化道溃疡等疾患。大学生中常见的偏头痛、心律失常、胃溃疡等疾病也多和紧张、压抑、焦虑等劣性情绪有关。

强烈的情绪反应和持久的消极情绪还会影响神经系统的功能,破坏大脑皮层的兴奋与抑制的平衡,使人的认识范围变窄,分析判断力减弱,失去自制力,严重的甚至会引起精神错乱、行为失常和神经症等。调查表明,大学生中常见的心理障碍和疾病大多与持久的消极情绪有关,如神经衰弱的病因,就和长期处于紧张、焦虑的情绪状态有直接联系。有些大学生还因无法调适、消除不良情绪,长期陷于苦闷、压抑、抑郁等状态中,感到悲观、痛苦,不仅严重地影响了学习和生活,甚至会走上自杀的道路,酿成悲剧。

因此,劣性情绪是大学生的敌人,它不仅会引起生理疾病,而且易导致各种心理疾病和障碍,危害极大。

二、管理情绪

管理情绪就是恰当地调节、引导、控制、改善自己的情绪状态,能够使自己摆脱强烈的焦虑忧郁,能积极应对危机,并能增进实现目标的情绪力量。情绪控制包括自我监督、自我管理、自我疏导、自我约束和尊重现实。高度自控是优秀人士的主要特征,但高度自控不是压抑。压抑是把自己的情绪,尤其是不好的情绪,深埋心灵之中,不愿回忆。压抑的结果是更猛烈地爆发。自控是有目的的疏导自己的情绪,是积极地释放升华情绪。压抑是"堵",自控是"疏"。高度自控者能认清和融入自己生活的环境,摆正和适应自己的角色,能清醒地认识到,自己能做什么,不能做什么,应做什么,不应做什么,现在能做什么,将来能做什么。个人情绪管理有如下几个方面:

（一）觉察自己的情绪

也就是，时时提醒自己注意："我现在的情绪是什么？"例如：当你因为朋友约会迟到而对他冷言冷语时，问问自己："我为什么这么做？我现在有什么感觉？"如果你察觉你已对朋友三番两次的迟到感到生气，你就可以对自己的生气做更好的处理。有许多人认为，人不应该有情绪，所以不肯承认自己有负面的情绪，要知道，人一定会有情绪的，压抑情绪反而会带来更不好的结果，学着体察自己的情绪，是情绪管理的第一步。

（二）适当表达自己的情绪

再以朋友约会迟到的例子来看，你之所以生气可能是因为他让你担心，在这种情况下，你可以婉转地告诉他："你过了约定的时间还没到，我好担心你在路上发生意外。"试着把"我好担心"的感觉传达给他，让他了解他的迟到会带给你什么感受。什么是不适当的表达呢？例如，你指责他："每次约会都迟到，你为什么都不考虑我的感觉？"当你指责对方时，也会引起他负面的情绪，他会变成一只刺猬，忙着防御外来的攻击，没有办法站在你的立场为你着想，他的反应可能是："路上塞车嘛！有什么办法，你以为我不想准时吗？"如此一来，两人开始吵架，别提什么愉快的约会了。如何"适当"表达情绪，是一门艺术，需要用心体会、揣摩，更重要的是，要确实用在生活中。

（三）以合宜的方式缓解情绪

缓解情绪的方法很多，有些人会痛哭一场，有些人找三五好友倾诉一番，另一些人会逛街、听音乐、散步或逼自己做别的事情以免老想起不愉快的事情，比较糟糕的方式是喝酒、飙车，甚至自杀。缓解情绪的目的在于给自己一个理清想法的机会，让自己好过一点，也让自己更有能力去面对未来。如果缓解情绪的方式只是暂时逃避痛苦，尔后需承受更多的痛苦，这便不是一个合宜的方式。有了不舒服的感觉，要勇敢地面对，仔细想想，为什么这么难过、生气？我可以怎么做，将来才不会再重蹈覆辙？怎么做可以降低我的不愉快？这么做会不会带来更大的伤害？从这几个角度去选择适合自己且能有效缓解情绪的方式，你就能够控制情绪，而不是让情绪来控制你！

三、激励自己

激励自己就是利用情绪信息，整顿情绪，增强注意力，调动自己的精力和活力，适应性地确立目标，创造性地实现目标。激励自己意味着去"主动追求"，对一个情商高的人来说，会主动完成自己的工作，而不是等着别人来安排或督促。激励自己，发掘自己生活的动力，才能有激情和能量去生活，实现自己的人生目标。

一旦掌握自我激励,自我塑造的过程也就随即开始。以下几种方法可以帮你激励自己,塑造自我。

(一)调高目标

真正能激励你奋发向上的是:确立一个既宏伟又具体的远大目标。许多人惊奇地发现,他们之所以达不到自己孜孜以求的目标,是因为他们的主要目标太小,而且太模糊,使自己失去主动力。如果你的主要目标不能激发你的想象力,目标的实现就会遥遥无期。

(二)离开舒适区

不断寻求挑战,体内就会发生奇妙的变化,从而获得新的动力和力量。但是,不要总想在自身之外寻开心。令你开心的事不在别处,就在你身上。因此,找出自身的情绪高涨期用来不断激励自己。

(三)慎重择友

对于那些不支持你目标的"朋友"要敬而远之。你所交往的人会改变你的生活。结交那些希望你快乐和成功的人,你在人生的路上将获得更多益处。对生活的热情具有感染力。因此同乐观的人为伴能让我们看到更多的人生希望。

(四)正视危机

危机能激发我们竭尽全力。无视这种现象,我们往往会愚蠢地创造一种舒适的生活方式,使自己生活得风平浪静。当然,我们不必坐等危机或悲剧的到来,从内心挑战自我是我们生命力的源泉。

(五)精工细笔

创造自我,如绘一幅巨幅画一样,不要怕精工细笔。如果把自己当作一幅正在创作的杰作,你就会乐于从细微处做改变。一件小事做得与众不同,也会令你兴奋不已。总之,无论你有多么小的变化,点点滴滴,于你而言都很重要。

(六)敢于犯错

有时候我们不做一件事,是因为我们没有把握做好。我们感到自己"状态不佳"或精力不足时,往往会把必须做的事放在一边,或静等灵感的降临。如果能用敢于犯错的心态来对待自己做不好的事情,一旦做起来了一定会乐在其中。

(七)加强排练

先"排演"一场比你要面对的局面更复杂的战斗。如果手上有棘手活而自己又犹豫不决,不妨挑件更难的事先做。生活挑战你的事情,你定可以用来挑战自己。这样,你就可以开辟一条成功之路。成功的真谛是:对自己越苛刻,生活对你越宽容;对自己越宽容,生活对你越苛刻。

(八)迎接恐惧

世上最秘而不宣的体验是,战胜恐惧后迎来的是某种安全有益的东西。哪怕克服的是小小的恐惧，也会增强你对创造自己生活能力的信心。如果一味地想避开恐惧，它们会像疯狗一样对你穷追不舍。此时，最可怕的莫过于双眼一闭假装它们不存在。

（九）把握好情绪

人开心的时候，体内就会发生奇妙的变化，从而获得新的动力和力量。但是，不要总想在自身之外寻开心。令你开心的事不在别处，就在你身上。因此，找出自身的情绪高涨期用来不断激励自己。

四、了解他人情绪

了解他人情绪最重要的是要发挥同理心，同理心是认识和理解他人情绪状态的能力，具体表现为有换位思考的能力和习惯，理解和认可情感差别，能与自己的观念不一致的人和平相处，理解别人的感受，察觉别人的真正需要。真正做到"己所不欲，勿施于人"。

发挥同理心，要遵循六大原则：

1. 我怎么对待别人，别人就怎么对待我。

2. 想他人理解我，就要首先理解他人。将心比心，才会被人理解。

3. 别人眼中的自己，才是真正存在的自己。学会以别人的角度看问题，并据此改进自己在他们眼中的形象。

4. 只能修正自己，不能修正别人。想成功地与人相处，让别人尊重自己的想法，唯有先改变自己。

5. 真诚坦白的人，才是值得信任的人。

6. 真情流露的人，才能得到真情回报。

五、培养社交能力

良好的社交能力对带动其他情商技能有很重要的作用，一个人的社交能力可以从总体上反映这个人的情商。人是社会性的动物，缺乏社交能力的生活是孤独的、忧虑的、令人沮丧的。好的社交能力就是能妥善处理人际问题，与他人和谐相处。在专业分工越来越细的前提下，相互协作变得越来越重要，时代呼唤团队合作精神，时代需要人人相互信赖、相互尊重和相互协作。

如何与人相处呢？心理学家提出了两个很重要的技术，一个是"无条件积极关注"，另一个是"真诚"。"无条件积极关注"就是无条件地关注他人的言语、行为和需要，不能视而不见，也不能过分厌恶他人。"真诚"就是接纳他人，真诚与他人合作。表里不一会影响合作的基础。

结合上述五个维度的能力来分析，情商是指个体识别和监控自己及他人的情感,运用"共情技术"恰当地维护心理适应和心理平衡,形成以自我激励为核心的内在动力机制,形成以理性调节为导向的坚强意志,妥善处理自身情绪情感、与人交往和个人发展等方面问题的心理素质和能力。情商决定了我们怎样才能充分而又完善地发挥我们所拥有的各种能力。高情商者是能清醒地把握自己的情感,敏锐感受并有效反馈他人情绪变化的人。

第三节　关于情商的典型案例

案例一：做自己人生中的导演,演好每一个角色——记浙江金融职业学院 2007 届校友苏蓓蕾

毕业于 2007 届文秘 041 班的苏蓓蕾,谈起工作经历,她说毕业后跟很多人一样,充满迷茫和无奈,每天奔波在人才市场和面试单位中。在一次错误的巧合中得到第一份工作,从此一直边走边看、边看边学、边学边改、边改边变、边变边通……职场有很多规则和变通之处,她时刻学着改变自己,适应环境。

她毕业至今均在一个系统企业工作,从前台文员、秘书、行政专员、助理、综合主管、行政人事主管到现任的总办主任、行政人事经理兼项目经理、团工委书记、党组织委员等,她只是把自己当作一个演员,再赋予角色"苏式"灵魂。一路走来不知道算不算成功,但她清楚地知道只有自己富了、积累了……

知道了自己的"圈",自己的"点",知道了每一步的深浅,才能慢慢体会职场的艺术和魅力。尽管职场充满许多无奈、酸甜苦辣,但必须坚持下去,只当工作是另一种生活方式,学习认真做事、淡定做人。

面对初到职场的我们,她说,积极平和的心态是成功的前提。在这个时代,背景很重要,但更多的还是要靠个人努力。而拥有良好的心态是前进最基础的条件,因为能力再好却没有一种积极良好的心态,一切也只是徒然。要拒绝差不多的思想,具备空杯学习的恒心。在大学时代多学习新的知识和互联网的运用,多与社会接触,对于校社的过渡提前做好准备。多多参加一些学生会和社团组织的活动。她以多年来的行政工作面试经验告诉学弟、学妹们,要多参与学生会与社团活动,在工作面试中,面试官们比较注重应聘者的组织能力和宣传执行能力。

案例点评：在大学要好好学习与人相处的为人之道,这也是情商的重要表现之一。在工作中,虽有心酸,虽有无奈,但是在这个过程中调整好心态,管理好情绪,迎头而上。相信自己,跨过这个坎,你将看到一个更完美的你。同时,无论是哪个专业的，能多方面学习和交错运用，是很重要的，现代社会有很多的专业人才，缺的是能综合运用这些综合知识资源或者专业的人才。资源整合、创新，是时代发展的必需人才。

案例二：坚持梦想步伐，打造技能高峰——记浙江金融职业学院 2010 届校友计算机信息管理专业章秋玲

章秋玲，女，27 岁，2010 年毕业于浙江金融职业学院信息技术系计算机信息管理专业，现于嵊州农村合作银行三界支行担任信贷内勤。工作中她勤勤恳恳，乐于奉献，积极参加各项活动，多才多艺，尤其在行业技能比赛中屡获佳绩。曾获 2011 年绍兴市农信金融擂台赛个人传票输入组的第二名；行业五四青年才艺大赛第二名；2011 年"先进工作者"荣誉称号；2013 年嵊州农合行十佳合规标兵；2013 年绍兴市巾帼女英雄；2014 年"工行杯"嵊州市金融系统职工业务技术比武传票输入组第一名等。

梦想是要有的　万一实现了呢

在浙江金融职业学院求学期间，章秋玲就读于信息技术系计算机信息管理专业，起初认为自己相对于金融系、会计系的同学来说缺少优势。但是她从来坚信每个人的起跑线都是一样的。人生最后悔的事情就是：她本可以。不要停止奔跑，不要回顾来路，来路无可眷恋，值得期待的只有前方。每日三省吾身，这是她对自己的承诺。坚持梦想的她通过自己的不懈努力，终于进入了银领学院的大家庭之中。这只是梦想的第一步。

初生牛犊不怕虎　勤练技能终出头

坚持学习业务知识，提升合规操作意识。章秋玲利用空余时间，勤练技能。在 2011 年绍兴市农信金融擂台赛中，章秋玲获得了个人传票输入组的第二名，让领导和老员工对她刮目相看，这无疑是一个鼓励。章秋玲也在 2012 年调到了三界支行本部。她继续以更高标准严格要求自己，熟读《综合业务操作规程》，在单位担任柜组长的她积极回应同事们提出的问题，更好地用优质服务照亮顾客的心。在做好自她提升的同时，她也鼓励单位的同事要不断勤练技能，广大员工纷纷利用空余时间苦练技能，形成了你追我赶的良好竞争氛围，操作技能水平得到了不同程度的提高，技能大练兵活动取得显著成效。章秋玲深知只有提高了自己的业务速度，才能更有效率地为客户提供服务，打造一支高水准的金融服务队伍。

多才多艺展风采　默默奉献献爱心

章秋玲积极参加各项活动，自觉践行农信精神。在五四青年才艺大赛上，她以

一首《映山红》获得了才艺大赛的第二名；和团委一起参加的为期一天半的共青团嵊州市第十九次代表大会，为农合行谱写"中国梦"的嵊州篇章贡献青春力量，让她深知肩上担负的重任，牢记使命。2013年4月章秋玲有幸赴杭州省联社参与"文化之旅"的大讲堂，让她感觉了农信风雨六十年的历史洗礼。作为一名"农信人"，她感到无比自豪。赴嵊州市崇仁镇范村参加贫困结对仪式，让章秋玲看到了一张张如此渴望幸福的脸孔，给他们送去了关爱，并留下了她们的结对爱心卡，爱需要正能量。

奔跑路上不停止　追梦旅途终圆梦

作为银行业的"黄埔军校"，浙江金融职业学院在金融界的名气也是响当当的。母校每年都会输送大批人才来各大金融机构，章秋玲所在的嵊州农合行也不例外。随着2011届、2012届的学弟学妹陆续来报到，章秋玲也成了师姐。她把自己这几年的业务经验和临柜技巧都与学弟学妹们分享，工作上她们成了好同事，更让人亲切感倍增的是大家都是"金院人"。机会留给有准备的人，从2011年开始，章秋玲每年都会参加绍兴市农信技能擂台赛，她的主打项目是传票输入。传票不仅要快打、快翻，更重要的是心理素质。刚开始别人站在旁边时手会抖，打下去一排全部错了，后来她就针对自己的弱点加强训练，到后来比赛时临危不惧，这也为她转正打开了一扇敞亮的大门。2013年末，行里出台了派遣工转正的文件，规定由各项技能、荣誉、工龄、会计考试等总分计分决定转正12个名额，章秋玲因比赛获得第二名而被直接转正。可以说是运气加实力，幸运女神眷顾了她，因之前从未有派遣工转正的文件出台。章秋玲的人生再次被点亮。在2014年11月15日举办的"工行杯"嵊州市金融系统职工业务技术比武中，她从13家银行职工中脱颖而出，又以传票输入组第一名的荣誉证明了自己，让章秋玲的名字在嵊州市金融界打响。更让她自豪的是，她们4个项目8位参赛者，有4位是毕业于她们金院的。金院人再次在业界刮起了一股旋风。

案例点评：可以看到，在章秋玲的成长过程中自我激励的重要作用。每当她要放弃的时候，她都会咬一咬牙再坚持向前迈上一步。昨天已成过去，今天才刚开始，明天还将继续。无论走到生命的哪一个阶段，都该喜欢那一段时光，完成那一阶段该完成的职责，顺生而行，不沉迷过去，不狂热地期待着未来，生命这样就好。不管正经历着怎样的挑战，或许她们都只有一个选择：要快乐，并相信未来。时间不欺人，把它花在哪里，收获就在哪里，一切都是为了自己而战！

案例三：多学、多思、多考证——记中信银行嘉兴桐乡支行业务精英、浙江金融职业学院 09 届校友刘敏

2009 届文秘专业 061 班的刘敏从大二开始就在中信银行嘉兴桐乡支行实习，至今已有七八年的工作时间了。

她在中信银行同时兼任多个岗位，分别担任理财经理、柜员、大堂经理。取得今天的成绩，她付出了很多的努力。在工作中，她一直是勤勤恳恳、兢兢业业。从事这份工作，她最大的体会便是存在着一定的工作压力，由于银行对每个人都有不同的业绩要求，要完成任务，肩上的担子可不轻。但压力同时也是动力，每当办理完业务，看到客户脸上真诚的笑容，或是当得到客户的信任与支持时，她便有更大的动力继续投身工作。

吾生也有涯，而知也无涯

毕业后，她一直在坚持学习，她在工作之余陆续考出了银行、会计、保险、证券、基金等金融方面的证书。她说："从事这个行业最需要的基本功那就是专业、资质，没有一定的银行技能和专业知识就没有进入这个岗位的敲门砖。"

在她的印象中，母校一直承担着为银行输送人才的大任，给广大的学子提供了一个良好的就业平台。虽然文秘专业与银行工作不对口，但如果对金融、理财方面感兴趣，或是在没有其他更好选择的前提下，能进入订单班学习，毕业后找份在银行的工作是一个非常不错的选择。

寄语母校

适逢母校将迎来 40 周年校庆，在此送上深深的祝福，希望母校在未来能做得越来越好，桃李满天下！

寄语学弟学妹

她说想进银行或是有一份好的工作，我们需要付出比别人更多的努力。因此文秘专业的学生必须明确自己的目标，对未来有一个清晰完整的规划，知道自己想要的是什么非常重要。同时还要不断提高自己的能力，提升自己的社会竞争力，多学、多思、多考证！在校的学弟学妹们如果想进银行，就不要荒废大学三年的时光，抓好技能，同时利用课余时间多考出一些证书，这对将来就业很有助益。

案例点评："想要进银行或是有一份好的工作，我们需要付出比别人更多的努力，因此文秘专业的学生必须明确自己的目标"，刘敏就是这么激励自己的，也是这

么寄语大家的。只有确定一个目标,制定一个规划,并且坚定地按着自己的规划,向着自己的目标不断前进才能不断提升自己。在这个过程中难免会有挫折、坎坷和困苦,所以我们需要良好的自我激励能力。当想要放弃的时候,当感到自己没用、无助的时候,调整好心态,重整情绪,再度出发,希望就在前方一步之遥的不远处。

第七章
重视逆商(AQ)

除了智商、情商外,近年来又流行一个新概念:逆商(AQ)。逆商 AQ 来自英文 Adversity Quotient,全称逆境商数,一般被译为挫折商或逆境商。AQ 不只是衡量一个人超越工作挫折的能力,它还是衡量一个人超越任何挫折的能力。同样的打击,AQ 高的人产生的挫折感低,而 AQ 低的人就会产生强烈的挫折感。成功之路上存在至关重要的作用一个新概念:逆商。IQ、EQ、AQ 并称 3Q,成为人们获取成功必备的不二法宝。心理学家认为,一个人事业成功必须具备高智商、高情商和高挫折商这三个因素。在智商都跟别人相差不大的情况下,挫折商对一个人的事业成功起着决定性的作用。高 AQ 可以帮助人们产生一流的成绩、生产力、创造力,可以帮助人们保持健康、活力和愉快的心情。有研究显示,AQ 高的人手术后康复快,销售业绩也远远超过 AQ 低的人,在公司中升迁的速度也快得多。高 AQ 是可以培养的,并且最好是从小培养,所以许多教育机构都在提倡挫折教育。

第一节　何谓逆商

人们对逆境并不陌生,我们的生活总是在不断地遭遇和克服无穷无尽的逆境中度过的。应该充分地认识到,许多人的成功和进步,并不是因为他们经历的逆境少,而是恰恰相反,实际上,许多成功者正是在逆境、困难的磨炼中成长起来的。成功者懂得,逆境是生活的一部分,逃避逆境等于逃避生活。

一、逆商内涵及构成因素

1995 年保罗·史托兹博士首先提出"逆商"这个概念,逆商指人们面对逆境、承受压力的能力,亦可理解为面对挫折、摆脱困境和超越困难的能力。他认为,逆商反映了一个人遇挫时的坚韧、耐挫性,生存、抗争力,胆识、自强度等诸项心理素质。逆商高者，面对困难能展现过人的毅力及勇气，把困难视为挑战与磨炼意志的机会，愈挫愈勇；逆商低者，遇到挫折易怨天尤人、畏缩不前、一蹶不振，以失败告终。

保罗·斯托茨提出在挫折商的测验中，一般考察以下四个关键因素——控制(Control)、归属(Ownership)、延伸(Reach)和忍耐(Endurance)，简称为 CORE。控制指自己对逆境有多大的控制能力；归属是指逆境发生的原因和愿意承担责任、改善后果的情况；延伸是对问题影响工作生活及其他方面的评估；忍耐是指认识到问题的持久性以及它对个人的影响会持续多久。保罗·斯托茨教授将逆商划分为四个部分，即：Control，控制感；Origin & Ownership，起因和责任归属；Reach，影响范围；Endurance，持续时间。

控制感"C"：控制感是指人们对周围环境的信念控制能力。面对逆境或挫折时，控制感弱的人只会逆来顺受，听天由命；而控制感强的人则会凭借一己之力能动地改变所处环境，相信人定胜天。控制感弱的人经常说"我无能为力、我能力不及"；控制感强的人则会说"虽然很难，但这算什么、一定有办法"。

起因和责任归属"O&O"：内因是事物存在的基础，它是一事物区别于其他事物的内在本质，它是事物运动的源泉和动力，它规定着事物运动和发展的基本趋势。外因是事物存在和发展的外部条件，它通过内因作用于事物的存在和发展，加速或延缓事物的发展进程，不能改变事物的根本性质和发展的基本方向。外因是变化的条件，内因是变化的根据，外因通过内因起作用。"O&O"（起因和责任归属）：造成我们陷入逆境的起因大致可以分成两类。第一类属内因，由于自己的疏忽、无能、未尽全力、抑或宿命论，往往表现为过度自责，意志消沉、自怨自艾、自暴自弃；第二类属外因，合作伙伴配合不力、时机尚未成熟，或者外界不可抗力。因内因陷入逆境的人会说：都是我的错、我注定要失败。因外因陷入逆境的人会说：全是时机不成熟、事前怎么就没想到会发生这样的情况呢？高逆商者，往往能够清楚地认识到使自己陷入逆境的起因，并甘愿承担一切责任，能够及时地采取有效行动，痛定思痛，在跌倒处再次爬起。

影响范围"R"：高逆商者，往往能够将在某一范围内陷入逆境所带来的负面影响仅限于这一范围，并能够将其负面影响程度降至最小。身陷学习中的逆境，就仅限于此，而不会影响自己的工作和家庭生活；与家人吵架，就仅限于此，而不会因此失去家庭；对事争执，就仅限于此，而不致对人也有看法。高逆商者能够将逆境所产生的负面影响限制在一定范围，不至于扩大到其他层面。越能够把握逆境的影响范围，就越可以把挫折视为特定事件，越觉得自己有能力处理，不致惊慌失措。

持续时间"E"：逆境所带来的负面影响既有影响范围问题，又有影响时间问题。逆境将持续多久？造成逆境的起因将持续多久？而逆商低的人，则往往会认为逆境将长时间持续，事实便会如他们所想。

逆商强调控制力和分析力。控制力弱的人在困难面前往往惊慌失措，放弃抗争，逆来顺受；控制力强的人则会保持健康心态，把成败看淡，把包袱卸下。逆商重视原因分析。把失败原因全推到外界或全归于自己，是逆商不高的表现。逆商高者会理性分析主客观缘由，有针对性地采取措施，力图在跌倒处爬起，减少逆境的影响范围和持续时间。

提高逆商，需要我们直面困难，有一颗勇敢的心。不敢面对，不愿面对，只会使困难变大、损失变多。风浪来临时，应按邓小平同志所说的，冷静观察、稳住阵脚、沉着应对。冷静下来，用发展的眼光看问题，既看到当下，也看到长远，不拘泥于一时一事之得失。稳健沉着，放宽视野，会发现当下的困难和挫折往往是人生长河里的一朵浪花；会看到困境中既有不利因素，也有有利条件；会认识到祸福相倚，坚定战胜困难的信心，不因工作受挫就消极颓废，也不因生活不幸而丧失斗志。

二、逆商的功能

任何人并非只有智商一个平面，还包括：个人理财的商数，即财商；个人的道德品质商数，即德商；个人在逆境中成长的商数，即逆商；等等。因此，任何人都应做一个立体的人。面对逆境，如果选择了放弃，也就是选择了失败。在人生的旅途中，一些人虽然也曾经努力过，但收效甚微。这是因为在前进的旅途中遭遇了困难，漫长的、看起来毫无结果的征途使他们厌倦了，于是，他们就会停下来，寻找一个避风的港湾，在那儿躲避风浪。没有什么比半途而废的放弃和丧失希望对未来威胁更大的了，放弃和丧失希望不仅不能解决现实存在的问题，而且还会让我们在未来陷入更大的困境之中。美国的《成功》杂志每年都会报道当年最伟大的东山再起者和创业者，他们的传奇经历中有一个相同的部分，那就是他们在遇到困难和逆境时始终保持乐观的态度，从不轻言放弃。同样，有人在对上千个保险公司为数众多的代理人进行长达五年的研究中发现，对待逆境的态度，在许多方面决定了一个保险代理人是否能够成功。乐观的销售人员卖出的保险单要比悲观的销售人员多88%——尽管他们的才华差不多。

在追求成功的道路上，许多人缺乏正确面对逆境的态度。他们遇难而退，他们拒绝一切机会，他们忽略、掩盖甚至放弃人类内在的追求进步的本能要求，以及生活给予的许多东西。生命蕴藏着巨大的潜能，在逆境中愤然崛起也是其中一项。不能面对逆境的人就是忽视了生命中这种潜能的人，它是在有意或无意中逃避自己的人。逃避逆境者往往想过那种得过且过的生活，他们会说："这就足够了。"他们找到一些堂而皇之地借口放弃了梦想，放弃了追求，选择了自认为是一条平坦、较轻松的人生道路。但是,随着时间推移,事实恰恰相反,他们将付出更大的代价,可能会遇到更大的逆境。逃避逆境者遭受的痛苦比他们直面挑战、勇敢地面对现实而承受的痛苦大得多。毫无疑问,一个人可能面对的、让人肝肠寸断的痛苦时刻莫过于回首平庸辛酸的一生。只有那些敢于面对逆境的人,才能收获成功。这种人不畏艰难,在逆境面前保持微笑,并将一生定义为"面对逆境的挑战"的过程。

这类人就是我们所定义的立体人,他们勇往直前,无论环境有利还是不利,人生幸运还是不幸,他们都不会停止前行。他们在逆境面前保持一种生命激情,决不让年龄、性别、身体缺陷,或者任何其他障碍阻挡自己去实现成功愿望的脚步。立体的人具有坚定的信念,这种信念存在于立体人本身,每当他们遭遇困难时,这种信念就会释放一种巨大而神秘的力量拯救他们。他们坚韧、顽强而有弹性,心中完全没有退缩的概念。对待逆境,立体的人有自己的解决方法,他们会不断调整自己前进的方向,寻找更适合自己的道路。

第二节　如何培养逆商

逆商不仅是衡量一个人超越工作挫折的能力,它还是衡量一个人超越任何挫折的能力。同样的打击,逆商高的人产生的挫折感低,而逆商低的人就会产生强烈的挫折感。在充满逆境的当今世界,事业的成败、人生的成就,不仅取决于人的智商、情商,也在一定程度上取决于人的逆商。

一、培养大学生逆商的意义

大量资料显示,在市场经济竞争日趋激烈的今日,大学生创业成功与否,不仅取决于其是否有强烈的创业意识、娴熟的专业技能和卓越的管理才华,而且在更大程度上取决于其面对挫折、摆脱困境和超越困难的能力。因此,高校教育工作者在实施创业教育的过程中,应该把大学生的逆商培养作为着力点,积极进行大学生的逆商培养,使其在逆境面前,形成良好的思维反应方式,增强意志力,增强摆脱困境的能力,从而提高大学生创业的成功率。综观当代大学生的实际特点,一方面,从入学起,他们就承受着较大的思想压力,诸如学业上的压力、综合素质的提高、未来就业的不确定感、环境的不适应等。另一方面,大学生正值青春年少,缺乏人生经验,抗挫折能力与调控能力较差,面对困境与重压,容易沉陷在消极的泥潭而不能自拔。例如:一些大学生不能承受学习成绩下降、失恋等带来的身心压力,出现焦虑、失眠、抑郁、恐惧等消极情绪;个别学生精神崩溃、跳楼自杀……身心的失衡,不仅影响其智能的发挥,而且还会使其潜能的挖掘、综合能力的培养、人格的完善受到抑制。因此，高校积极开展大学生逆商培养的教育活动，促使其在逆境面前形成良好的思维方式、良好的行为反应方式十分必要。

只有在逆境中人们才能学会如何思考。只有在逆境中，在遭受失败和挫折后，才能真正发现自己的不足。这些思考和经验都能为前进打下坚实的基础。古往今来，经过失败、努力、再失败、再努力，不断在逆境中总结经验教训，最后成功的例子比比皆是。为了发明电灯，爱迪生曾经失败了 17000 次，终于获得了成功。正是他把每一次失败都当成一次学习的机会，才使我们拥有了今天的光明。

当挫折发生的时候，它能给予我们警告，提醒我们加倍小心逆境，挫折是一座警钟，它警告人们，之所以遭遇逆境，肯定是在某方面出了问题。或者观念不对、态度不对、立场不对、方式不对、方法不对、计划不对；或者客观条件不成熟，天不时，地不利，人不和；或者主观与客观不一致，主观愿望违背了客观规律等。逆境有人为原因，也有自然因素，所以面对逆境时，不能怨天尤人、消极等待，而是要积极地反思、客观地寻找病症。

逆境也给我们警示。人生有喜有悲，有顺势必有逆势，凡顺势不要骄傲，盲目乐观，而应该未雨绸缪。懂得了这些道理，逆境才能发挥其积极的功能，才能进一步激起人们的斗志和求胜的欲望。具有这种心态的人，逆境犹如兴奋剂，激励着人们焕发青春、斗志、热情和潜能，向着希望的顶点不懈地攀登。

二、目前大学生逆商状况

根据中国高等教育学会学生工作研究分会 2014 年高校学生工作课题"高校思想政治教育工作的延伸——90 后大学生逆商教育研究"课题组的研究数据，我们对大学生的逆商状况予以阐述分析。

（一）大学生"逆商"整体水平较低状况不容乐观

"90 后"大学生"逆商"状况处于不容乐观的状态，虽然对于个别问题，大多数大学生能够表现出良好的状态，但是综合起来从整体出发，仍有多数同学的"逆商"状况令人担忧，在遇到来自家庭、朋友、学习等多方面困难干扰的时候，由于年龄经历等多重因素他们往往不知所措，不能合理地审视自己、正视问题，常常被各种不顺心的事情或者困难扰乱了正常的生活，甚至有的需要很长一段时间才能走出困惑。

（二）大学生"逆商"状况具有层次性

不同层次学校的大学生，逆商水平具有清晰的层次性。如一本、二本、三本、专科或者其他学校的学生对待责任问题上的态度都比较明确，他们中的大多数人认为应承担全部责任式承担一点责任，可以得出大多数学生很有责任心，不逃避问题，勇于面对，他们会分析问题，解决问题，遇到问题不会把问题推到别人身上，而是主动承担起自己的责任,处理好这些问题。调查显示一本、二本的学生比三本、四本的学生逆商指数要高。

（三）大学生"逆商"受专业影响

医学类、管理类的学生抗压能力较弱,其中一个很大的原因在于大多数医学类的学生更关注课本与实验,与外界沟通较少,自我调节与生活变通能力较差,而管理类的学生大多数为女生,感情比较细腻,同时也比较敏感,想问题比较极端,致使整体上医学类、管理类的学生逆商指数比较低。从另外一个方面而言,理工类和其他专业（如艺术类）的学生问卷得分较高,理工类的学生大多为男孩子,看问题比较理性,同时心比较大,更易懂得用运动。

（四）大学生"逆商"状况受家庭影响

在"逆商"方面独生子女明显比非独生子女弱。家庭教育与学校教育存在着很大的不同,家庭教育不会设立相应的教育目标,也不会设计教育计划,更没有可参考的教材,家庭教育中的主要实施者是家长,家长与专职教师相比缺乏对教育方法、方式的把握,另外家庭教育不会有考评制度,更没有升留级制度。家庭教育将会对孩子们产生较长期的,甚至是终生的影响,这种持续性直接影响了孩子在上大学之后仍然受到急停环境的影响。这也就使家庭教育具有了连续性,对孩子的影响是深远持久的,对孩子的"逆商"状况有很大的影响,尤其是在独生子女的家庭环境中,对他们的影响颇深。

三、大学生逆商培养的途径

首先,要以当代大学生的兴趣、需求、性格及气质特点为切入点,科学设置逆商培养的课程。通过课程的安排,使大学生明晓、掌握培养逆商的知识要点、方法和技巧,如:何为逆商？逆商在学习、生活及工作中的意义？如何辩证地看待困境与失败？如何调整心态,使自己愈挫愈勇？如何使自己的良好反应方式成为习惯性行为？其次,要以提高当代大学生的逆商为落脚点,引入情境教育。在施教过程中,要以学生为本,把握其个性倾向与心理特征,熟知其兴趣与需求。教师的职能应从知识传授转变为价值引导,使学生在兴趣、需求中,在欣赏、评判中,完成有关知识、品质和能力的建构。教师还应根据学生的兴趣、需求、气质与性格特点,结合逆商培养的内容和目标,选择与建立逆商培养的"欣赏视角",将如何面对困难、摆脱困难、超越困难设置成能撞击学生心灵的生活化情境,使学生在"情境"的欣赏与评判中,完成有关优良意志品质的建构、升华和积淀。另外,可通过让学生写逆境行为反应日记,了解学生面对逆境、面对挫折时的心理过程、行为措施。然后依据每个学生的个性特点,遭遇的具体情况给予个例指导,提高学生对逆境的觉察能力、控制能力。促使学生视困难为历练,学会分析困难的关键、选择解决困难的最佳方案。

（一）以家庭教育为基础

家庭是个体社会化的初始途径，也是大学生接受教育的重要途径，家长的言传身教、教育理念对孩子有着非常重要的影响。家长的思维模式、行为模式、认知方式等一直潜移默化地感化着子女。孩子升入大学后，家长更应转变关注的重点，重视孩子完整人格的塑造，以避免精英教育庸俗化倾向。应试教育导致家长过度重视分数，对于学习以外的一切，中国式家庭教育习惯于大包大揽。进入大学后，父母更应放手让子女去经历、体验，避免过分的庇护，否则，会使其畏惧挫折，无法承担，甚至会导致人格缺失，无法在社会中独立生存。放手让孩子去经历，并不意味着父母完全不管不顾，而是真正把孩子当成独立的个体。提升逆商，并非人为制造困境，提升逆商的途径也不是让家长通过否定孩子去进行所谓"挫折教育"；相反，家长应更多肯定子女拥有的战胜困难的能力。当孩子遇挫时，家长要及时给予情绪支持，家长的爱、支持和鼓励会给孩子强大的安全感，让他们有勇气在摔倒后自己站起来。目前的大学生大多数是独生子女，从小即是家中的宝贝，即使是不富裕的家庭也会给孩子创造优越的环境，过着衣食无忧的日子。家长们更不舍得让自己的孩子做家务，处理日常事务，导致很多"90后"大学生缺少生活磨难与经历，没有经受过挫折方面的锻炼及生活磨难的敲打，很多学生在进入大学之前就存在着心理上的隐性祸患。当离开父母开始了自我独立的大学生活时，环境的变化以及生活中的各种压力，都让这些大学生心理上感觉出不适应，无形的压力慢慢产生。所以，我们不能忽视家庭教育的作用，在日常生活中，父母要不断地向孩子进行价值观、生活观、人生观的教育与指点，多让孩子去经历、去尝试逆境经历，而不是一味地保护，逐步提升他们的"逆商"能力。

（二）创造良好的社会环境

社会是大学生成长的大环境。当前社会激烈的竞争环境、对成功评价标准过于功利化、不正确的价值观不断冲击着大学生的心理防线，使他们背负了极大的心理压力。社会在当代大学生逆商养成的过程中同样发挥着不可小觑的影响力。社会应致力于营造积极向上的舆论环境以及氛围，对处于人生特殊时期的大学生加以积极引导。对于部分大学生存在的个别问题，要避免站在道德制高点盲目跟风批判，而更应以包容的态度建立起完善的社会支持网络，营造良好的氛围，容许大学生的心智逐渐成熟起来，并提供必要的支持帮助他们对抗逆境。比如，医院等专业机构的心理咨询、媒体正确的舆论引导等，帮助大学生分析原因，引导他们用更成熟的心态去应对生活学业中的挫败。社会环境对待挫折的态度直接影响着大学生，媒体应引导大众对失败有更包容的心态，能挖掘隐藏在失败中的契机。事实上，困扰并非源于问题自身，而是源于我们如何去看待自己遇到的问题。我们无法避免逆境，但可以选择如何应对逆境。

(三)加大学校逆商培养力度

学校教育是逆商培养的关键途径。大学教育在教导学生如何做好学问的同时,更要帮助学生提升适应社会的能力,不断发展完善人格。

1.对大学生逆商的培养应从入学教育开始

高校教师仅仅传道、授业、解惑是不够的,还应关心学生的身心健康,尊重学生的兴趣和需求。从新生入学教育开始,对生活不适应,人际关系紧张,学习跟不上,心理压力大的学生加以引导促使他们尽快熟悉大学生活和学习方法。对过去中学的佼佼者、优等生要及时地引导,告诉他们大学教育毕竟不同于中学教育,进入大学后,中学的成绩和荣誉已成为历史,现在的默默无闻是正常现象,不必恐慌,要正视这种变化,不断地提高心理承受能力。入学之初进行逆商测试,对测试结果不佳的学生重点关注,给予及时、必要的帮助和关怀。入学之际是"角色转换"的关键时期,同时这一时期也是大学新生由于无法适应新环境而导致各种问题出现的高发期。高校在新生教育时有意识地引入逆商教育很有必要。尽早帮助学生调整心态,设立合理预期,使他们对可能遭受的挫折提前做好准备。

2.提高教师心理健康教育的能力

教师的职能不仅是传授知识,还应该对学生人生观、价值观进行正确的引导。教师既要帮助学生掌握调节心理状态的技能,又要帮助学生提高应对遭遇逆境的应变能力。因此教师应有健康的心理状态,在日常的教学中结合心理健康教育的内容和目标,对学习受挫的学生给予指导,从而提高学生对逆境的觉察能力和控制能力,促使学生视困难为历练,学会分析困难、解决困难。

3.科学设置逆商培训课程

以当代大学生的兴趣、需求、性格及气质特点为切入点,科学设置逆商培训课程。如逆商——通向成功的挫折教育、逆商与创业、挫折教育学、大学生心理、心理调适艺术等,形成系统的心理健康教育。通过这些课程的学习,使大学生掌握提高逆商的知识要点、方法和技巧,如:什么是逆商,逆商在学习、生活及日后工作中的意义,如何辩证地看待困境与失败,如何提高人生中挫折的预见力、承受力和调控能力,怎样培养困境面前良好的思维方式,怎样培养困境面前沉着冷静、果敢智慧、顽强拼搏的行为反应习惯。提升大学生抗挫折能力,开设关于逆商培养的课程、渗透逆商教育、重视意志训练也很有必要。逆商高低因人而异,高校可针对抗挫折能力较弱的学生开设逆商培养课程。在课程中教学生如何正确看待挫折,提高应对挫折的自控和超越能力,如何疏导不良情绪、排解压力,让挫折成为学生成长、进步的契机。在逆境中充分运用积极的自我心理防御机制进行自我调适,能够有效提升抗挫力。遇挫时难免有消极情绪,若能予以适时恰当地发泄,也可提升应对挫折的能力。心理健康相关课程的开设能够让大学生对心理问题有更正确的认知,纠正大学生对心理咨询和治疗存在的一些偏见。目前,大学生在遇到心理问题时,或是缺乏自察力,或是察觉以后仍不愿主动去心理咨询中心寻求专业的指导与帮助。因此,教师要向学生们普及更多关于心理健康的专业知识,引导学生正确看待心理问题,转变学生对于心理咨询一味排斥的错误观念,使得学生能及时发现问题并乐于通过心理咨询来解决问题。

4. 把逆商教育渗透到学校教育的各个环节

在教育的各个环节渗透逆商教育是当前教育发展的必然要求。逆商培训要根据当代大学生的实际情况,以确保逆商培训的针对性,增强逆商培训的实际效果。首先,要以提高当代大学生的逆商为落脚点,引入情境教育,在教学过程中创造一些困难情境,让学生认识到生活中时常会有这样的意外发生。其次,为学生制定目标。面对学生最主要的任务——学习,目标是必需的,若没有目标,人与生俱来的惰性则必然导致懒散。但目标需要适度,过高,学生难以达到,会挫伤他们的自信心;过低,学生觉得不需努力就能达到,结果一遇挫折,还是无法应对。要帮助学生合理地确定近期及长远目标,使之更好地学习。要适时运用激励手段,对于克服困难取得成绩的学生,教师要及时给予肯定,让学生相信自己的能力。对于受挫的学生,教师要帮助他们找到受挫的原因,树立战胜挫折的信心。在专业教学过程中,以"一切为了学生,为了学生"为宗旨,尊重学生,在实教过程中,注意教师的价值观引导,将教学内容与学生的兴趣、爱好、需要、性格等内容相联系,不断提高学生的自我调控能力、抗压能力、排压能力以及应急能力。

家庭、社会以及大学校园这三者是大学生学习成长的最主要场所。逆商养成是渐进且长期的过程,需多方配合,共同承担责任。

第三节　关于逆商的典型案例

案例一:挥着翅膀的女孩

郑婷,浙江金融职业学院 2012 届毕业生。2010 年浙江省十佳大学生、2010 年全国大学生年度人物、2010 年全国大学生自强之星提名奖获得者,浙江省第十三次党代会唯一的高职学生代表。

初见郑婷,任何人都会被她阳光般的笑容所感染。她的微笑,触动你的心灵,似百合在心中绽放。然而这天使般的女孩,却在多舛命运的捉弄下,肩负着常人难以想象的重担。郑婷家住绍兴市王坛镇越联村,家境贫寒。2007 年父亲的病逝,无疑让这个苦难的家庭雪上加霜。为父治病所欠下的高达 10 万元的债务、智障的姐姐以及因病卧床的母亲,这所有的一切都压到了刚满二十岁的小姑娘身上。她伤心,她痛苦,可她还是毅然决定休学一年回家照顾病榻上的母亲和智障的姐姐——只为了那份血浓于水的亲情和责任。休学在家的郑婷,上山采茶,下田干活,烧火做饭,为母亲和姐姐洗漱,喂药喂饭,去医院……尽管如此,她仍没有放弃对知识的追求,每每空余,郑婷都会捧起她珍爱的书本,憧憬学校生活的种种。命运无情人有情,在多方帮助下,郑婷的母亲和姐姐住进了社会福利院,她也得以重返校园。

2009年9月15日是郑婷正式回归校园的日子,这只饱经风雨洗礼的雏鹰,终于在此展翅高飞。过去的一年,对于郑婷来说,是值得珍惜和回味的一年,她克服重重困难,在学校的学习生活当中取得了相当骄人的成绩,她令所有人欣慰。郑婷是不幸的,可她却又是幸运和坚强的,同时也是可亲可敬的。

在班级里,她是团支书,带领同学们开展各项活动,为良好的班风形成积极努力,她所在的班级也获得了"学风示范班"以及"优秀志愿者班级"的荣誉称号;在课堂外,她是浙江金融职业学院英语口语协会的发起者,她组织同学们早读晚听,组织各类英语活动和英语竞赛;在系里,她曾任团总支组织部副部长,负责全系学生党员及团员青年的各项工作。同时她也是系青年志愿者服务队的负责人,负责开展青年志愿者的各项活动;在学院,她是"微基金"的发起者,她站在了爱的支点上,同时希望能将爱延续,帮助更多需要帮助的人。

无论是在校内还是在校外,郑婷始终发挥着优秀共产党员的示范作用。在浙江省第十三次党代会召开前期,她发动微博的力量,积极与同学们互动,收听来自大学生们的最真实的声音,从大学生切身权益出发,形成了两条十分有价值的建议。

案例点评: 郑婷,用常人难以想象的毅力,将苦难点点滴滴收集起来,化为一双隐形的翅膀,让人们看到她精彩地飞翔。郑婷的事迹充分说明了生命蕴藏着巨大的潜能,在逆境中愤然崛起也是其中一项。

案例二:一个来自山东农村的孩子的逆袭

高考的失利,使他与梦寐以求的本科院校失之交臂,失意中,胡乱报了杭州一所高职院校,当接到录取通知书时,他不知所措。杭州,多么陌生的城市;计算机专业学什么……一切都一无所知。放弃?父母不答应。前往?实在没信心。但孝顺的小王还是遵从了父母的意愿,来到了杭州。

开学了,第一次走进机房,小王傻了,面对着一台台电脑,他不知从何处下手,看看周围的同学熟练地操纵着鼠标,电脑桌面的图案让人眼花缭乱,而他都不会开机,同学看他的眼神让他浑身不自在,真恨不得找个地缝钻进去。这怎么学呀?别的同学水平这么高,我却连电脑都没摸过,差距太大了。起跑线上就有这么大的距离,那今后……

经过一个月的思想斗争,小王决定试着面对挑战。第一步:制订计划。为了督促自己,床头旁、笔袋上、书桌上,他都赫然写上自己所喜爱的警示语以此时常激励自己。第二步:付诸行动。晚上,其他同学休息了,他还在刻苦学习;周末,其他同学娱乐去了,他还在拼劲学习;寒暑假,其他同学休假调整了,他还在废寝忘食的学习。小王的刻苦有目共睹,小王的成绩直线上升。

一次偶然的机会,老师给小王搭建了平台,为他提供了学习实践条件,带他一起做课题,搞科研,参加比赛。两年过去了,小王已经成了大忙人,老师、同学、朋友都找他解决电脑故障,他也有求必应。当初以异样眼光看他的同学,今天就更加异样了,当初对他"看不起",今天认为他"了不起"。

案例点评:只有在逆境中,在遭受失败和挫折后,才能真正发现自己的不足。这些思考和经验都能为前进打下坚实的基础。古往今来,经过失败、努力、再失败、再努力,不断在逆境中总结经验教训,最后成功。

案例三:高逆商成就高水平

不久前,在团中央学校部首届"劲牌阳光奖学金"暨践行工匠精神先进个人寻访活动中,来自浙江金融职业学院会计学院的董佳康以全国票数第一的优异成绩成为特别奖获奖人选,是我省唯一获此殊荣的高职学生。天下武功,唯快不破,董佳康靠的就是一个"快"字。金融行业的3项基本技能——点钞、五笔、电脑传票,董佳康可都是"练家子",功力一看便知。先说点钞,他将一把钞票像扑克一样展成扇形,十张十张地点,点完一把只用了8秒。不过,董佳康最快的还不是点钞,而是五笔。他每分钟能输入200个字,眼睛不用看键盘,俗称"盲打"。传票则是一手翻单子、一手录入单子上的数字,像是点钞和五笔结合。听着他手指噼里啪啦敲击键盘的声音,有种令人愉悦的节奏感。

董佳康这样的成绩是如何练就的?靠的就是逆商。面对技能练习中的困难他展现了过人的毅力及勇气,把困难视为挑战与磨炼意志的机会,愈挫愈勇。董佳康是普高升入高职,基础不能和读职高时就学会计的同学比,但他不畏难,刻苦提高技能。大一那年暑假,他自觉留校进行"魔鬼训练",坚持每天五笔打字10多个小时,暑假前他每分钟只能打50个字,过完暑假飙升至每分钟150个字。"技能是一步步练上去的,我常参加技能比赛,也常和老师、同学交流心得,慢慢地把练技能当成了兴趣。"董佳康说。

案例点评:古语云:"欲求其上上,而得其上;欲求其上,而得其中;欲求其中,而得其下。"大学生在确立了契合自身实际情况的奋斗目标后,只有不断进取,奋发图强,才会点燃激情,勇敢面对前进道路上的一切障碍和挑战。

案例4：在逆境中不断提升逆商

小玲是浙江金融职业学院计算机专业的学生,在一次班会上听班主任说起大学生挑战杯创新创业竞赛。她非常有兴致,也刚好有一些点子,但是觉得个人能力有限,需要其他人出谋划策,共同出力。于是满怀热情地和同寝室的学习尖子张某讨论,想着一起组建一个团队共同策划项目。张某是班里也是系里的学习尖子,她早在大一入学就了解这个事情,而且清楚地了解了比赛的规则以及能够带来的奖励和荣誉,但是她不想跟小玲她们合作,她觉得最后肯定是自己付出的多,自己贡献的多,而且她们还不一定能理解自己所要研究的项目,所以就拒绝了。被拒绝的小玲没有放弃,她又去找了系学生会外联部的同学小王。小王听了小玲的点子后觉得很有兴趣,当下表示要积极参加,而且他还充分发挥了他外联公关的能力,去动员了一位有经验的大三学长,以及一位计算机电脑操作能手加入这个团队。大三的学长向她们介绍了自己之前参赛的经历和心得,并主动带团队去联系了一位有着多年带队参赛经验的指导老师。经过一个多学期的学习、调研、修改、完善,整个团队的研究项目获得了学院创新创业竞赛的一等奖,同时,被推荐参加全省的高职高专挑战杯竞赛。这一个多学期的努力付出获得的不仅仅是成绩和荣誉,还有志同道合的友情,更重要的是小玲自身思维、学习力、组织力等综合能力的提升。而与此同时,学习尖子张某一心想着自己独特的创意,想着独霸最终胜利的果实,结果在研究过程中碰到了许多障碍,始终未能获得指导老师的认可,等她想找人再合作以弥补自己的不足时,好多有意向参加挑战杯的同学都有了属于自己的团队,最终她只好放弃了自己的调研项目。

案例点评：案例中的小玲和张某是逆商高低的两个典型人物。大学生在学习生活中对逆境并不陌生,也可以说大学的学习生活总是在不断地遭遇和克服无穷无尽的逆境中度过的。应该充分地认识到,许多大学生的成功和进步,并不是因为他们经历的逆境少,而是恰恰相反,实际上,许多成功者正是在逆境、困难的磨炼中成长起来的。成功的大学生懂得,逆境是生活的一部分,逃避逆境等于逃避生活。

第八章
培育财商（FQ）

当下校园网络贷款平台正处于十字路口，由于"裸条""暴力催收"等校园贷款乱象频发，校园金融风险的监管问题一度被推上风口浪尖。根据《2017 年中国青少年财经素养调研报告》调查，大学生对金融风险的接受度非常高，超过平均水平的有一半比例，接受更高金融风险也有 20％多，但是他们的财商素养和能力与之匹配吗？大学生的财商教育摆在一个相对突出位置，财商素养包括态度与意识，知识与技能、行为，中国青少年在态度意识上都表现良好，包括勤俭节约、储蓄习惯等，主要是知识和行为能力上的欠缺。原因包括家长很少谈论相关问题，大环境是国内金融市场发展十分迅速，即使成年人都是措手不及，知识储备等不足，而且整个国民教育体系也没有对应内容，导致青少年没有途径去接触金融知识和技能。因此，大学阶段培养学生的财商至关重要。

第一节　何谓财商

全面解析财商内涵，着重突出内涵特质，概括提炼财商的本质要义，为实施系统化的财商教育奠定基础。

一、财商解析

（一）财商内涵

财商是指一个人认识和驾驭金钱的能力，核心内容就是要熟练地掌握各方面的理财知识，具备高水平的理财能力，并在理财知识和技能的基础上形成良好的、合理的消费观。财商是一个人在经济社会中的生存能力，财商不是天生就有的，必须通过后天理财教育才能获得。

1999 年 4 月，美国房地产和小型公司投资人罗伯特·T. 清崎和注册会计师、资深经理人莎伦·L.莱希特两人合著了《富爸爸,穷爸爸》一书,首次提出了财商概念,轰动世界。书中提到,所谓"穷爸爸"是指只会教育孩子好好读书,找一份稳定的工作,多存钱少花钱的父母,而"富爸爸"则是指教育和培养孩子财商的父母。

所谓财商,是指理财能力,特别是投资收益能力。财商是一个人认识金钱和驾驭金钱的能力,是一个人在财务方面的智力,是理财的智慧,是衡量人作为经济人在经济社会中生存能力的重要标准。财商主要包括两方面的能力:一是正确认识金钱及金钱规律的能力;二是正确应用金钱及金钱规律的能力。从财商的定义中可以得出,财商教育主要应该包括对以下四个技能的培养:一是财务知识的教育;二是投资战略的教育;三是市场、供给与需求之间关系的教育;四是相关法律规章的教育。结合大学生现实的情况和对财商教育的需求看,针对大学生的财商教育应该包括两个方面:一是理财技能的培养,教育和引导大学生合理支出钱财,适当提供一些投资方面的知识;二是引导大学生树立正确的消费习惯和消费观念。

(二)财商的构成要素

根据财商的定义,财商的构成要素应该涉及三个方面的内容。第一是市场运行知识的把握。市场是当前社会资源配置的主要机制,社会生产、分配都基于市场来进行。如果一个人不知道市场基本运行规律,又如何理解竞争、价格,怎么理解财富在市场中的积累、储藏?所以市场基本运行知识是财商的基础。没有这些知识,市场经济中人的财商就没有前提。第二是创造财富的能力。这种能力不仅基于人所拥有的物资资本,也基于无形的人力资本。这些资本是人创造财富的基础。所以,筹集物资资本和进行人力资本投入是创造财富的首要能力。创造财富还需要人能识别市场机会,具有融资投资决策能力以创造把握机会的条件、能适当对相关机会进行取舍,从而最大化实现目标。第三是管理财富的能力。财富一旦创造出来,就将面临如何管理、如何储藏财富和运用财富的问题。财富可以多种形态储藏,比如银行储蓄、投资,而投资又有许多选择,这些选择具有很大难度。而且每种形态均有一定风险,财富所有者还要知道如何控制风险。由于信用既是一个人进行市场活动的基本要素,也是决定融资数额及是否成功的重要因素,所以,信用也是财富的一部分,对信用自我管理的能力也是衡量财商的一个要素。因此,第三个要素要求人具备一般的投资策略决策能力、风险识别能力、一定的财务知识和相关法律知识。

二、大学生财商教育的重要性

(一)财商培养是大学生素质教育的需要

素质教育是以提高人的素质为目标的教育,自始至终贯穿着以人为本的教育理念。素质教育要求大学生在大学期间德、智、体、美、劳各方面全面发展自我。现今社会竞争激烈，要在社会中生存，独立理财能力已成了重中之重，大学生如果能在大学里学会科学理财，毕业后走向社会就会有更顽强的"生存能力"。财商即一个人理财的智慧，也就是一个人控制、驾驭金钱的能力。对大学生开展财商教育，使大学生正确认识金钱及金钱运作规律，学会科学理财，本身就是大学生素质教育的需要。

（二）大学生存在的"消费误区"问题呼唤财商教育

当前大学校园普遍存在大学生无计划消费、消费结构不合理、攀比、奢侈浪费等问题，究其原因，关键问题是大学生大多不会科学理财，许多大学生消费没有计划，凭感觉消费。有了钱就大手大脚乱花，钱花光了，要么向家里求援，要么东挪西借，月初"富翁"，月底"负翁"的现象相当普遍。部分学生在该买什么与不该买什么上没有主见，看到别人买啥自己也"随波逐流"，结果是钱花了于己用处却不大，造成了不小的浪费；也有一部分同学片面追求物质享受，把钱花在吃、喝、玩、乐上，而对精神生活投资甚少。大学生在书籍等文化精神方面的消费少得可怜，与之截然相反的是学生们使用的手机大多数是时尚品牌，在吃喝穿上更是"慷慨"，穿名牌时装不乏其人，贵的化妆品倍受青睐，相互攀比现象也很严重。培养大学生的财商，让大学生学会科学理财，是解决大学生"消费误区"问题的迫切需要。

（三）财商培养是遵循大学生成长成才规律的客观需要

针对大学生缺少理财能力的现状，各大专院校也积极开展诸如"加强大学生节俭意识教育"等主题活动。可是受社会各方面影响，许多大学生都普遍接受并认可当前社会流行的消费观念，再者当前的大学生思想独立，不喜欢说教，尤其不喜欢刻板、教条的大道理说教，校方开展的主题教育活动往往效果不佳。当前，财商是"时髦的词语"，适合大学生喜欢接受新事物、新潮流的心理特性。财商教育不同于简单的勤俭节约教育，而是通过财商教育，培养学生的财商，让学生正确对待金钱、运用金钱，学会价值判断和提高道德尺度，树立自尊、自立和责任感，促进其个性能力的良好发展，从而为其独立理财和开拓一番事业打下较好的基础。相对于开展"加强大学生节俭意识教育"等单纯的主题教育活动，财商教育就显得内容更丰富、更具时代性、更易让大学生接受，综合效益也就会更显著。

第二节　如何培养财商

高职院校在育人实践中贯穿财商教育的内容，尤其是在互联网金融时代，通过有效的实践途径切实提升学生的财商水平，既是教育内容之一，也是贯彻以生为本育人理念的重要体现。

一、大学生财商教育的基本内容

（一）培养健康的财富观

结合前文总结的中西方财富观思想的演变，在马克思主义财富观的指导下，现阶段大学生的财富观教育应包含以下几方面：

1. 正确的金钱观

不鄙视财富。在商品经济时代，金钱财富是直接和物质生活挂钩的，是物质生活的前提和保证。但是由于受到我国"君子不言利"的传统思想的影响，我们社会上有一些人过分轻视财富、耻于谈论财富。这些思想和行为也深深地影响了后大学生，对他们的金钱观造成了一些不良的影响。根据马克思对于财富的划分，财富应当包括物质财富和精神财富。鄙视财富实际上是割裂了物质财富和精神财富的关系，是一种不健全的财富观。

2. 积极的劳动观

从个人来说，劳动是个人维持自我生存和自我发展的唯一手段。从社会来说，劳动创造了物质财富和精神财富，是人类文明的起源。后大学生正处在人生的黄金阶段，他们将成为财富创造的中坚力量。他们是社会人才中的高智商团体，如何引导他们通过合法劳动获取财富，通过先进科学技术、生产方式和管理模式去为个人和国家创造出更多的财富，是财富观教育的重要内容。

3. 理性的消费观

当代90后大学生的消费，其基本内容主要有四方面：生活消费、学习消费、娱乐消费、人际消费。如今，随着我国市场经济的不断完善和高等教育的普及化，后大学生的消费观念和消费结构发生了很大的变化：生活消费高质量化，学习消费不断增加，娱乐消费多样化，人际消费社会化。而与消费结构的变化形成强烈反差的是，后大学生的经济来源却依然相对单一，主要还是依靠家庭资助。合理的消费观应该包含：一方面，量入为出，适度消费。我们要在消费和自己的经济能力相适应的前提下，学会适度消费。过度消费会造成财务危机，影响我们的正常生活。相反，如果一味地聚财敛财，不敢消费，那么我们生产和劳动也失去了最终的意义。另一方面，崇尚节约，绿色消费。艰苦奋斗、勤俭节约是中华民族的传统美德，是我们宝贵的精神财富。另外，后大学生大多还没有踏上工作岗位，他们平时的经济来源主要靠家庭的给予，节约用钱也是对家庭应尽的责任。因此，后大学生的消费观教育主要通过教育来促进大学生的身心健康和全面发展，培养大学生科学的、健康的、适度的消费观念，提升大学生的生活质量和品位，促进大学生一代身心全面发展。

4. 科学的理财观

理财是对财产的经营。有句流行话叫"你不理财，财不理你"，在市场经济社会，理财已经成为一项必备技能。许多后大学生认为自己现在没有工作，理财有难度。这种想法是不正确的，理财不分多寡，尽早学会投资理财很有必要。还有些人认为自己每月有资金结余，因此不需要理财。这种观点也是不正确的，无论你手头的资金是否真的很充足，都应当学会理财。因为我们手头的资金越多，造成损失的可能就越大，而理财在一定程度上可以让我们规避这些风险。

5.牢固的法律责任

美国大法官赫尔摩斯说，"财富是法律的产物"。法律制度也是创造和保护财富所必不可少的条件，通过法律给予创造财富的人应有的尊重，并且确保他们获取财富的手段正当合法。我国目前的法律体系尽管相对完备，但是制定法律是一方面，遵守法律又是另一方面。法律责任的缺乏导致了我们现在对财富追求的非理性，因此，在经济发展、生活水平进步的同时应对国人进行法律责任意识的教育，让他们明白，失信者不仅要受到舆论谴责，更要付出法律上的代价，使正确的财富观深入人心并最终外化为人正确的财富行为，实现民族的振兴、国家的富强和个人的全面自由发展。

6.坚定的诚信意识

如果说法律是依靠国家的强制力量来保障实施的行为规范，强调的是"他律"。那么，道德通过公序良俗、社会舆论以及内心信念来调整人与人之间的利益关系，强调的则是一种"自律"。我国古代经商就有讲求诚信的传统美德，诚信是中国古代商人的发家致富之道，是我国传统财富观的精髓。在现代，诚信同样是个人实现自己财富目标以及国家宏观经济良性发展的必要手段。李嘉诚的成功秘诀是"坚守诺言，建立良好的信誉，一个人良好的信誉，是走向成功的不可缺少的前提条件"。我国目前正处在社会转型时期，由于社会结构的调整、利益格局的变动，造成了一部分社会成员道德滑坡。很多人认为只要能够赚钱，可以不择手段，这是一种典型的错误财富观。如果只追求物质利益，而抛弃了道德和尊严，最终会使人们失去奋斗目标和人生动力。因此，我们在经济发展的同时，诚信意识的教育一定要跟上。对后大学生加强社会主义思想道德教育，使他们意识到市场经济必须建立在以诚信为核心的道德基础上，才能让他们在今后走向社会的过程中，将诚信意识贯穿到自己的政治和经济活动中去，真正成为祖国的栋梁。

（二）增长理财知识

对于90后大学生来说，需要学习的理财知识应当包括以下四个方面：

1.财务知识

我们把财务知识形象地称为"阅读理解数字的能力"。有很多优秀的人才，非常懂得利用自己的知识和能力赚钱，在短期之内聚集了大量的财富，但是他们有的人却在一夜之间倾家荡产，从"富翁"变成了"负翁"。此类情况出现的根本原因是他们不懂如何管理自己的财富,缺乏基本的财务知识。所以说,不断充实自己的财务知识,是财务安全自由的基础。因此,理财的第一步就是掌握基本的财务知识。

2. 投资知识

投资是指将货币转化为资本的过程,也泛指为达到一定的目的而投入的钱财。关于投资的意义,毛主席在《论十大关系》中,有一段简单明了的解释:"轻工业工厂的建设和积累一般都很快,全部投产以后,四年之内,除了收回本厂的投资以外,还可以赚回三个厂,两个厂,一个厂,至少半个厂。"①可见,投资是一种生钱的科学。对大学生来讲,手里头的资金是有限的,在保持现有资金稳定的前提下,如何获得更多的金钱,实现自己财富的增长,是我们学习投资理财的最终目的。认识并逐渐熟悉最基本的投资工具,结合自身实际,掌握投资技巧,学习投资策略。

3. 市场营销知识

台湾学者江亘松在其书——《你的营销行不行》中认为,就字面上来说,"营销"的英文是"Marketing",若把这个字 Marketing 拆成 market 市场与 ing(英文现在进行式表示方法)这两个部分,那营销可以用"市场的现在进行式"表示。所以,市场营销是以市场为主体进行交易,实现买卖双方共赢的过程。我们可以学习一些市场营销的基础知识,比如:市场营销的基本理论、营销战略和营销策略、营销组织与控制、营销的应用与创新等。了解市场究竟需要什么以及我们如何将自己的财富在市场上进行交换与分配,使我们有限的财富增值。

4. 法律知识

俗话说"没有规矩,不成方圆",市场经济也有自己的规则,每个人必须学会按规则活动。我国法律体系中涉及经济行为的法律甚多,刑法、民法、商法、经济法、税法等都有对经济行为的规范和调整。我们理财的时候学习法律知识,主要是出于两个目的:一是确保自己在法律法规所规定的范围内从事经济活动,不做违法交易。二是当自己合法的经济权益受到侵害的时候,能够正确地拿起法律武器来保护自己的权益。

(三)发展理财能力

虽说理财能力的培养是一项要从"三岁开始实现的幸福人生计划",但是对于以前理财能力匮乏的 90 后大学生来说,从现在开始逐步培养自己的理财能力也为时不晚。大学时代是学习理财的黄金时期,一方面,大学相对中学来说,学习不是那么的紧张,90 后大学生有充裕的时间来提高自己在理财方面的素养。另一方面,大学生的身心发展也较为成熟,知识面较广,与中小学生相比,相对容易掌握那些抽象的理财方法。另外,尤其是将要毕业的大学生要面临工作、结婚、子女教育、

---

① 毛泽东:《毛泽东文集》(第 7 卷),人民出版社 1999 年版,第 28 页。

社保、养老等现实问题。在大学期间进行系统的理财训练，是受益终身的事情。因此，90后大学生在大学期间应该主动形成良好的理财习惯。作者认为，后大学生提高自己的理财能力有多种途径，我们可以按照循序渐进的方法，由易到难来逐步提升。

二、大学生财商教育的路径和方法

（一）学校是构建财商教育体系的主力军

高职院校应当加强德育工作，将消费道德教育纳入学校德育和思想政治教育的重要范畴内，引导大学生理性消费，树立正确的消费观。

1.加强人生观、价值观和世界观的教育

大学生有什么样的人生观、价值观和世界观就决定了其有什么样的消费观。高职院校德育应当从理性的角度，帮助大学生树立正确的人生观、价值观和世界观，使其能够自觉地抵制享乐主义、拜金主义等不良风气，尤其是应该加强对来自农村和城镇贫困家庭学生的关爱和心理疏导，并且给予一定的政策倾斜，例如进一步完善贫困生资助体系，健全和完善助学贷款制度，完善勤工俭学机制。

2.加强校园文化建设

当代大学校园应该通过校园网、校园广播、校报、宣传栏等传播媒介，进行勤俭节约等中华传统美德的宣传教育。我国的传统美德教育中非常重视勤俭教育，例如司马光就曾专门写有《训俭示康》，阐述成由俭、败由奢的道理。现今的高职院校应该通过校园文化建设和校风建设加强勤俭教育，使广大高职院校大学生能明白"一粥一饭，当思来之不易；半丝半缕，恒念物力维艰"，树立勤俭之风。浙江金融职业学院面向全院新生组建投资理财协会，通过社团活动、协会活动丰富学生的理财知识。

3.加强大学生理财教育的力度和深度

许多大学生都表示希望大学能够开设理财教育方面的课程，毕竟现在毕业生就业情况不容乐观，怎样支配那点微薄的工资使自己既能过得好，又能夯实自己的经济基础，为未来买房、买车做准备，成了最现实的问题。高职院校应当满足大学生对于理财知识的需求，开设专门课程（大学生理财教育课程体系建构应该综合运用理财学、经济学、金融学、保险学、财政学、税收学、消费经济学、消费伦理学、社会学等基础理论）对大学生进行基本理财价值观的教育，传授理财的基本知识，并且可以开展一些相关实践活动培养大学生的理财基本技能，使大学生学会合理开支、理智消费。例如，浙江金融职业学院等高职院校都开设针对全校学生的个人理财必修课。

（二）家庭教育应该重视财商教育

家庭是大学生生活、学习和成长的主要环境,对大学生消费意识和理财行为有着重要的作用。因此对大学生实施理财教育活动千万不可忽视家庭的重要作用。大学生基本接近成年,具有自己独立的思想,对大学生的理财教育,家庭应该发挥引导和启发的作用。在平时的生活中父母应当以身作则,遏制自身不健康的消费行为,及时纠正自身不合理的消费观念。通过自身的努力调查家庭消费结构,引导家庭消费习惯往健康、正确的方向发展。同时,父母应该注重培养大学生的理财能力,帮助大学生改变他们错误的消费观念,养成合理的消费习惯。例如,父母可以让孩子自由支配手中的生活费,通过生活费的保管、运用来培养大学生的基本理财技能;教育孩子懂得一定的购物常识和经济核算知识;积极鼓励子女参与家庭经济的决策和管理,同时鼓励孩子参加力所能及的经济活动。

（三）财商理论知识学习

1.教学内容的提升

高职院校开设相关课程进行专业的教育学习,特别是一些理财、会计类的基础和科普课程,让大学生有机会接触这类专业课程,为基本的财商的提升打下坚实的理论基础,可通过专业课程渗透、举办专题讲座、开设选修课等方式进行具体教学内容设置,主要包括:树立正确的金钱观、消费观和理财观念[①]。

2.教学方法的改进

案例分析法就是在大学生学习和掌握了一定的理财知识和积累财商素养的基础上,再通过对具体的案例进行分析,让大学生把所学的理论知识应用到理财的实践中,以锻炼学生的实践能力。实验教学法,建立理财实验室,各种沙盘模拟,通过各种实验实战的锻炼,通过一个项目的运转,解决一个实际问题,提高大学生那理财知识的综合运用能力,在模拟的环境中大展身手,为以后的创业打下良好的基础[②]。

3.教学工具的拓展

注重网络课程的研发和普及,利用网络平台,做到随时可以选择性地学习相关理财类课程,让理论课程更加生动,易于理解和掌握,让大学生能够以这种愿意接受的方式进行理论学习。

（四）财商实践操作练习

1.社团活动

在每场活动中都会涉及费用问题,从费用的来源,如募集、拉赞助或者取得校

---

① 梁朝辉:《试论财商在素质教育中的地位和作用》,《广西质量监督导报》2008年第1期,第55—56页。

② 方芸:《论工商管理大类学生理财能力的培养》,《科技创业月刊》,2010年第2期,第49—50页。

级或院级的经费支持，到费用的流向，以及费用消耗后取得的成绩和效果，让大学生积极参与，鼓励大学生利用各种实践机会，进行实践练习。

2.竞赛类活动

组织模拟训练（如校园跳蚤市场、模拟股市、模拟公司、模拟面试招聘）等体验职业活动，了解营运流程，如团中央组织的挑战杯比赛，特别是创业计划大赛，鼓励大学生多参与，参与到一个实际的项目中，去了解财商的重要性。

3.财经商贸类学生的专业学习和实践实习

现财经商贸类学生占学生总人数的比重越来越大，对于财商的提升有了更高的要求，大学生必须具备高水平的财商，才能适应专业的学习，所以在专业学习的过程中，设置了很多实践和实习的机会，提升大学生的财商。

4.社会实践活动

很多企业都会为大学生提供岗位实习的机会，学生利用寒暑假的时间，到公司去实习，参观证券交易所，感受投资氛围，参观劳动就业中心和职业介绍所，感受到财商的重要性，也在实习的过程中提升自己的财商。在教学过程中，可以采取多媒体教学、案例教学、实验教学、模拟实训教学等多样化的教学方式。丰富多样的课堂，可以拓宽学生认知角度，开阔视野，使学习效果更佳。

第三节　关于财商的典型案例

案例一：浙江金融职业学院开设财商教育类课程

浙江金融职业学院开设一门全校学生必修课程——个人理财，这门课程面向大一学生开设，这门必修课程的开设，给学院从课程构建角度培养学生的财商提供一条有效的课程育人途径，着重突出课程育人的核心价值。学生从高中迈进大学，面对全新的环境，需要全面提升学生理财能力作为财商教育的重要实践途径。"个人理财"课程以课证融合、教学与服务相统一为特色。课程内容与银行从业资格、国家理财规划师考证完美结合；重视教师团队与学生社团的互动交融，强调日常教学与社会服务的相得益彰。本课程成为国家教学资源库中"理财学堂"教学平台，是现代大学生通识理财技能教育的重要平台和社会服务的良好平台。

（一）理、实一体化开展项目课程教学

本课程打破了传统的"理论教学＋实践教学"的教学模式，而是将理论与实践有机结合，实现了教学和实践的零距离对接，实现了理论教学与实践教学的"一体化"。本课程教学以就业为导向,以银行助理理财规划师、理财经理和金融机构一线客户理财服务等岗位群业务流程中涉及的基本业务为主线,以客户理财岗位群工作任务为驱动,以教学实践为纽带,将知识、方法和技能有机融合,以教、学、做相结合的教学模式,利用"808 理财实训中心""金苑华尔街"等校内理财实训场所,采用产品认知与规划流程相结合的方式展示教学内容,让学生在完成具体项目的过程中来掌握相关专业基础知识,并发展职业能力。因此,本课程具有以下特点:①本课程以项目教学模式开展教学设计,根据岗位工作需要,本课程教学设计八个项目,分别涵盖客户分析、人生规划、现金与消费规划、住房按揭规划、保障规划、投资规划、税收筹划和综合理财等方面;②教学项目的设计以实际工作任务为依据;③工作任务以岗位上实际操作流程为载体,突出客户理财规划工作的全过程,以及各理财规划子项目的工作内容和操作方法,从而将课堂教学和实际工作融为一体。

(二)合作办学下的课程教学的借鉴与创新

浙江金融职业学院投资与理财从 2005 年起开展中澳合作办学,其中本课程是合作办学中的一个核心合作建设课程。本课程借鉴澳大利亚 TAFE 教育的先进理念,实现在教学模式上的创新。在课堂教学手段上,采用 CaseStudy(案例分析)、RolePlay(角色扮演)、GroupWork(团队作业)等方法,在活跃课堂气氛的同时增强了学生的学习兴趣,从而提高了学习效率;同时,创建了课程教学的"准导师",通过"808 理财工作室",将教师团队与学生理财社团成员进行"准导师"结对,由专业老师针对性地指导和培养学生专家团队,双方共同向社会大众提供理财教育与咨询服务。

(三)"师生互动"机制设计

依托"808 理财工作室"和"金苑华尔街",实现"师生互动"教学活动机制设计。其一,"808 理财工作室"是投资与理财专业创设的,服务于行业、金融企业的理财人员培训和服务于社会大众理财教育的专门理财工作组织。"808 理财工作室"的理财专家由专兼结合的教师团队和以学生理财社团(实践投资协会)为主体的学生专家团队共同组成,共同为行业、企业和社会大众提供理财培训、教育服务。其二,"金苑华尔街"是浙江金融职业学院为活跃下沙高教园区学生投资与理财交流而设立的开放式学生理财活动中心。本课程教学团队作为"金苑华尔街"建设的责任团队,建立定期指导制度,定期安排教师参与学生活动,实现良好的师生理财互动。

案例点评: 浙江金融职业学院依托投资保险学院开展一系列教育实践活动,取得了较好的教育效果,让学生在实践中形成系统化的育人路径,既能够满足学生教育需要,又能提升学生财商教育水平。探索项目课程教学、课程改革创新、师生互动平台等途径,构筑了较好的系统性育人实践载体。

案例二：理财金名片 惠及优质高中课改

2016年5月31日，杭州第十四中学凤起路校区的校本选修课程"金融与理财"最后一个专题课"互联网金融"刚一下课，学生们就纷纷打听："老师，老师，我们下个学期是不是还有这门选修课啊？"期待之情溢于言表。三年多的课程合作，为推进浙江省普通高中学生课程改革大学，用高职院校优质教育资源惠及中学生，成功实践了浙金院"理财金名片"案例。通过对课程运行质量的问卷调查，杭十四中的学生们分别给予了课程质量97%"非常满意"、教师团队授课96%优秀率的背靠背高度评价。

自2013年秋季启动浙江金融职业学院与杭州市第十四中学课程合作项目以来，承担主体任务的投资与保险系，选派了优质师资充实投资理财专业团队，由浙江省高职院校教学名师王静教授领衔教学教授。与此同时，根据《浙江省高等学校面向普通高中开发开设先修课程的指导意见》，针对优质高中学生状况，精心设计课程教学计划，专题内容覆盖货币、银行理财、人民币及反假、外汇与黄金、信用卡、股票与债券、基金投资、保险选择、互联网金融、青少年理财规划等领域，以"大金融"丰富高中学生的素质教育内容体系，受到广大师生欢迎。

面对互联网＋时代的经济社会新常态，"金融与理财"课改团队又发挥高职院校的学科前瞻性优势，结合浙江省打造"互联网金融之都"与长三角南翼财富管理中心的历史性契机，引入最新的学科知识。譬如在"互联网金融"专题，王静教授注重培养学生的互联网思维，以"互联网时代的金融与理财""互联网＋时代的金融与理财""互联网时代的7＋X金融"等主题高度凝练专业精华，以清晰地逻辑、翔实的数据、生动的案例，深入浅出的讲解，深受学生们喜爱。

"金融与理财"先修课程，丰富了"理财金名片"的内涵，实现了高中到大学课堂的无缝对接，为浙江省高中课改提供了浙金院实践模板，促进了高中素质教育体系的完善和发展。投资理财专业团队教师孜孜不倦地努力，内获了学校和学生的赞许，外树了金院教师的风貌。省教育厅厅长刘希平评价道："高中先修课打破'千人一课'，避免'千人一面'。通过'金融与理财'先修课的学习，让高中学生认识了投资理财、掌握了投资理财的方法，并通过教学实践和模拟投资让学生理论联系实际，提升了学生的综合理财素质。"学生家长反馈说："通过'金融与理财'的学习，学生开始关注自己的钱袋了，也开始思考如何进行合理规划。"杭十四中邱锋校长道出了"金融与理财"先修课的价值所在：在浙江"两眼一睁，学到熄灯"等孤注一掷的教学模式已逐渐被抛弃。一个赋予学生更多选择权的教育模式正越来越为大家所接受。

案例点评：高职院校通过延伸教育内涵，拓展教育路径，依托自身优势资源开展社会服务活动，为提高高中生的财商水平提供一个有效舞台，密切联系社会。学生财商培养需要从基础抓起,浙江金融职业学院依托自身教育资源,创新教育形式,实施走出去教学模式,为广大高中学生充实财商教育内容。

案例三：浙江金融职业学院3名大二学生将小店开得风生水起——私人定制"女生之家",月赚1万元

(2014年4月17日,《钱江晚报》以"浙江金融职业学院3名大二学生将小店开得风生水起"为题报道我校创业教育的实践及学生创业实践。)

有些大学生还没毕业就已跻身"成功人士"行列,如湖北大学的罗敬宇,初中开始"创业",如今已拥有过千万元身家;还有江西师大的五位同学,学以致用,成功复制"中国合伙人",掘得第一桶金。

现今,在浙江金融职业技术学院也有三名学生,在学校宿舍楼下开了一家女生用品店,目标是要把这家专为女生量身定做的小店打造成为"女神诞生地"。

开业4个月,营业额15万元,利润4万元,月利润平均1万元。学校男女生比例是3：7。

萌生定制"女生之家"

走进这家名叫"美洁日化"的女生店铺,迎面而来的都是女生用品,有面膜、洗面奶、睫毛膏、卫生巾、纸巾、热水袋等生活用品,还夹杂着一小部分食品,如泡面、巧克力等。

这家店铺有三个老板和两名员工,大家轮流上班。

陈荣翔,温州人,现是经营管理系大二学生,"美洁日化"的老板之一。高大的个子,为顾客结账时还不时地推荐当季新产品,一看就是一个善于沟通的勤劳小伙。

"大一刚进学校的时候就发现,学校里到处是女生,男女生比例是3：7,超过25％的女生会每天化妆,79％的女生偶尔尝试化妆。但绝大多数女生会对皮肤进行日常护理,86.7％的同学希望通过微信购买及送货上门的形式购物。"陈荣翔说,是不是可以在寝室楼下开个女生日用品店,只要价钱比市场上便宜一些,生意一定不错。于是,他发起同班级里的另外两名同学,并告诉他们自己的创业想法,大家一拍即合。三个"合伙人"向学校投递了自主创业的申请,很快得到了学校的批准,并获得一个不到30平方米的小店铺,这个店铺在就学校宿舍银联B幢,虽然地理位置不是很理想,但这里成了陈荣翔和伙伴们的"发迹地"。

在了解基本的开店知识和经营细节后,他们开始装修店面。"我们将自己这些年做兼职赚来的钱全部拿了出来,三个人一共凑齐了9万元作为创业资金。"陈荣翔说,如果要真正打造一家女生店铺就要把店面设计得高档温馨,于是,他们在装

修上下了血本，还找设计专业的同学做了一个店门设计，在柜台材料选择上都用上了实木柜子。他们说还是希望正规点，要区别于一般的小店铺。

另一名合伙人蔡梦洁，也是店里的副店长，从小就好强，能说会道，她告诉记者："三个人经过多方打听后联系上了供应商，拿到了价格实惠的货源。"

将课堂知识与创业相结合

别看店小，三个合伙人各司其职，分工明确。陈荣翔为总店长，负责公关和管理，蔡峣负责账务和货物经营，蔡梦洁负责宣传介绍。

店刚刚开启，陈荣翔和他的团队对于未来信心十足，但起步时并没有预想的那么顺利，一天下来，营业额不足 50 元，这让三个"老板"干着急。

"花最少的钱，买到最心仪的物品是我们的服务宗旨，但好像很多人都不知道我们这家店。"蔡梦洁皱着眉头说，三个人就坐下来寻找出路，"我们将课堂知识与创业实践相结合，实行会员制营销、微博微信等新媒体营销和自营配送等多种销售模式。"

陈荣翔说，他们开展了一系列活动，例如"我是店长"商业大赛，让学生来报名参加经营他们的小店，一个队经营 2 天，哪个队的营业额高就获胜，该队伍还会获得一定的奖品。

"这个活动很受学生欢迎，报名的人很多，这样一来我们店铺的名气就打响了。"蔡梦洁说，这是小店走进学生生活的第一步，也是一个非常好的开始。

同时，在传统付款模式的基础上，他们着力推广微信付款、银联支付、货到付款，付款方式灵活多样，快速便捷，深受同学们的喜爱。

"人不逼自己一把，永远都不知道自己有多优秀。"蔡梦洁说，与其说创业，还不如说这是一场自我营销的实战演练，来不得半点含糊。

为了抢占网络市场，在调研的基础上，他们构建了美洁日化官方微网站。紧跟着，又联合私家超市推出微店，主营食品类及部分化妆品类，送货形式为送货上门，付款方式又增加了支付宝、财付通、百度钱包等。从而，实行线上线下同步发展。

对于毕业之后的打算，陈荣翔说："现在我们的生意非常好，毕业后我们想找一个继承人继续做下去，总不能在这就断了吧。"

今年，经营管理系在学生创新创业教育方面又推出新举措。经过个人自荐、专业推荐，层层筛选，从全系近 1500 名学生中选拔出 25 名口才出众，创新意识强，创业能力佳的学生，组建成第一届"才俊"创新拔尖人才实验班。

"美洁日化创业团队中的核心成员都进入了实验班。"该校经营管理系主任章金萍说，"接下来，系里将通过课程学习、外出实地考察、开设创新创业讲座等形式，增强专业知识,尤其是实战模拟,开拓学生眼界,帮助他们在创业道路上走得更稳、更远。"

　　案例点评:创业是财商教育内容的重要体现,在全社会提倡双创精神的背景下,充分发挥学生的创业热情,浙江金融职业学院成立创新创业学院,重视培养学生创新创业意识,为学生在校创业搭建较好舞台,鼓励学生通过实战化项目锻炼提升自身综合素质。

第九章
淬炼胆商（DQ）

我国经济增长的动力正在由要素驱动向创新驱动转换，技术进步和产业转型升级对一线劳动者素质要求发生了较大的变化，迫切需要我国职业教育培养的人才向中高端发展。这就要求高职院校在培养学生时，要着眼于学生的全面发展，不能只传授一技之长，更要注重文化素养、职业精神、技术技能，以及胆量胆商的培养，为人的全面发展夯实基础。胆商作为衡量全面发展的重要指标之一，在大学生成功成才方面发挥着至关重要的作用。

第一节　何谓胆商

在个人的职业生涯中，人生事业成功与否，不仅取决于是否是有较高的文化素养及较好的专业知识基础与专业技术水平，还与一个人以什么样的态度去对待在职业生涯中与之相关为人和事相关。在个人整个职业生涯中，每个人都会面临很多不断变化的环境或是不断出现的新情况与新困难，这就要求每个人在新的环境、新的情况或困难面前，能及时进行自我调整和价值取向决策，这就涉及关于个人综合发展的智商、情商和胆商三个方面的问题。在学生成长过程所经历的各个层次的学校教育中，由于长期以来，受教学评价体系不完善等因素的影响，很多学校在教育教学实践中重视的是智商的教育培养，也就是注重对学生知识与技能获得方面的教育培养，对于情商和胆商的教育培养常常因没有相应的评价标准而处于自觉获得与直觉感性引导的状况。这对于提高职业技术院校学生的综合素质，增强学生的社会适应能力和培养学生有胆有识，敢于创新，面对复杂情况善于调整和决策的能力，存在很大的局限性。为此，本章讨论的是如何加强高职院校对学生胆商的培养。

一、胆商的含义

胆商是一个人胆略、胆识和胆量的衡量指标。2001年，中欧国际工商学院的执行院长刘吉教授首次提出了胆商概念。拿破仑说，"不能"这一词只在愚人的字典里有。荀子认为，乐易者常寿长，忧险者常夭折。不管面对何种境遇，都能和"不敢"说不！这需要一定的胆商。当代大学生正处于对未知世界感到好奇并积极进行探索的时期，拥有了胆商，便能在人生道路上砥砺前行、不断奋进。

事实上，无论什么时代，一个人如果缺少敢于承担风险的胆略，都难以取得成功；胆商高的人具有非凡的胆略，能够临危不惧；他们具有决策的魄力，能够把握机遇，该出手时就出手，以最快的速度应对环境的变化。企业家的胆商，在某些关键时刻，甚至可以决定企业的兴衰成败。

胆商不是匹夫之勇，不是蛮干。高胆商是一种胸襟，意味着能看淡得失成败；高胆商是一种责任，意味着能对事业负责；高胆商更是一种见识，意味着能把握大局。可以说，胆商是一个人气魄、能力的综合体现。

关于胆商的定义，杨胜坤认为是指一个人所具有的胆量、胆识、胆略的度量，胆商原指一个人所具有的冒险精神。但现在指的是一个人在复杂的局面中所具有的快捷而有效决策的能力。胆商高的人善于把握稍纵即逝的机会，大多在社会各个时代的各行各业中取得成功的人都具有非凡的胆略和魄力。无论是创业者、企业家或任何一个想要在事业上有所成就的人，都离不开较高的胆商。在社会生活节奏不断加快，信息公众化，人才竞争日趋激烈，机会稍纵即逝的今天，胆商更显示出其特有的作用，胆商就是胆识能力，即挑战、竞争和在复杂局面中及时决策并承担风险的能力。[①]

胆商（DQ）是继"智商（IQ）"和"情商（EQ）"之后开发出来的一个全新概念，它正在成为人才素质的一项新的评价标准。这个概念最初是在MBA（工商管理硕士）教育中提出来的，中欧国际工商学院执行院长刘吉认为，"胆商"是指一个人的胆量、胆识、胆略的度量，体现了一种冒险精神，临危不惧、破釜沉舟、力排众议、敢为天下先、"该出手时就出手""运筹帷幄之中，决胜千里之外"都是对"胆商"的绝好注释。胆商不是匹夫之勇，而是有胆有识，不是胆大妄为，而是胆大心细。它是一种胸襟，能看淡得失成败。它是一种责任，能对事业负责。它更是一种见识，能把握大局。可以说，胆商是气魄、学识、能力、水平的综合表现。

---

① 杨胜坤：《高职学生的"胆商"培养途径探索》，《黔东南民族职业技术学院学报》（综合版），2009年第6期，第28页。

二、胆商的意义

胆商由胆量、胆识、胆略构成。胆量是指不怕危险困难的精神以及敢作敢为、无所畏惧的魄力。作为胆商三要素中最为基础的一个,人的胆量似乎有点天生的成分在里面,但也可以通过后天训练加以改变。胆识是指个体的胆量和见识。它在胆量的基础上,增加了"见识"的维度,即对客观情形的经历与感触。一个人见多识广,就会对胆量的适用场合形成科学合理的判断,进而升华到胆商的第三个层次。胆略是指个体的勇气和谋略,它是胆商的第三个要素,也是最高层次,是前两个要素与层次的积累与综合。个体在具有一定的胆量的基础上,以胆识对形势进行研判,决定攻略打法:是莽撞应战,还是迎头痛击;是退避三舍,还是隐忍待发。胆略高的人,其行为收放自如,不拘泥于一城一池的得失,是胆商的最高境界。

谈起IQ(智商)和EQ(情商)大家都比较熟悉,谈起CQ(胆商),大家却会有些陌生,但随着时代不断进步,经济日益发展,社会各界对CQ(胆商)的关注程度日益提高,在人才素质评价中的定位也发生着显著的变化。"三商"(智商、情商和胆商)是成功的三大要素。智商反映的是一个人的智力水平、知识结构,这些是做出决断的基础;情商反映的是一个人和其他人打交道的能力,在不同环境中的应变能力,这是做出决断的前提;胆商则是在该做决断的时候敢于"拍板"的勇气。三者相辅相成,缺一不可。没有智商的胆商是莽撞;而缺乏胆商的智商则会表现为优柔寡断,前怕狼后怕虎,只会贻误大好时机。

胆商越来越为人所重视,因为高智商是一种优势,高情商也利于拓展空间。但是许多高智商、高情商的人,往往不能充分发挥潜能,把握机会,就是因为缺少胆商。高胆商的人具有的特质:有非凡的胆略,能够临危不惧、破釜沉舟、力排众议;具有决策的魄力,能够把握机遇,该出手时就出手,以最快的速度应对环境的变化;敢为天下先、勇于承担责任。当然胆商不是匹夫之勇,不是蛮干;胆商是一种胸襟,能看淡得失成败;胆商是一种责任,能对事业负责;胆商更是一种见识,能把握大局。可以说,胆商是学识、能力、水平、气魄的综合表现。从个人层面看,高胆商的人容易把握机会获得成功;从企业层面看,如果高胆商成为一种企业文化,则企业的竞争意识、风险意识都比较高,企业在竞争中也会处于一种有利的地位,并最终为企业的成功创造机会;从国家层面看,如果高胆商成为一种民族特性,则这个国家的创造力、竞争力会很强,国家的强盛就成为一种必然。许多历史的进步都是由胆商推动的:小到技术革新、商业模式创新,大到全球金融体制的变革,联合国地位作用的再造,都是胆商在起着巨大作用。

三、高职学生的胆商类型

(一)学业胆商

学业胆商是大学生在专业学习中表现出来的专注度和创新力,表现在对专业研究的探索与探究,获取更多专业知识。当前,各高校普遍重视和加强对大学生专业创新能力的培养,有意识地开展大学生科技创新活动,组织学生参加各类科技竞赛和科研项目立项活动,这些活动可以激发学生的兴趣和好奇心,进而促使其发挥自身的科技创新精神,锻炼其科技创新能力。[①]

高校强化专业建设,抓好学生在校内的专业理论基础学习与基本技能的形成外,注重引进相关专业技术专家或能工巧匠走进校园开展有关专业与市场的分析研究方面的讲座;同时引进本专业在就业后从事专业工作,并取得良好发展的毕业生,为学生作相关的成长经历与奋斗过程讲座;另外还要组织完成生产实习的高年级学生返校作生产实习报告会,以切身体会指导低年级学生应如何为未来做好知识与技能及个人发展的准备;尽早地引导学生了解专业发展,了解市场,营造学生在校的专业学习氛围,树立学生对专业及技能学习的信心,这是学生胆商培养的基础。

高校在抓学业胆商培养实践过程中要注意两个环节:一是要强化学生参与与专业相关的社会实践的意识,让学生尽早地接触专业在社会的发展现状,了解相关专业的社会需求与发展空间及前景,以使学生更深地认识专业,并在实践中培养起学生对专业运作、专业管理、人际交往应酬、行业运行法规、市场竞争节奏和社会关系的适应。二是充分利用寒暑假规范地安排学生完成专题实践锻炼,采用一年级学生做专业市场调查,完成调查报告;二年级学生做专业专题见习,完成见习实践报告;三年级学生做顶岗生产实习,完成相关论文。三个层次的实践锻炼,都安排相应教师做技术指导,每次实践锻炼结束都要组织学生举行专题报告会。有序的培养,可以促进学生通过实践锻炼,达到胆商的培养目标。

高校做好学业胆商培养有三个途径:一是加强校内学生各层次团队的建设与熔炼,从学生会团总支成员、各班委团支部成员、班级学生整体三个不同层面,分别进行有针对性的团队建设,主要采取户外拓展活动,相关主题培训等方式进行。二是通过户外拓展活动,促进学生团队成员之间的互相了解、个体封闭心理的开放、面临障碍的突破、团队共有任务的完成等,以培养团队成员在竞争过程中努力克服困难,形成互助和协作的精神;通过相关主题培训活动,使团队成员全员参与,在思

---

① 刘然慧、张序萍、边平勇:《大学生科技创新能力的模糊综合评价研究》,《山东省青年管理干部学院学报》,2010年第1期,第46页。

想认识、心理感受、行为方法上得到共同提高，从而培养起学生处于群体之中应具备的胆商。三是加强学生职业生涯规划的设计与指导，使学生学会理性地规划自己的人生与事业发展，并学会对规划不断调整完善，用既定的规划不断自我反省，努力遵照规划去调动自己的主观能动性和约束自己的学习行动。为了完成规划目标，学生必须克服自己很多习以为常的惰性与依赖心理，对学生胆商的培养起到很好的作用。

（二）人际胆商

美国社会心理学家舒茨（W. Schutz，1958）提出的人际需要三维理论分为两个方面。首先，他提出了三种基本的人际需要，即包容需要、支配需要和情感需要，这三种基本的人际需要决定了个体在人际交往中所采用的行为，以及如何描述、解释和预测他人行为。其次，他根据三种基本的人际需要，以及个体在表现这三种基本人际需要时的主动性和被动性，将人的社会行为划分为六种人际关系的行为模式：主动与他人交往与期待与他人交往、支配他人与期待他人支配、主动表示友好与期待他人情感表达。人际胆商是在处理人际交往中所表现出来的主动性与积极性，是评价一个人是否有胆量拓宽人际交往渠道、提高人际交往能力的重要指标。

不同生源地的大学生由于家庭的经济状况、父母的文化水平以及家庭的生活氛围等早期的生活经历不同，人际胆商也必然存在差异。尽管改革开放近40年来，我国经济取得长足发展，农村的基础设施和农民的生活状况有了很大改善，沿海和东部地区的部分农村地区达到较好的经济水平，但是无论是在经济生活还是精神生活方面，我国大部分地区农村与城市的生活差异仍然很大。城市生源思想活跃，相对来说见识较广，知识面较宽，城市中小学的教育为他们的综合素质和才艺积累了较为丰富的资本，从他们身上能够学到更多的知识和社交技能。城市生源学生的交谈能力一般较好，更善于利用恰当的说话方式交流思想、建立友情，性格更活泼热情，更善于与异性交往。农村生源大学生相对来说视野不够开阔，知识面较窄，对一些文体活动显得生疏。由于城乡差异，也可能会使一些农村生源学生出现自卑倾向，比较怯于人际交往，于是影响了人际交往。与城市学生比较，农村学生不善于交谈，在正常集体活动或社交场合，比较拘谨或沉闷，不善于表达自己的情感；性格比较孤僻；在有陌生人、老师或者领导在场时，往往感到很紧张；与异性交往不自然等；再加上农村生源地学生，往往生活在相对单纯朴素的环境里，升入高校以后，面对比往日更复杂的人际关系和更复杂的社会，与人交往能力的缺陷比较明显，所以，在人际交往中更显得力不从心。可见由于地域的差异，城乡大学生胆商之间也存在差异。

不同经济状况的大学生人际胆商存在显著差异。贫困生人际交往的困扰明显高于非贫困生;在交谈、交际与交友、与异性交往三方面,贫困生的困扰显著高于城市生源地学生,相应的交谈能力、交际与交友能力、与异性交往能力显著弱于非贫困生。经济、精力等因素限制了高校贫困家庭学生的人际交往,在市场经济时代,大学生的消费也高度社会化,郊游、生日聚会等对许多大学生而言是人际交往的经常性活动,但参加这些活动的经济支出使生活上都捉襟见肘的贫困家庭学生往往采取回避态度。而且生活的压力,加之繁重的学习任务,激烈的竞争和比非贫困生更大的就业压力带来的冲击,使他们也少有精力去培养自己的人际交往能力。主观上自卑感影响着贫困家庭学生人际胆商的突破。由于贫困的原因和自尊的需要,贫困家庭学生常将自己的心理封闭起来,他们在与条件好的同学比较的时候,容易产生强烈的失衡感和自卑感,因而主动拉开与其他同学的距离,这种偏低的自我评价不利于大学生之间的平等交往。[①] 强烈的自尊要求和经济的拮据带来的自卑感、羞耻感融合在一起,使他们变得比较敏感,在行为上常常表现为自我封闭,以逃避的方式避免自己的自尊心受挫,导致交往的困难。许多贫困家庭学生不太愿意向人敞开心扉进行心灵沟通;总是害怕被同学瞧不起,怀疑对方在恶意中伤自己;不愿意和家境好的同学接触;在遇到困难时往往习惯一个人扛着而不是求助于同学、老师和其他人。贫困家庭大学生在经济上的不独立和消费欲望、消费需求之间的矛盾,成为他们人际胆商塑造的一个重要障碍。人际胆商能力是从交往实践中学来的,交往经验是在交往实践中积累起来的,贫困生由于家庭经济困难,个体的需要长期得不到满足,容易导致贫困生压抑的心理倾向;进入大学之后,面临全新的人际环境,通过与在经济上占优势同学比较,贫困生强烈地感受到自己在经济上的相对贫困,会造成心理上的相对剥夺感,对交往和"交往挫折"不能正确认识。长此以往,导致了贫困生在人际交往中往往显得比较被动,不爱交际,不太喜欢参加集体活动,也不愿参加需要经济上有投资的活动,在和异性交往时缺乏自信,人际胆商在封闭的空间里压抑挣扎。

担任学生干部与否使大学生的人际胆商出现显著差异。学生干部的人际胆商困扰显著小于普通学生,且在交谈、交际与交友、待人接物、与异性交往四个方面的胆商能力均显著强于普通学生。学生干部的社会交际能力强于普通同学,这与学生干部本身由较为优秀的学生担任有关,同时也与学生干部这一特殊身份对规范学生的自身行为起到一定作用有关,也与学生干部的工作给予学生更大的人际交往范围和更多锻炼机会有关。学生干部比普通同学拥有更多的展示自我以及与人交往的机会,因为完成工作的需要,他们和同学、老师、领导甚至校外人士有了

---

① 程利娜、冯金平:《贫困大学生社会支持与心理健康及其人格特征的相关研究》,《社会心理科学》,2005年第2期,第 页。

更频繁的接触,在与人交往中锻炼了口才,增强了交谈能力,学习到恰当的与人沟通的技巧,人际关系比较和谐。也通过不同的途径,扩展了朋友圈子,结识了更多的人,生活也显得充实而多姿多彩,在待人接物上也悟出心得。老师对于学生干部往往比较关注,和他们交流沟通较多,指导也比较多,这都为他们累积了更多的人际交往经验。经过一些工作锻炼,学生干部会显得更豁达和自信,这使得他们在与人交往时更加得心应手。可见,相比普通学生,学生干部人际胆商能力普遍较高。[①]

(三)创业胆商

党的十七大提出"提高自主创新能力,建设创新型国家"和"促进以创业带动就业"的发展战略。国务院总理李克强发出"大众创业,万众创新"的号召之后,大学生创业如雨后春笋般不断涌现,大学生是最具创新、创业潜力的群体之一。在此背景下,加强大学生创业胆商研究,深入了解大学生创业行为的特点及发生发展规律,提高大学生创业教育的针对性、实效性具有较强的实际意义。

知识经济时代是知识创造财富的时代。随着人类进入 21 世纪,知识经济的大潮迅猛而来,以知识为基础,直接依赖于知识和信息的生产、扩散及应用的知识经济,将在世界经济中占主导地位。知识经济时代作为一个全新的时代,更加注重凸现人的价值,体现人的发展,要求人的创新,这为大学生自主创业提供了一个有利的环境。国家为鼓励大学生自主创业出台了一系列优惠政策。1999年底,教育部公布了《教育部关于贯彻落实中共中央、国务院〈关于加强技术创新,发展高科技,实现产业化的决定〉的若干意见》,为正在涌动的大学生创业潮推波助澜。政策规定,大学生、研究生(包括硕士、博士研究生)可以休学保留学籍创办高新技术企业。

自主创业是一项极具挑战性的社会活动,是对创业者自身智慧能力、气魄胆识的全方位考验。它对创业者的个人素质和能力有特定的要求,只有那些能够承担更大风险的大学生才适合自主创业。因此,大学生在创业的路上会碰到这样那样的困难,要有长期忍受痛苦的思想准备,要耐得住寂寞,经得起各种困难的考验,并有百折不挠的奋斗精神。

创业者应具备的胆识素质。在大学生创业过程中,困难、挫折甚至失败是在所难免的。大学生创业与大学生本人的意志品质、商业意识以及性格、气质、个性、爱好和特长等有着紧密的联系。大学生在胆识素质方面,首先,应具有风险意识,有充沛的精力和健康的体魄,具备百折不挠的意志品质和面临失败时的自

---

① 李芹燕:《地方高校大学生人际交往能力研究——以重庆文理学院为样本》,西南大学硕士论文,2008 年。

我激励能力,要经得起失败的考验。其次,要正直、守信、有责任感,创业者对公司、员工、投资者都必须有责任感,具有务实精神,踏实做事,诚恳待人。第三,具有敏锐的商业意识,按照市场经济的运行规律办事,遵循公平交易原则;同时,要具有科学的经济头脑,能够寻找、捕捉和创造商机。第四,具有团队意识,一个能让创业者思想、能力、认识水平不断提高和善于学习借鉴的团队是创业成功与否的关键所在。

创业者应具备的胆识智慧。大学生创业面对茫茫商海,仅具备胆识素质还远远不够,还要做好许多知识和能力的准备。首先应具备扎实的专业知识,用敏锐的目光把握事物发展的全局,提出独到的见解和谋略,认清事物的本质,把握其规律,实现自己的创业目标。其次,应具备相关的商业知识,如商品交换、商品需求、商品流通等,通过学习商业知识,创业者在经济活动过程中实现价值的增值。第三,应具备一定的管理知识,如人事管理、资金财务管理、物资管理、生产管理和市场营销管理等知识。通过学习管理知识,改进管理方法,丰富管理经验,不断开发新的管理资源,提高管理水平。第四,应具备相关的法律知识,如工商注册登记知识、经济合同知识、税务知识、知识产权保护等法律知识对大学生创业必不可少,它可以帮助大学生创业者顺利走过创业路。

创业者应具备的胆识风险常识。技术和创新只有与商业和资本结合,完成研发和商品化,产生盈利,才能获得成功,也才能获得经济利益的回报。企业无论哪个阶段都经常会遇到缺少资金的艰难境地。即便是对于创业精神最充沛、政府管制最少、风险资本供应最充足的国外创业者也是如此。因此,启动资金和后续资金的充沛与否已成为创业者成败的关键因素,大学生要想创业就必须具备一定的风险投资常识。

总之,在中国市场经济体制不断完善的背景下,大学生自主创业必将成为新世纪蔚为壮观的新气象,大学生自主创业需要过人的胆识,利用较高的胆量,成就非凡的人生。

第二节　如何淬炼胆商

自1977年恢复高考制度以来,高校为中国的改革开放和社会主义建设培养了一大批优秀人才,为中国的现代化建设做出了重要的贡献。同时,高考制度催生了应试教育现象,导致基础教育侧重于文化知识的传授,而忽视学生胆商、情商等综合素质能力的培养。同时,随着独生子女的增多,家庭教育在训练子女胆商方面也存在缺失。这就要求在淬炼学生胆商上要做到"望闻问切""对症下药"。

一、高职学生胆商现状

（一）胆商形成的基础缺失

现在进入高职院校的学生，主要来自独生子女群体，在独生子女成长的过程中，由于得到来自家庭、学校、社会等多方面的强大支撑，独生子女在成长的过程中，很少经历困难的磨炼，很少经受逆境与挫折，导致独立性不强，自立意识不强，对家庭及社会有潜在的依赖心理，因而缺乏应有的胆商形成基础。

（二）胆商形成的心理缺失

由于职业技术教育发展起步较晚，现在只有高职专科教育层次，受传统价值观念的制约，在成长的过程中，他们总是憧憬着进入传统的非职业技术教育类的高校去学习深造，以至于不少进入职业技术院校的新生，非常关注今后是否有机会进入本科层次学习的问题。这说明进入职业院校学习的学生，有一部分是怀着一种失意的心态，因而缺乏自我发展的自信心，带着挫败感去面对职业技术教育的学习和生活，也影响学生胆商的形成。

（三）胆商形成的过程缺失

由于学生在成长过程中，基本上是从学校到学校的经历，在进入高职院校后，在校内有限的学习经历中，也仅获得有限的专业理论基础知识和专业基本技能，学生始终缺乏对今后客观社会现实中复杂的专业工作管理、生产经营状态、人际交往应酬、行业运行法规、市场竞争节奏、信息真伪甄别、社会生活适应等各种方面综合因素的决策能力，由此影响胆商的形成。

二、开发大学生"胆商"的三种途径

"胆商"并非与生俱来，后天的培养更为重要。开发当代青年的"胆商"可以通过以下三种途径：

第一，加强学习，提高见识。

俗话说，艺高人胆大，知识渊博才会有更高的胆量和胆识。当代青年应当坚持终身学习，积累学识，增长见识，培养胆识，把自己培养为"T"形人才。"T"的上面一横指知识面宽，应包括马列主义基本理论、一般基础科学知识、社会主义市场经济知识、现代科学技术知识和法律知识等。"T"的下面一竖指精深的纵向知识，即单科专长，特指具有从事本职工作的必需的业务知识和管理知识，成为掌握业务知识与管理知识的"双内行"。事实证明，一个人的知识面越广，眼界越开阔，思路越广阔，就越有利于从事务性工作中摆脱出来，透过现象看本质，抓住主要矛盾，提高洞察力、预见力、决断力、推动力和应变力，实现从专才到通才、微观到宏观、局部到全局的转变，高屋建瓴，高瞻远瞩，实现工作的系统化、条理化、科学化和规范化。

胆大而无学识就可能是胡来,无知而胆大,那是杀人越货者的素质。因此提高胆商就应该博览群书,活到老学到老,多掌握业务领域内各种知识,包括可能遇到的种种风险案例,做到心中有数自会应对自如。

第二,磨炼意志,锻炼胆量。

市场竞争,不仅要较量实力,而且要比试胆商,狭路相逢勇者胜。心理学研究表明,具有创造精神,能打开工作局面的开拓型当代青年,其心理素质有三个相同点:敢于决断的气质、竞争开放的性格和坚韧不拔的意志。良好的意志是"胆商"的重要内容,它对当代青年心理健康具有重要的影响。那么,当代青年如何提高意志水平呢?方法是多种多样的,可以经常使用榜样、名言、格言检查自己、激励自己;经常注意同先进人物进行比较,找出差距,奋起直追,迎头赶上;自觉遵守各项规章制度,严格执行各项计划;坚持自我反省,发扬优点,克服缺点;积极参加体育锻炼,可以尝试蹦极、漂流、攀岩等危险系数比较高的运动,有意识地挑战自己的胆量,有目的地进行训练;在日常活动中,严格要求自己,积极克服困难,正确对待成功与失败,以积极的心态和坚韧不拔的精神迎接人生的挑战,做到在挫折和失败面前惭愧而不气馁,内疚而不失望,自责而不伤感,悔恨而不丧志,养成良好的意志品质。

胆商来自心态训练。美国著名的心理学家马丁·加德纳指出,在美国630万死于癌症的病人中,80％的是被吓死的,剩下的20％才是真正病死的。同样,从前横渡大西洋的人之所以失败或者死亡,并不是由于体力上的因素,而是死于精神上的崩溃,心理上的恐慌和绝望。什么是生命的支柱?答案不是肉体,是精神。精神是生命的真正脊梁,一旦精神被摧垮,那么他的生命也就随之变形了。人所处的绝境,在很多情况下都不是生存的绝境,而是一种精神上的绝境。只要精神不垮,外界的一切因素都很难将你击倒。要训练胆商,首先要解决的就是精神问题。怎样才能让精神不垮下来呢?当然是要训练一个健康自信的心态。心态决定行动方式,经理角色学的创始人亨利·明茨伯格通过IMPM项目提出了五种管理心态:一是反思心态,二是合作心态,三是分析心态,四是老成心态,五是行动心态。出色的成功者本质上都是心态上的领导者。有了正确的心态,可以协调各方力量,得到所需要的资源,这种心态的适应性是可以培养和发展的。

胆商来自心理锻炼。良好的心理素养,是任何决策得以实施的支撑。修炼心理素质,对一个人的成功有很大影响。在日常生活中多参加一些竞争性的活动,例如:在课堂讨论中勇于发言;敢于发表与众不同或者与老师特别是与权威学者不同的见解;节假日一个人去旅游,去经历意料不到的困难;从事蹦极、漂流等惊险的游戏等。勇于表现、勇于表率,敢于承担风险、抢占先机,增强抵抗挫折的能力,从整体上可提高人的心理承受能力和决策能力。生活中有许多活动，在认识胆商的重要意义之后，都可自觉地化为自我心理锻炼的机会。在心理锻炼中自觉性很重要，同样的锻炼，自觉意识越强收获越大。

第三，勇于实践，提升胆略。

生活是最伟大的教科书，实践是最好的课堂，群众是最称职的老师。从心理学的角度看，每个人在变革过程中都要经历"需要意识——解冻——变革——再结冻"这四个过程。当代青年应增强机遇意识、发展意识、竞争意识、开拓意识和战略观念、全局观念，不唯上，不唯书，只唯实，多谋善断，牢牢把握工作主动权。对于确定型决策，决心不大，实施不力，就会贻误时机，因此，要以"灭此朝食"的决心，竭尽全力去实现最佳结果；对于风险型决策，要考虑最有希望的行动方案，准备好应变方案，留有余地，尽量化险为夷，切忌孤注一掷；对于不确定型决策，要"摸着石头过河"，多方案并进，步子不要太快，要把力量集中在信息反馈上；对竞争型决策，最主要的是"知己知彼，扬长避短，出奇制胜，动态调节"。总之，既要异想天开，又要实事求是；既要看准时机，果断决策，又要调查研究，尊重规律；既要敢于冒险，敢作敢为，又要统筹兼顾。

邓小平同志指出："没有一点闯的精神，没有一点'冒'的精神，没有一股子气呀、劲呀，就走不出一条好路，走不出一条新路，就干不出新的事业。"当代青年应当在实践中完善自己，在奋斗中充实自己，在创新中提升自己，不断提高自己的胆商，在改革开放的大潮中开拓进取，大胆创新，创造出无愧于时代、无愧于党和人民的伟大业绩！

任何锻炼与学习都代替不了自己的实践。自己实践中的领悟才是最深刻的。赢家之所以能赢，除了全面周详地分析考察客观条件，做出科学决策外，还要靠果敢的行动。语言的巨人、行动的矮子，是永远不会获得实质的回报的。修炼高胆商、果断实践是一种勇气，非要等到万事俱备时，机会恐怕早已错失了。做出一个决定，如果不马上采取行动，无论计划多完美，最终都不免纸上谈兵；无论多大信心，随着时间的推移，都会因为耽于行动而使充足的信心变成无用的空话。只有将自己的胆识、勇气付诸实践，才能产生实实在在的成果。新兵刚上战场，听到炮声都心惊胆战，老兵身经百战，手榴弹在身边冒烟，他也会从容不迫地拾起抛回。所以，"艺高才能胆大"是一方面，可"艺高"又从何而来？如果不是反复大胆实践，"艺"如何提高？因此，另一方面"胆大才能艺高"，这才是完整的胆商辩证法。

第三节　关于胆商的典型案例

案例一：校园小发明家,浙江金融职业学院第十二届十佳大学生"学术之星"——李佳俊

李佳俊,来自投资保险学院理财 15(4)班,他一直相信科学技术是第一生产力,科技创新改变生活。也许是因为一个男生的天性,所以他对各种各样的电子产品和机械结构特别钟情,总是喜欢参加一些科技类比赛,在初中的时候就获得上海市无线电测向 A 组第二名、长宁区计算机综合能力测试第二的成绩。到了高中也学习了更多的知识,所以也试着自己去创造一些东西,在温岭市第二十七届青少年科技创新大赛中,他的发明创造类作品:自行车变速结构和机器人制作类——智能灭火小车成功取得两项三等奖的好成绩,同时自行车的变速结构也获得了国家专利,专利号:ZL201320121253.5。

不登高山,不知天之高也;不临深溪,不知地之厚也。一旦你爱上了流汗的感觉,不流汗就会感到浑身不自在,同样,"爱折腾"的他也是根本停不下来,而他的爱折腾可能都源于我的生活。清楚地记得那是一个秋末的午后,杭州的十月,天说变脸就变脸,大家都只能撑起各自的雨伞。虽然现在市面上有很多类型的伞例,如黑胶伞、自动伞、收缩伞等,但是却总是带给人们或多或少的不方便。当雨伞收起的时候,雨水顺着伞面滑落,一不小心就把自己的裤子甚至是别人的裤子弄湿;当上下车的时候,为了把伞收起来却要让自己半个身子露在外面,上车以后身上湿答答的,要有多不自在就有多不自在。而他却不甘心满足于现有的产品。路上的行人来去匆匆,他和室友撑着伞奔走在雨里,紧赶慢赶地想早些回寝室。大雨倾盆,风吹得路两旁的行道树呼呼地响,也掀翻了他们唯一的一把雨伞,仿佛一个巨大的脸盆扣在头上。看这模样室友的伞算是光荣牺牲了,他们也只能抛弃它冒雨在雨中狂奔。像汪峰在歌中唱的那样"这是飞一样的感觉——"于是他开始沉思,如何才能让雨伞真正地为我们所用,如何才能不再发生这种事情,怎样才能让雨天出行更加便利呢?他是不是可以在伞上面下点功夫?于是,李佳俊开始努力地冥想,在老师和同学的帮助下,经过大半年的反复努力,一次又一次推翻设计,这样一把超疏水性多功能反向折叠伞就诞生了,同年十二月获得国家知识产权局颁发的国家实用新型专利(专利号 201620632031.3),并且拿到了挑战杯一等奖的好成绩。

2015 年的国庆节是他进入大学的第一个假期,本应该好好享受军训过后的惬意的他心情却额外沉重,因为就在国庆节的第一天,在他的家乡却有人因为高速公路"生命通道"被堵死，错过了黄金救援时间而不幸遇难。面对这条消息，李佳俊不知道自己该做什么，自己能够做什么，他只想用他仅有的能力。恰逢空中巴士的推广，这一新颖的交通工具引起了他的好奇，当所有关注的目光落在巴士的载客能力的时候，李佳俊却发现了巴士对于高速公路救援的独特能力，于是，立体化高速道路救援车（专利申请号：201620630316.3）这一创意横空出世，虽然这项产品最终只在挑战杯中拿到了二等奖的名次，但他想，也许在未来，这项产品能够挽救更多人的生命，哪怕只是一条生命他也满足了。

案例点评：大学生创新项目是大学教育中培养学生创新思维和创新能力的一项重要活动，旨在培养学生崇尚科学、勇于创新的品质。同时，不同类型的科技创新大赛能让不同兴趣爱好的学生都参与其中，用所学理论知识解决实际问题。它能让学生学以致用，让大学生在不断探索中逐渐形成创新意识，在不断发现问题、解决问题中潜移默化地形成创新思维，在实践操作中形成创新能力。大学生创新思维的培养是胆商培养的重要体现，只有拥有"胆商"，才能实现创新。可见胆商的培养是一个复杂的思维过程，它的本质是"新"，是以逻辑思维为基础，以有逻辑的知识理论为背景的。胆商的开端是利用逻辑思维来分析观察到的现象，利用逻辑思维来尝试解释和回答所遇到问题。在逻辑思维的背景下问题没有得到满意解答，则需打破思维定式，提出超出已有的知识、观念和理论的假设方案，这种假设方案的提出通常是依赖于直觉、灵感或顿悟等非逻辑思维。

案例二：放手一搏，成就美丽人生——浙江金融职业学院 2016 届优秀校友——李炜列

李炜列，男，浙江湖州人，2016 年毕业于浙江金融职业学院会计专业。2016 年 5 月，李炜列创建了杭州从尚广告设计公司，致力于运营"免费复印，反面广告"的复印新模式。在广大同学中开展免费复印、打印服务，累计为同学免费服务 20000 多次，免费复印纸张 60000 张，节约纸张 30000 张。经过一年多的努力，李炜列又在下沙开设了办公点，业务也逐步涉及户外广告、校园传媒等领域。

阳光帅气的李炜列出生在一个富裕的家庭，无忧无虑的生活并没有让他成为游手好闲的富二代。这个充满梦想的年轻人，努力上进，在年轻的战场上，勇敢地追寻自己的创业梦。

逐渐显露的生意头脑

李炜列是浙江湖州人，亲戚朋友大都是做生意的。因为父母忙于生意无暇顾及孩子，李炜列习惯凡事自己拿主意，同时，他做出的决定，只要合情合理，父母都不会干涉。浓郁的商业氛围，开明的成长环境，不仅成就了李炜列的生意头脑，更

令他比同龄人更早独立,这让他在创业的时候比别人多了几分优势。

2013 年,刚上大一的李炜列就显露出自己的生意头脑。圣诞前夕,学校附近的超市会出售一些圣诞饰品,可是因为学校距离市区很远,没有竞争对手,所以价格也比外面贵了许多。李炜列觉得这是一个做生意的好机会,于是,他独自一人来到环北小商品市场,批发了一些圣诞饰品和礼品回校销售,以价格优势吸引学生前来购买。李炜列的商品物美价廉,同学们纷纷前来购买。由于需求量太大,而手头的资金有限,李炜列还拉了两个同学"入股",人生的第一笔生意就这样开始了。

创业伊始,困难重重

2016 年年初,一个师兄无意中说起自己看到的一个打印新模式——正面免费为学生复印,反面有偿为商家做广告,说者无心,听者有意,李炜列有点心动了。他认为,学生群体有非常庞大的打印需求,免费复印必定能够吸引不少学生;对商家而言,有针对性的投放广告,也省去了不少麻烦。针对这个新模式,他在学校进行了市场调查,调查的结果让他和他的同学们兴奋不已,五个人一拍即合,决定开办公司。2016 年 5 月,杭州从尚广告设计公司就这样诞生了。

开办公司的资金是由五个人一起筹集的。"创业之初,父母并不知情,他不想让他们觉得当时创业只是玩玩而已,于是利用平时攒下的零花钱,再加上家里给他学驾驶的几千块钱,创业启动资金就这样搞定了",李炜列感叹地说。

接下来的问题也是最为重要的:拉到广告客户,这是公司生存下去的关键。那段时间,李炜列每天都忙着出去跑业务,拜访过的客户数不胜数。无数次被拒绝并没有让他放弃,他坚持了下来,并凭借自己的努力让公司得以正常运转。

仅仅依靠广告客户,公司获利极其微薄,这似乎偏离了他宏伟的创业梦想。为将公司做大做强,李炜列意识到公司急需转型,急需扩展业务。2017 年年初,一位客户的无心之言让他顿时有了思路。那次,李炜列为客户设计完海报后,询问客户海报要如何处理,客户把他带到一家知名茶餐厅门前通道处,跟他说:"就贴在这里吧,反正像这种随处贴的海报,很快会被撕掉的。"李炜列听罢,灵光一闪:如果能把通道里几面墙的使用权全部买下来,再在这些墙上做广告,不就撕不掉了么? 而且,来这家餐厅消费的客户群,基本都是收入不菲的白领,消费能力可观,这对广告商大有吸引力。

他决定"买"下这面墙,投资广告牌,但这一想法遭到了公司员工的一致反对。作为一个刚成立不久的小公司,投入如此巨资到一个陌生的领域并非明智之举,因此他们并不看好李炜列的决定。饱受质疑的李炜列再次斟酌,觉得这笔投资绝对物有所值,他决定放手一搏,毅然买下了餐厅门前的广告位,并在广告位上留下了招商热线。招商广告贴出去的那天,李炜列不时拿出自己的手机,生怕漏接客户打来的问询电话。那一段时间，大家左等右等，可就如石沉大海，一个星期过去了，始终没有任何回音。终于有一天，他正准备下班的时候，手机响了——是一个广告商打来的咨询电话。那一刻，整个办公室沸腾了，大家都看到了希望。

现在，公司的主营业务是快印和广告传媒。快印的收入比较稳定，除了为学生免费复印之外，还新增了海报、书籍、杂志、文化衫等印制业务。目前，李炜列把主要工作精力放在广告传媒业务的拓展上。鉴于二、三线城市的广告氛围尚不浓厚，他决定抢占先机，把目标锁定在这些城市，计划逐步收购那些人流量密集的消费场所的广告位。

案例点评：胆商高的人具有非凡的胆略与决策魄力，敢为天下先、勇于承担风险；能够临危不惧，把握机遇，以最快的速度应对环境的变化。但胆商不是匹夫之勇，不是一味蛮干。胆商不仅仅是冒险精神，也是一种责任担当，能以一人之责担负全局发展的重任，把握大局，掌握趋势，决定方向。体现了一个人气魄、学识、能力、水平的综合素质。大凡成功之人，都具有非凡的胆商，有着敢闯敢试敢干的冒险精神。一个人要在事业上有所成就，都离不开智商、胆商与情商。缺少胆商的人顾虑重重，当断不断，结果坐失良机。

案例三：谁说女娇娥不如男，浙江金融职业学院优秀校友——林俏云

林俏云，像所有的 90 后女孩一样开朗活泼，自信乐观，干练直爽，胆子又比同龄女生大，思路也比同龄女生开阔。她年纪不大，却已有多重身份：退伍兵、大学生、志愿者。然而，义乌蓝天救援队发起人是她更为在乎的身份。

不爱红装爱戎装

2008 年，18 岁的她职高毕业，成了浙江省公安边防总队的话务兵。第一年，还是新兵"蛋子"的她，每天都要进行 6 公里跑步等各种体能训练；第二年，她常常利用闲暇时间研读《奥巴马回忆录》，被奥巴马的人格魅力和领导才能所深深吸引。"部队，让原本娇弱的我变得吃苦耐劳，还让我拥有了良好的体能和较强的应急能力。"回顾两年军旅生涯的收获，林俏云如是说。光荣退伍后，一名优秀士兵勇于担当使命的人生态度，她一直坚守着。

圆大学梦

2011 年，退役士兵报考高等职业院校在我省试点。凭着自己的刻苦勤奋，林俏云来到浙江金融职业学院，成为该院农村合作金融专业的一名大一新生。按照国家规定，退役士兵就读高等职业学校，学杂费、住宿费由政府全额负担，并按实际在校时间给予每人每月 300 元的生活费补贴。林俏云说，"自己得到了很多，也应

该尽力去付出,去感恩。"在校期间,她加入了青年志愿者协会,积极组织参加反假币、杭州烟花大会等志愿者活动。

弘扬志愿精神

雅安地震发生后,她号召自己的救援队一边积极筹备赴灾区救援所需的物资和药品,一边及时跟班主任和系部相关老师请假,告诉他们自己想要前往灾区的决定。考虑到她有数次现场救援经历,又有专业的救援技能,学院老师最后答应了她的请求,但前提是必须每天报平安。得到老师的允许,林俏云领着她的救援队,同时带足了在灾区所需的生活用品,并在取得四川省公安厅的通行证后,赶到灾区,投入到了紧张的救援工作之中。"能得到老师们的宽容与信任、照顾与支持,我觉得自己特别幸运",林俏云秀丽的脸庞写满感激。

刻骨铭心的思政课

社会是最好的导师。在灾区的日子里,当看到别人家破人亡时,林俏云无数次润湿了双眼;当自己遇到艰难险阻时,也想过要放弃;当灾民们齐喊"雅安加油!"将救助车助推发动时,她顿觉互帮互助的美好;当"感谢人民解放军"等文字映入眼帘时,她感到无论何时何地自己都有坚强的后盾……

灾区中经历的一切生与死、悲与喜,是一堂堂刻骨铭心的思政课。走访时赤着脚跟随她满村跑的孩子们;发着高烧,喉咙溃疡,安静地躺在自己怀中的七个月小宝宝;痛失妻女依然加入救灾工作的励志大叔……灾民们自强不息的精神和积极乐观的态度,更让她勇敢地前行在救援的道路上。

多一点人关注救援就是好事

2012年,林俏云入围"义乌十大好人"提名;2013年,她被评为学院"十佳大学生特别奖之感动金院人物"……在学院五四晚会颁奖典礼上,在场师生为她鼓掌。从2012年3月开始,短短一年多时间,林俏云有过4次系统的自救与救援知识技能培训,先后参加4次救援工作,志愿路上帮助过许许多多人。

案例点评:没有超人的胆识,就没有超凡的事业。毛泽东预见"星星之火,可以燎原",提出"农村包围城市"的斗争策略,做出刘邓大军千里跃进大别山的战略决策;诸葛亮在《隆中对》中对三分天下的展望,空城计妙退司马懿……这些无不体现他们的大智大勇和远见卓识。当今社会,要竞争要发展就必然要求有胆略有眼光,想开拓想进取也必然需要有魄力有勇气。邓小平同志指出:"改革开放的胆子要大一些,不能像小脚女人一样。看准了的,就大胆地试,大胆地闯。"因此,一个合格的新世纪青年不光智商、情商要高,胆商也要高。

第十章
经营人脉

　　革命导师马克思曾经说过："人的本质不是单个人所固有的抽象物，在其现实性上，它是一切社会关系的总和。"也就是说，每个人都不能孤立地存在于社会中，需要与他人发生各种各样的联系。亚里士多德曾说："能独自生活的人，不是野兽，就是上帝。"因此，人都有强烈的交往需求，并且畏惧孤独。可见，人际交往是人类生活中不可缺少的重要组成部分。大学生是一个特殊的社会群体，他们的年龄大多在 18—20 岁，作为高等学校教育的重要主体，他们年轻活跃、受教育程度较高，肩负着社会发展的重要使命。高职学生同样处于青年期，青年期是人生观、价值观、世界观形成的关键时期，人际交往和沟通能力的发展与提高对于高职学生的学习、生活及未来职业成就的高低有着重大影响。大学时期是青年学生步入社会的预备时期，也是高职学生社会关系走向社会化的转折时期。培养适应社会发展的良好人际交往能力，积累个体人脉资源，是高职学生生存发展的需要，也是他们适应社会不断发展进步的需要。拥有健康的人际交往能力与和谐的人际交往氛围，对于当代高职学生的学习、生活、职业发展与社会融入都具有十分深远的意义。

第一节　何谓人脉

　　安东尼·普曼在《规划资源》中说，"建立人脉是为了要互通"，即互通信息、互通资源，在互通中共享，在互通中发展。高职学生从紧张的高中学习迈入大学校园，生活空间发生了变化，生活的重心也有较大变化，从以学习为重心逐步走向以全面发展为根本。大学生不仅要学习专业知识、专业技能，还要拓展人际交往空间，在人际交往中积累个人经验，其中处理好大学生活中的人际关系成为学生学习生活的重要内容。了解高职学生人际交往的基本内涵、特点，不仅有助于更好地适应大学的学习生活，更有助于学生的成长成才。

一、人脉与高职学生人际关系

人脉与人际关系有着千丝万缕的联系。经营人际关系是面,经营人脉资源是点;人际关系是花,人脉资源是果;人际关系是目标,人脉资源是目的;人际关系是过程,人脉资源是结果。可以说,没有人脉资源落地生根的人际关系是空泛的、毫无任何意义的人际关系,而人脉资源的开花结果则依赖于良好的人际关系基础。很多成功的商界人士都深深意识到了人脉资源对自己事业成功的重要性。美国著名人际关系学大师卡耐基经过长期研究得出结论:"专业知识在一个人成功中的作用只占 15%,而其余的 85% 则取决于人际关系。"所以说,无论从事什么职业,学会处理人际关系,掌握并拥有丰厚的人脉资源,个体就在成功路上走了 85% 的路程,在个人幸福的路上走了 99% 的路程了。

（一）人脉是未来高职学生事业发展的情报站

在这个信息发达的时代,拥有无限发达的信息,就拥有无限发展的可能性。信息来自个体的情报站,情报站就是你的人脉网,人脉有多广,情报就有多广,这是你事业无限发展的平台。换句话说,职场人最重要的情报来源是"人"。对他们来说,"人的情报"无疑比"铅字情报"重要得多。越是一流的人才,越重视这种"人的情报",越能为自己的发展带来方便。日本三洋电机的总裁龟山太一郎就是很好的例子。他被同行誉为"情报人",对于情报的汇集别有心得,最有趣的是他自创一格的"情报槽"理论。他说:"一般汇集情报,有从人身上、从事物身上获得两个来源。我主张从人身上加以汇集。如此一来,资料建档之后随时可以活用,对方也随时会有反应,就好像把活鱼放回鱼槽中一样。把情报养在情报槽里,它才能随时吸收到足够的营养。"日本前外相宫泽喜一有个闻名的"电话智囊团"。宫泽在碰到记者穷问不舍时,往往要求给予一个小时的时间考虑。如果碰巧在夜里,则只要一通电话就可以得到满意的答复,这些答复来自他的 10 名智囊团成员,这也就是我们所谓"人的情报"。一个人思考的时代已经过去了,能否建立品质优良的人脉网为你提供情报,成了决定工作成败的关键。

（二）人脉是未来高职学生事业成功的助推器

每一个人都希望自己有一个生命中的"贵人",在关键时刻或危难之际能帮我们一把。贵人相助确实是成功的道路上宝贵的资源,他可以一下子打开机遇的天窗,让处于困境中的人拨云见日,豁然开朗,直接进入成功的序列和境界;他可以大大缩短成功的时间,提升成功的速度,使个体站在巨人的肩膀上。世界首富比尔·盖茨在他 20 岁时签到了第一份合约,这份合约是跟当时全世界第一电脑公司——IBM 签的。当时,他还是位在大学读书的学生,没有太多的人脉资源。他怎能钓到这么大的"鲸鱼"? 可能很多人不知道。原来,比尔·盖茨之所以可以签到这份合约，中间有一个中介人——比尔·盖茨的母亲。比尔·盖茨的母亲是 IBM 的董事会董事，妈妈介绍儿子认识董事长，这不是很理所当然的事情吗？比尔·盖茨签到 IBM 这个大单，奠定了他事业成功的第一块基石。

（三）人脉是高职学生成长的镜子

"不识庐山真面目，只缘身在此山中。"人最大的敌人是自己，而战胜自己的最有力武器是认识自我。个体很难掌握自己，唯一的办法只有拿自己与周围的人比较，或者从人的交往中逐渐看清楚别人眼中的自己，有时候必须在多次受到长辈的斥责和朋友的规劝之后，才恍然大悟，掌握到真实的自我。"以人为镜，可以明得失。"物以类聚，人以群分，在我们丰富的人脉网络中，每一个人都是学习的标杆和榜样，从他人身上，个体可以看到自己的不足和缺点，更可以免费地学习到他人成功的经验和失败的教训。每个人总是在不断开发自己的人脉网络，区别在于成功的人总是比失败的人具有更庞大和更有力量的人脉网络。这样，我们就不难理解，为什么广东的民营企业家们热衷于到中央党校学习的原因了，因为，那里汇聚着最前沿、最新鲜的中国政治经济信息，那里汇聚着决定中国发展方向的智慧精英，那里汇聚着中国最有潜力和实力的政治精英和商界精英。

二、高职学生人际关系的特点

人际交往是人与人之间相互沟通、相互交流、相互影响的一个动态过程。对于高职学生而言，人际交往不仅是实现社会化的重要手段，也是促进其身心健康、自我实现的重要保障。高职学生人际交往主要是高职学生与周边的社会人交流有关认识性、情绪评价性的信息而相互作用的过程。通俗地讲，高职学生人际交往是高职学生在社会活动过程中，与其他人的信息沟通、意见交流与相互作用的社会化过程人际关系，是人与人之间通过交往和相互作用而形成的一种心理关系。高职学生的人际关系表现为高职学生在学习、生活、工作中发生的与他人之间的心理关系，对其日常学习生活、身心健康、全面发展有重要的影响作用。

（一）交往动机十分强烈

高职学生具有自身的年龄特点，从主观方面说，随着高职学生生理和心理上的成熟，他们有充沛的精力、广泛的兴趣爱好，思想活跃，感情丰富，对人际交往的需求尤其强烈，当代高职学生渴望了解身边的同学、朋友，期待深入了解社会生活。同时，他们也希望能够通过自身的良好表现，在与其他人交往过程中得到他人的理解、尊重和认可，进一步证明个人价值和社会价值。高职学生的求知欲强，除了自身通过课堂学习、实习实训、网络搜索、书籍借阅等途径获得新知之外，渴望通过扩大自己的人际交往面来获取自己不知道的社会信息。从客观方面说，高职学生迈入了大学校门，周边的生活环境发生了翻天覆地的变化。面对的是与陌生人的交往问题,高职学生通常会积极试探着与陌生人接触,尽快摆脱对陌生环境的不适应;高职学生脱离了父母独自生活,需要亲自解决生活中的问题,这些因素综合在一起使得高职学生交往的意愿大大增强,他们渴望尽快与身边的同学、老师通过交往建立良好的人际关系,以寻求一种心理上的依赖感和归属感。高职学生们希望通过人际交往去认识他人,获得友情和爱情,满足自身情感和物质上的需要;希望通过与别人的接触丰富自己的生活,提高自己的生活质量,并且在与他人交往中树立自己的人格品行,获得他人认可。

（二）交往情感倾向明显

有研究表明,大学生的情感与认识的关系十分密切,带有道德评价的情感会代替直觉的情感,即高级情感代替低级情感,情感的倾向性明显。个体与人交往中情感性强,意味着人际关系的建立与个人的情绪变化密切相关。在日常生活中,当他人对我们表示出接纳和支持时,我们通常也会对别人报以相应的友好。与此同时,我们对别人表示出友好时,也希望别人友好回应;如果别人的行动偏离了我们的预期,我们就会认为别人不通情理,继而会产生一种不愉快的情绪,对对方产生心理上的排斥,以后就不会轻易与此人交往。高职学生在人际交往过程中也会有这样的情感倾向性,这就使得高职学生的交往带有特定性,他们愿与自己喜爱的人进行交往,而对讨厌的人避而远之。另外,高职学生在交往时注重情感。一方面高职学生接受着良好的教育,所处的环境比较单纯,加上感情丰富,在人际交往中十分注重情感上的交流。在选择朋友时他们主要从情感融合度出发,注重的是志同道合,很少去考虑对方的家庭背景、经济状况等方面。另一方面,高职学生人际交往的目的是获得情感需要的满足,这种满足表现在:在异性中找到伙伴,进行情感的交流,在生活学习上互帮互助,建立友谊、消除孤独。

（三）交往追求自主平等

平等是人和人之间的一种对等关系。人们之间的平等是指精神上的互相尊重,而非物质上的相等;平等是建构人际关系的基本准则之一,当代高职学生的人际交往也不例外。当代高职学生渴望和他人平等交往,体现其独立的人格,因此在人际交往中更加追求精神上、思想上和态度上的平等。与同学间的平等交往、以诚相见,充分体现了他们在交往中的人格独立和个性自由。当代高职学生人际关系最突出的特点就是高职学生的自主性和竞争意识增强,他们充分发挥主观能动性,根据自己的兴趣,去认识、了解他人,自主地选择交往对象,他们一改以往有几个知心朋友的交往模式,喜欢按照自己的方式和标准来选择交往对象。随着高职学生接触社会的次数不断增多,他们不断拓宽交际面,在交往过程中,拥有更高的自由度。这种追求自主的交往,虽然增加了高职学生人际交往机会,但也可能会在一定程度上造成高职学生人际交往的表面化,交往对象数量多,质量却不高。

（四）交往内容不断丰富

当代社会，高职学生交往方式日益多样化，大部分高职学生在进入高校之后，有着更高的人生目标，他们的关注点不仅有自身，也有社会、政治、经济、文化的变革与发展。在交往中，他们除了交流专业学习、技能训练、工作心得外，还经常与他人在一起探讨人生理想，传递各种各样的信息。当代高职学生的人际交往价值观正发生着改变，大部分高职学生具有开放的交友观念，渴望建立范围广、形式多样的人际关系。他们不仅积极主动地参加各种校内活动，并且勇敢走出校园、走进社会，不断拓展交往范围。随着科学技术的不断发展，高职学生之间交往的内容和形式也不断发生变化。还有不容忽视的一点是当代高职学生的交往对象不再局限于同性，他们与异性交往的意识越来越强烈，对与异性交往的认同度不断增高，高职学生在大学期间也更加倾向于结交异性朋友。

（五）交往方式现代多样

随着现代科学技术的快速发展，网络已经渗透到人们生活的各个角落。网络成了人们进行信息传播的新方式，也极大地改变了高职学生们的生活、学习、人际交往方式。大学校园中，高职学生几乎人人配有手机、电脑，这是他们生活、学习不可缺少的组成部分。现代化通信工具的普及，方便了高职学生的相互交流和沟通。高职学生通过短信、聊天软件与同学、朋友进行联系，他们活跃在各个网站、贴吧等网络场所。现在大学里每个班级都会建立属于自己班级的 QQ 群、微信群，班级有重要通知都会发布在群里，老师发的课程资料也可以在群共享里面下载；高职学生通过 QQ 空间、朋友圈就可以知道同学、朋友、家人最近的心情和生活状况；与远方的朋友进行视频通话或者通过微信语音进行情感交流。另外，高职学生喜欢在微博上、直播空间发表自己的状态，表达对当今热点事件的看法，与自己的博友进行交流，可见高职学生作为时代潮流的追赶者，他们的交往方式呈现出了明显的现代化特点。

三、高职学生人际关系的功能

（一）促进人的社会化

大学这个独立、完整的机构对于高职学生社会化的影响十分深刻，它通过教学、教师人格魅力、社团活动、各类竞赛、生产及社会实践实习等方面对高职学生的社会化产生影响，最终达到社会化的目的。大学阶段是学生走向社会的关键时期，大学是联系家庭和社会的中间环节，为高职学生成功地过渡到社会创造了条件。一方面，在与别人的交往互动中，学生的自身能力得以不断提高，通过别人对自己的评价和态度，认识自我、完善自我、不断地提升自我；另一方面，当遇到困难的时候，能够与同学、朋友甚至是师长倾诉，并能够得到同学、朋友、师长甚至是社会的帮助和支持,高职学生将会获得面对问题、战胜困难的勇气和力量。高职学生通过各种人际交往,可以熟悉社会规范,掌握交往技巧,学习生活技能,传递社会文化并获取社会化信息,从而更好地认识自我、完善自我。可见,高职学生人际交往的性质和水平将直接影响其社会化的进程。

（二）行为调节

交往是一个双向的交际活动,需要交往双方在交往的过程中不断地对自己的行为加以调节,对于交往个体而言,不但要处理好与群体关系的行为调节,还要处理好与个体关系的行为调节。在交往中,我们不仅应该参照交往对象对我们的评价调节自身的行为和活动,也应该积极地调节他人的行为和活动,更应该善于接受来自其他人的调节影响,最终实现活动的相互推动和校正。由于每个个体的经历、学识、才能、兴趣爱好、个性、观念等均不相同,在工作、学习、生活中的要求和目标也不尽相同,难免发生冲突,产生矛盾。特别是高职学生,在交往的过程中,要善于洞察他人的需求和情感,积极主动地与他人沟通交流,学会倾听他人的述说,学会换位思考,站在他人的角度设身处地地考虑问题,这样才有助于真正理解他人的思想情感,解除不必要的误会,从而建立良好的人际关系。当发现交往对象存在这样或那样的不足或缺点时,要选择好的时机,有技巧地给予忠告,让忠言也不再逆耳,这不仅有助于帮助他人,还能让大家取长补短共同进步,也有助于建立起真诚的人际关系。

（三）信息沟通

人际交往过程,实际上也是信息交换和沟通的过程。英国作家萧伯纳形象地说:"如果你有一个苹果,我也有一个苹果,彼此交换,那么每人还是一个苹果;如果你有一种思想,我有一种思想,彼此交换,我们每人就有两种思想,甚至多于两种思想。"人际交往有利于提供并获得信息,而信息的沟通可以满足人们的信息需求,促进人们的相互认识和情感沟通,调节个体和群体的行为,有利于彼此思想的碰撞和智慧火花的迸发,相互交流信息、切磋自己的体会更能融洽人际交往的关系。当今社会是一个信息爆炸的社会,想要抢占先机抓住机遇,信息无疑是至关重要的,掌握的信息量越多,被幸运之神青睐的机会也就越大。可见,信息已经成为我们生活中不可或缺的重要资源,而良好的人际交往关系是获取这些信息的重要途径之一。在信息交流的过程中,个体与个体之间、个体与群体之间在不断地改善人际关系、结交新的朋友、协调内外部关系等。在信息社会中,高职学生应学会积极地运用交流这一社会技能,以更快的速度接收新的思想、新的观念和新的信息,促进自己在更高层次上的自我完善和自我提高。

（四）心理保健

英国的哲学家培根说:"当你遭遇挫折而感到愤懑抑郁时,向知心挚友的一席倾诉可以使你得到疏导，否则这种积郁会使人生病。……只有对于朋友，你才可以尽情倾诉你的忧愁与快乐，恐惧与希望，猜疑与劝慰。总之，那沉重地压在你心头的一切，通过友谊的肩头而被分担了。"人是社会的人，是群体的一部分，与人交往是每个人与生俱来的基本要求。人们通过彼此之间的相互交往，传达各自的思想，抒发对人生的经验和见解，从而增进成员间的情感交流，产生亲密、依恋之情和归属感、安全感。当一个人的正常心理需要得到满足，愿望得以实现，就会产生乐观向上的情绪，对生活更加充满信心，从而融入整个群体中，将保持一种稳定、融合的秩序。事实上，心理保健本身就是一种人际交往关系。良好的人际关系会使你在成功时得到分享和提醒，在失败时得到倾诉和鼓励，是情绪发泄的正确途径，是确保心理健康的重要手段。随着就业形势的日渐严峻，当今的高职学生应通过建立良好的人际交往关系，获得更多的社会信息，解决心理上的困扰，成为心理健康和社会适应能力良好的人。

（五）相互激励

人际关系之所以有相互激励的功能，是因为在人际交往中存在相互激励的因素。对于群体中的个体而言，因为害怕受到所在群体的排挤、冷落和孤立，个体不仅在行为上与其他人逐渐保持一致，而且在思想上、观念上也在逐渐改变原先的观点，放弃原先的想法，希望与群体、与其他人保持一致。这就是群体压力因素带来的从众心理。例如，在一个集体中，大家认为不认真学习、考试作弊是一件不光彩的事情，那么那些学习不认真、考试作弊的同学就会感到压力，从而他们将设法改变自己；如果群体中的大部分人认为考试不作弊就是一个傻子，那么努力学习、考试不作弊的同学也会感到压力，慢慢地也会不认真学习，通过作弊来取得好的成绩。由此可见，社会心理环境所形成的群体压力，对于人的发展方向有很大的影响，因此，要提倡健康向上的心理环境。在人的潜意识里，存在着一股时刻想评估自己的强烈驱动力，因此人们常常通过与自己、与他人的对比对自己进行评价。人们都希望充分地发挥自己的潜能，展示自己的优势和才华，同时也希望自己能够得到他人的肯定、赞同和赏识，人际交往能够更好地实现这一目标。人际交往中的人际比较是一个不断发展的过程，个体在不断地与他人、与自己的对比和评价中，不断地认识自我、了解自我、提高自我、最终实现自我。

第二节　如何经营人脉

对于高职学生来说，专业是利刃，人脉是秘密武器。如果光有专业，没有人脉，个人竞争力就是一分耕耘，一分收获；但若加上人脉，个人竞争力将是一分耕耘，数倍收获。能否以极自然的、有创意的、互利的方式去经营人脉，是胜负关键。斯坦福（Stanford）研究中心曾经发表一份调查报告，结论指出，一个人赚的钱，12.5％来自知识，87.5％来自关系。有人总结说：对于个人，20岁到30岁时，一个人靠专业、体力赚钱，30岁到40岁时，则靠朋友、关系赚钱，40岁到50岁时，靠钱赚钱。由此可知人脉竞争力是如何在一个人的成就里扮演着重要的角色。特别是在当前十倍速知识经济时代，人脉已成为专业的支持体系。正如社会所言，一个人能否成功，不在于你知道什么（what you know），而是在于你认识谁（who you know）。

一、塑造良好的个人形象，增进个人魅力

（一）加强自身的思想品德素养

高职学生是祖国的未来、民族的希望，是中国特色社会主义现代化的建设者和接班人。高职学生不仅要提高自身的科学文化素质和专业技能，更要加强自身的思想品德素养。提高高职学生的思想品德素质，培养高职学生形成正确的人生观、价值观、世界观，也是高职学生形成良好人际关系的基础。大学阶段是高职学生进行思想品德学习和行为养成的重要时期，是形成道德观念和道德行为的关键时期。加强高职学生自身的思想品德素养，应该从以下几个方面进行。首先，积极学习优秀传统文化，用传统文化教育指导高职学生增强其民族的自尊、自信、自强精神。其次，培养高尚的道德情操。当今时代的学生教育，不仅教授学生知识，更重要的是学会做人。高职学生必须懂得和遵守最基本的公共道德，做一个讲文明讲道德的新时期青年。再次，以马克思主义思想作为自己的指导思想，始终坚持中国共产党的领导。认真学习马克思列宁主义、毛泽东思想、邓小平理论、"三个代表"重要思想，科学发展观，习近平新时代中国特色社会主义思想。正确认识和了解国情世情，明确自己肩负的使命和责任，在纷繁复杂的社会环境下保持清醒的头脑和正确的价值观，以促进自身思想品德素质和科学文化素质全面发展，以利于高职学生能够进行正确的人际交往，从而构建和谐的人际关系。

（二）注意自身心理的调适

高职学生还处在身心发展时期，思想还不成熟，在人际交往中会遇到这样那样的问题，应当注意自身心理的调适。高职学生应该保持自信，接纳自我，克服自卑、自负等不良心理，以自信、乐观、热情的姿态进行人际交往。以积极的姿态去面对周围的人，你也会得到积极的回应。同时，高职学生在与同学、老师交往过程中，要学会换位思考。要懂得善待他人，要学会推己及人，严己宽人，善于宽容、接纳他人，不苛求于人，在人际交往中遇到问题要主动站在对方角度思考，寻求解决方法。高职学生在与他人交往过程中应当保持自身情绪的稳定，善于控制自己的感情，学会为他人思考，情绪的表达要恰如其分、恰到好处，不因自己的喜怒哀乐影响交往

的气氛。因此，高职学生应注意自身心理的调适，以积极、健康的态度与他人进行人际交往。

（三）提高自身的人际魅力

要想建立良好的人际关系，高职学生要注意提高自身修养，以增加个人的人际魅力。高职学生在人际交往过程中首先要从精神面貌和仪表仪态上提高自身修养，要保持积极向上的精神状态，注意自己的言行举止。一个言语得体，举止文明礼貌的高职学生会很受欢迎，在人际交往的过程中也能顺利处理人际关系中出现的问题，进而建立良好的人际关系。高职学生应当有独立的观点，不应随波逐流，这有利于自身人格的完善，增强自信心，在与人交往过程中也可以更好地展现出自己独特的人格魅力，有利于促进人际关系的和谐。另外，高职学生在人际交往中要学会求同存异，做到尊重且包容他人与自身的差异性，又要保持自我的独特性。在与人交往中，高职学生应把握好尺度，恰到好处地做到尊重对方，更要在与人交往过程中真实地表现出自己，不能一味为了与他人保持一致就无条件、无底线地取悦他人，这样交往会丧失自我，忽视自己的观点，不利于保持人格的独立。长时间压抑自身的观点和想法，对于个人人格的发展也是不利的，也可能会造成自卑情绪，不利于人际关系的和谐。

二、注重人际交往的技能技巧，提高人际交往能力

（一）遵循交往的原则

诚实守信是做人的根本，是我们为人处世的道德标准，是一个人最重要的品德之一。诚实守信的人通常会受到别人的欢迎，而待人不真诚，处处欺骗人的人，往往不被人信任。因此，高职学生在进行人际交往时要把诚实守信原则放在第一位，待人处事要诚恳。同时，在交往的时间上要把握好适度原则。高职学生在进行人际交往时，要学会尊重别人的私人时间，尤其是在与老师或者与社会上有一定地位的人交往时，他们一般工作比较繁忙，要处理的事情比较多，很珍惜自己的私人时间。如果一定要在别人的私人时间打扰对方，就需事先真诚表达自己的歉意，以获得对方谅解。在交往空间上也要坚持适度原则。交往空间是人际交往过程中所要选择的人际距离，人际交往要选择适当的人际距离。适当的人际距离会产生正面的效果，不当的人际距离会令人产生不舒服、紧张等一系列消极的感受。高职学生在人际交往中一定要注意对人际距离的控制。关系较好的同学之间，越亲近的举动可能越有利于二者之间关系的亲密；如果关系一般，做出过分亲昵的举动，会给对方造成不便，引起对方的不满，导致人际关系的疏远。

（二）培养交谈的能力

交谈是人际交往的基本手段。要建立良好的人际关系，培养交谈的能力尤为

重要。首先,应寻找共同话题,主动交往。高职学生在与周围的人进行交谈的时候,应当在交谈过程中寻找到双方都感兴趣的话题,积极主动地与周围的同学、老师进行交谈,不能独自高谈阔论,说的都是对方不感兴趣或者不太了解的话题,这样容易使对方感觉不适应。其次,提高自己的语言素养,谈吐要得体。与人交谈过程中要态度谦和,若对别人的谈话心不在焉、挖苦嘲弄或者言不由衷都会不受欢迎,从而影响交往。再次,除了提高语言的表达能力,还更应增加非语言行为的运用。我们在与人交谈过程中,不仅仅要用嘴上的语言,也要配合肢体语言,这样会令对方感觉不那么生硬,也可以调节谈话的气氛。

（三）学会倾听的艺术

首先,倾听是一个主动的过程。在倾听别人诉说时要保持心理平和,将注意力集中在对方倾诉的重点。要学会站在对方的立场多为他人考虑,不要用自己的价值观去指责或批判别人的想法。其次,鼓励对方先开口。倾听别人说话本身就是对别人的一种礼貌,也代表我们愿意去考虑他人的意见,同时也使倾诉者感觉到我们很尊重他的看法,有利于培养良好的交流氛围,也有利于相互之间建立和谐融洽的人际关系。对方先提出他的看法,有利于倾听者全面把握双方意见相同之处。这样可以使倾诉者更容易接纳你的意见,也使我们的话语更加具有说服力。再次,话不宜多。少说多听是很好的交往习惯。切忌耀武扬威或在交流中对字句过于斟酌,对方可能会因为你的态度变得胆怯,有可能因自己没有伶牙俐齿将自我保护起来。即使你是某一个话题的专家仍然应适时保持沉默,同时表示你希望从对方谈话中知道更多。在与人交谈时要看着对方的眼睛,保持视线接触,表现出自己对谈话内容的兴趣。人们判断你是否在聆听说话的内容,是根据你是否看着对方做出判断的。最后,应该让人把话说完。你应该在明白别人完整的意思后再对他的话做出反应,别人偶尔停顿下来并不代表已经说完想说的话。在别人表达意见的时候不插话,充分说明你很看重对方沟通的内容。不应该将打断别人说话理解为对思想的尊重,这只会让对方觉得不受重视。

（四）掌握交际的技巧

实践证明,高职学生在建立人际关系时并不一定完全依赖自身的人际交往能力,但如果人际交往能力强的话,在人际交往过程中就会更加顺利。掌握交流的技巧非常重要。首先,要寻找双方感兴趣的话题来谈,如果交谈的话题都是双方不喜欢的内容,就没有必要再继续交流下去了;其次,在交流过程中言语要生动,有吸引力;再次,交谈时语言要文明得体,不得说粗话、脏话等侮辱他人人格的话。同时,也应该注意到在与人交往的时候,要注意倾听他人的心声,因为认真听人谈话是一种尊重他人的表现。高职学生在人际交往过程中,在不同的交往场所,会面对不同的交往对象,当然也要采取不同的交往方式。在正式的交往场合,高职学生应该做到稳重大方，言谈举止要恰到好处，充分体现出高职学生基本的素养；在轻松开放的场合，高职学生就不应该像在正式场合一样严肃与庄重，应充分体现出自己的活泼开朗。在与长辈进行交往时，举手投足要做到温文有礼，体现出对长辈的尊重和关爱；在与平辈进行交往时，要去掉呆板保守，体现出自己的朝气与开放。在与性格内向的同学进行交往时，要善于倾听对方；在与性格外向的同学进行交往时，要进行适时互动，参与到对方的讨论当中。总之，高职学生在与人交往过程中面对不同的人群，应该采取灵活的交往技巧，这样才能建立起和谐的人际关系。

三、利用外界的影响和帮助，构建良好的人际关系

（一）创建和谐家庭环境

家庭教育是每个人所接受的最初始的教育，家庭教育的好坏对人的一生都影响极大，良好的家庭教育是我们形成良好思想品德的重要条件之一。家庭结构稳定，家庭环境和睦，会给高职学生带来安全感，促进他们的健康成长，完善他们的人格，他们与人交往也会越来越融洽，建立和谐的人际关系也就轻松自如了。相反，一个家庭成员关系紧张，父母教育方式不当，会阻碍高职学生今后的成长。因此，营造一个和谐的家庭氛围对高职学生身心的健康发展极为重要。为此，家长在平时一定要多与子女进行沟通，及时解决孩子在外面遇到的烦恼，抚慰孩子受伤的心灵，解决孩子在成长过程中遇到的种种心理问题。其次，家长应该不断提高自身综合素质，对子女进行有针对性的教育。高职学生知识水平较高，他们追求的已经不再是简单的物质生活上的满足，而更重要的是家长在心理、为人处世等方面的理解和教育。为此，家长应加强这方面的学习，疏导孩子的心理压力并有效地进行教育。

（二）积极参与社会实践

社会对高职学生的健康成长负有义不容辞的责任。高职学生在毕业后都会走进社会，在校期间积极涉足社会对高职学生提前适应社会有很大帮助。一方面，社会要为高职学生的交往实践提供良好平台。各个社会团体、志愿者组织，可以积极吸纳高职学生，为他们提供实践机会；企事业集团也应该在寒暑假与高校合作，为高职学生提供合适的实践岗位，高职学生可以将所学知识与实践相结合，学有所用，在他们工作实践过程中，也可以学会如何跟周围的同事处理好关系，有利于高职学生将来良好人际关系的建立。另外，社会各个方面要共同努力，消除不良社会风气和腐朽的价值观念对高职学生的侵蚀，为高职学生建立良好的人际关系创造和谐的社会氛围。另一方面，高职学生也要多参加社会实践活动，在实践中锻炼自己，从而提高人际交往的能力。高职学生生活和学习的环境跟社会环境有很大的区别，校园环境相对简单，仅仅在学校中学习到的人际交往的知识是不足以支撑高

职学生以后人际关系的建立,因此,当代高职学生应该积极寻找实践机会,在实践当中锻炼自己,使自己在各方面得到提升。

(三)加强人际交往管理工作

在进行校园文化建设过程中,学校不仅要注重文化硬件设施的建设,而且要通过创造良好的学习氛围和各种规章制度的建设,传播积极向上的知识和正能量,这不仅为高职学生学习科学文化知识和掌握专业技能提供了直接的基础条件,更对培养学生正确的世界观、人生观和价值观以及今后如何做人做事起到了积极的作用。同时,学校应该组织高职学生开展各式各样丰富的实践活动,开辟多种渠道,积极为在校高职学生创造、提供多而有益的交往空间,给学生创造广泛与他人进行交往的机会,这样既能促使学生在与人进行交往的过程中提高自身水平,也可以在互相帮助和互相尊重的良好群体氛围中学会更好地协调人际关系。学校可以建立心理咨询服务中心,招聘心理专家或老师给学生开展相关心理咨询工作。学校要重视心理咨询部门的工作,加大对心理咨询工作的宣传和投入,并定期安排心理咨询老师们参加业务培训,提高他们的业务水平。学校应积极调研,针对高职学生人际交往过程当中普遍存在的人际关系问题建立心理咨询中心,高职学生可以通过各种途径和方式进行心理咨询。

第三节　关于人际关系的典型案例

案例一:一位一年级学生的日记——感悟友情

记得第一次坐飞机看窗外浮着棉花团似的白云,心中竟生出许多感触,真想伸手去触摸它。人生不也像极了这团棉花似的云彩? 短短的几十年,不得不面对出生、上学、立业、成家、生子、抚幼、养老等一系列自然规律,让我们常常倍感生活的艰辛不易。

于是有人说:去找一种心情,一种能让你心静如水的情,一种能让你甘心做一个平常人的情。

来到这里,来到浙江金融职业学院,是人生的一次转折,是人生最美好的回忆。走进校园,才知道其实社会是残酷的。就是在这样与世无争的时刻,让我遇见生命中最美的邂逅,不是爱情,而是友情。我爱你们,我的室友,我爱你们,我最重要的人。

穿行于喧嚣的市井很久,突然发现我们每一个人无时无刻不处在情的包围和关爱里。只不过亲情是我们在这世界上最真实、永不会塌陷的依靠;爱情可以让我们在浪漫、痴狂中感受惊心动魄的激情；友情总会在我们苦闷、彷徨的时候像花香或潮水般温暖、浸润你苦涩的思绪，而那些没随波流走沉淀下来的矿物质，也许正是我们生命中最值得信任和留恋的情愫了。

现在的人大多会有这种感触：见面打招呼的人越来越多了，身边能说知心话的人越来越少了。就像每次逛街时，看到的尽是琳琅满目的漂亮衣服，挑一件合身的却不是那么容易。因为朋友之间的关系是建立在平等和真诚的基础上的，所以我们并没有太多的精力和理由去责怪朋友的不忠和虚伪，最好的办法就是远离。真正的友情是容不得半点牵强和虚伪的。它像流水，流走的是浮躁与浅薄，沉淀下来的是真诚和永恒。

案例点评：如水的友情会让我们在世俗中变得聪明和睿智。虽然现在生存的竞争越来越残酷，孤独和寂寞一不小心就会在夜深人静的时候侵入你的梦乡，但当你寻找到一位可以真正倾诉的知己和一份信任真诚时，你就会意识到那些随水漂走的正是我们想要放弃的，而滞留下来的则是能够鞭策和影响你终身的。

案例二：一位学生第一次拉赞助的经历和感受

由于前几天我所在的实践外联部部长交代说，我们需要为会计学院的活动拉部分赞助，今天我就约上同部门的一个同学一起商量要怎么做。但是因为缺乏经验内心很忐忑，就觉得怕怕的。

出门前我再看了一遍发下来的通知，确认这次拉赞助的目标，但是和同学会合后还是很胆怯，不知道该怎么做，要选择哪些店铺作为我们此次拉赞助的对象，最令我懊恼的是我本身性格偏内向、怕跟别人交流的一面此刻真真切切地体现了出来。想想当初进外联部实践也是为了锻炼自己与人沟通、为自己以及所在部门争取最大利益的能力，是为了弥补自己个性方面的不足。没想到机会真的来的时候我还是怯场了，惭愧呀！

跟同学商量过后我们决定先去学校附近的美发店做尝试（犹豫了好久才踏进店内），店员很热情地招呼了我们，我鼓起勇气直截了当地表明了来意：

"你们好，请问你们负责人在吗？我们是浙江金融职业学院会计学院外联部的干事，能不能跟你们的负责人谈一谈？"

说完这些话我明显看到店员面部表情的变化，"哦"了一声便去找来了店内的负责人。顿时我的脸就红了。店长走出来后，我向他介绍了我们此次活动的主要内容以及如果得到这份赞助我们能为他们店做的一系列宣传活动，还没说完，店长就说："我们店目前生意运转还算可以，暂时不需要做宣传，不好意思。"明显听出了拒绝的意思，但我还想再争取一下，哪怕是一条横幅也好。所以我又做了很多沟通工作，最后终于答应给我们赞助一条横幅。

这就成了我第一次拉赞助的经历,想想只是这样一件与店家沟通拉赞助的事情我就紧张成这样,我又一次认识到自己性格方面的不足,在以后的成长道路上我要积累更多的经验,让自己应对事情能更自如。

案例点评:我们都知道现在很多用人单位都比较看重有着较好的人际交往能力、语言表达能力和组织协调能力的大学毕业生,而学生会正是我们培养这些能力和实践的有效平台。让我们更多地参与到学生会社团等组织的活动当中去,感受与人沟通展现自己人格魅力的乐趣!

案例三:在互动交流中传递友情(源自一位学生的成长日记)

今天在多功能厅举办了令人印象深刻的学生干部交流会,作为干事的我也参加了这次会议。虽然主题是交流,但是活动的丰富多彩使我们从中学到了许多原本不知道的道理。

第一环节,主持人开始宣布:"现在大家来玩一个游戏——'大风吹',相信大家都听过吧,好了,话不多说,现在开始!"简单的"大风吹"节目,让我们这些来自全院不同系别的同学一扫刚开始的拘谨,变得随兴。女生也没有了一开始的矜持,都参与到节目中去,活动场地一下子充满了欢声笑语。我也从一开始的紧张变得坦然。

第二环节,主持人通过出生年、月、日的划分为我们接下来的活动划分了小组,一开始我并不以为然:"不过是想打乱熟人,使游戏更加刺激罢了,都没有新奇的地方。"我对身旁的队友感慨道。但是结果却着实让人惊诧,在女生们恍然大悟的惊叫声中,我们才发现:原来找寻一个甚至几个同年同月出生的同学也是相当容易,这让我们对接下来的活动充满了好奇心。可想而知,这个环节让大家的情绪更加高涨,友情进一步建立。

第三环节,是一个简单却合作性较强的游戏环节,各小组整装待发,兴致盎然。在主持人的讲解和点拨下,大家玩得不亦乐乎,虽然其中遇到的各种困难也令人发愁,但是,团结就是力量,最终总能拨开云雾见月明。在压轴游戏即将开始之前,各小组成员都已经建立起了深厚的信任感。主持人还在为接下来的游戏讲解:"请各小组用自带的书籍搭建一条由下而上的梯子,并且轮流通过。"看着大家想方设法、跃跃欲试时,我们小组也在小队长的带领下开始了最后的合作。当大家通过不懈努力获得成功时,喜悦挂在每一个的脸上。我想,大家永远也不会忘记一起努力、一起挥洒汗水,最终获得了成功和友谊的场景。

案例点评:交流会是人与人之间友好相处的体现,互相扶持的体现。当我们玩在一起、乐在一起时,困难也不期而至。人与人总是在困难、厄运中建立友情。人们在一起可以做出单独一个人所不能做出的事业,智慧＋双手＋力量结合在一起,几乎是万能的。这些都是大学生教会我们要懂得的道理。

参 考 文 献

[1] 侯新,姚葳,毛一晶,等.论加强大学生"逆商"的培养[J].现代商贸工业,2017(9).

[2] 贾涛,费均玲.逆商——让当代大学生从容应对创业逆境[J].学校党建与思想教育,2015(1).

[3] 张哲斐.浅论大学生逆商养成[J].法治与社会,2016(8).

[4] 刘昕,孙彪,俞俊彤.90后大学生逆商教育对策研究[J].前沿,2014(11).

[5] 郅咏欢.国内高校大学生逆商教育研究综述[J].探索与交流,2014(8).

[6] 张永婷."十商"助你成功[M],北京:北京工业大学出版社,2012.

[7] 宋瑞灵.浅析胆商在人才素质评价中的新定位[J].经济师,2009(3).

[8] 杜娟.胆商:当代青年成功的必备素质[J].广西青年干部学院学报,2008(6).

[9] 孙博,李燕萍.创新导向的"胆商"开发[J].中国经贸导刊,2012(2).

[10] 杨胜坤.高职学生的"胆商"培养途径探索[J].黔东南民族职业技术学院学报(综合版),2009(6).

[11] 张鹏超.扬帆高职:浙江金融职业学院大一学生成长指南[M].杭州:浙江工商大学出版社,2013.

[12] 许晓青.人际关系管理实务[M].上海:复旦大学出版社,2013.

[13] 李洋.处理人际关系的71个绝招[M].北京:中国三峡出版社,2008.

[14] 王一夫.新人际关系学[M].北京:中国致公出版社,2007.

[15] 张自慧.人际关系与沟通艺术[M].北京:人民美术出版社,2004.

[16] 郑华.当代大学生人际关系优化研究[D].信阳:信阳师范学院,2014.

[17] 赵玲玲.构建当代大学生和谐人际关系的研究[D].北京:北京交通大学,2007.

[18] 田代亮.高职大学生人际关系、人格特质、应对方式及其关系研究[D].曲阜:曲阜师范大学,2010.

[19] 刘福金.高职院校大学生和谐人际关系教育业研究[D].济南:山东师范大学,2001.

［20］陈凌婧.高职学生人际关系与气质因子的相关性研究［J］.石家庄职业技术学院学报,2017(4).

［21］李婷婷.高职院校学生人际关系略论［J］.辽宁师专学报(社会科学版),2015(6).

［22］刘学伶,白仲航,张慧敏,等.大学生人际关系的调试与改善［J］.中国成人教育,2010(17).

［23］刘兴民,胡兴祥.大学生人际关系分析［J］.合肥工业大学学报(社会科学版),2000(10).

后　记

在 2016 年全国高校思想政治工作会议上，习近平总书记强调，高校思想政治工作关系高校培养什么样的人、如何培养人以及为谁培养人这个根本问题。要正确认识时代责任和历史使命，用中国梦激扬青春梦，为学生点亮理想的灯，照亮前行的路。

长期以来，浙江金融职业学院在积极探索高职教育办学规律的实践中，以学生优质成才为着眼点，积极推进思想政治、人文素质教育教学与育人实践的融合，打牢学生优质成才的基础，于 2009 年，面向全体一年级学生设立了明理学院，其主要任务是整合资源、搭建平台，通过"大学生学习生活指导""大学生心理健康教育指导""职业生涯规划与指导"等课程的教育教学，以"明法理、明德理、明情理、明学理、明事理"等"五明理"（谐音"吾明理"）实践教育为抓手，目的就是依托明理课程教学、明理实践活动等，培养学生"守法纪、懂做人、会生活、爱学习、能做事"的优秀品质，点亮一年级学生的理想之灯，照明学生学业及人生的前行之路。

2016 年 6 月，明理学院牵头编写了一本《明理人生——一年级学生素质教育理念与实践》的册子，将明理学院成立七年来在促进学生成长成才方面所做的大量教学、育人工作材料、成果和有益经验予以系统梳理总结，得到了校内外领导、同行的一致好评。2017 年 1 月，浙江金融职业学院党委书记周建松交给明理学院一本著作，是由浙江树人大学刘斌、金劲彪联合撰写的《成才的阶梯：幸福成功方法论》，让明理学院有关老师认真研读，并鼓励明理学院在《明理人生——一年级学生素质教育理念与实践》册子的编写基础上，广泛搜集校本案例，编著一本学生优质成才方面的方法论著作。

2017 年 1 月以来，在周建松书记和明理学院有关领导的亲切关怀下，经过近一年的写作、修改，今天，这本《明理人生：高职学生优质成才方法论》终于与大家见面了。本书是笔者结合多年的教育教学和学生管理工作实践，在明理学院王琴、杜娟、章甜甜、王玉龙、宋春旗、邹斌、苏浩、潘宁等老师的积极配合下共同努力的结果。本书的写作参阅了大量的文献资料、案例,包括很多的网络资料,有些做了引注,有些则因为作者无法考证而未做标注。在此一并表示感谢。

　　常言说,"师傅领进门,修行在个人",由于成长成才的标准没有统一的界定,本书也是抛砖引玉,如果能在某些方面引起青年学子的共鸣,在一定程度上能对青年学子的成长成才起到指引作用,笔者也就十分欣慰了。因笔者水平有限,抑或有不少一家之言,书中难免有疏漏或不当之处,敬请读者朋友批评指正。

笔　者

2018 年 1 月于杭州学源街 118 号